中国人民大学文化经济研究所
中国人民大学中国艺术品金融研究所

中国艺术品金融市场年度研究报告（2022）

——创新、科技与未来

黄　隽　主编

中国金融出版社

责任编辑：肖　炜　董梦雅
责任校对：李俊英
责任印制：程　颖

图书在版编目（CIP）数据

中国艺术品金融市场年度研究报告．2022：创新、科技与未来／黄隽主编．—北京：中国金融出版社，2023.2
ISBN 978-7-5220-1776-1

Ⅰ.①中…　Ⅱ.①黄…　Ⅲ.①艺术市场—金融市场—研究报告—中国—2022　Ⅳ.①F832.5

中国版本图书馆 CIP 数据核字（2022）第 183165 号

中国艺术品金融市场年度研究报告（2022）——创新、科技与未来
ZHONGGUO YISHUPIN JINRONG SHICHANG NIANDU YANJIU BAOGAO（2022）——CHUANGXIN KEJI YU WEILAI

出版发行　中国金融出版社
社址　北京市丰台区益泽路 2 号
市场开发部　(010)66024766，63805472，63439533（传真）
网上书店　www.cfph.cn
(010)66024766，63372837（传真）
读者服务部　(010)66070833，62568380
邮编　100071
经销　新华书店
印刷　河北松源印刷有限公司
尺寸　185 毫米×260 毫米
印张　13
字数　226 千
版次　2023 年 2 月第 1 版
印次　2023 年 2 月第 1 次印刷
定价　68.00 元
ISBN 978-7-5220-1776-1
如出现印装错误本社负责调换　联系电话(010)63263947

《中国艺术品金融市场年度研究报告（2022）
——创新、科技与未来》
得到中国人民大学交叉科学研究院支持

目　录

创新赋能

金融发展

科技探索

中国艺术品金融市场年度研究报告主报告

黄 隽 李越欣 曾 丹[①]

《中华人民共和国国民经济和社会发展第十四个五年规划和2035年远景目标纲要》，明确提出到2035年中国建成文化强国的目标。文化强国需要社会文明程度、公共文化服务水平、现代文化产业体系和国家对外文化软实力等方面齐头并进。健全现代文化产业体系是文化高质量发展的物质基础，不仅有利于优化经济结构与产业结构，同时也对拉动居民消费升级、扩大就业具有重要作用，是支撑文化高质量发展的核心物质基础。文化产业作为国民经济的重要组成部分，既是满足人民日益增长的精神文化需求的重要途径，也是推动经济社会高质量发展的重要着力点，更是推进社会主义文化强国建设的主导力量。

一、中国文化产业发展报告（2016—2021年）

分析和总结我国文化产业发展的总体状况和特点，对于健全和优化现代文化产业体系具有十分重要的指导意义。总体而言，自“十三五”以来，在高质量发展理念指导下，我国文化产业整体保持稳中求进的发展态势，呈现出新的发展趋势和发展特点。

（一）文化产业发展总体状况

自“十三五”以来，我国文化产业总体保持平稳较快发展。从增加值上看，2016—2020年我国文化及相关产业增加值逐年上升，年平均增速为

---

① 黄隽，中国人民大学应用经济学院副院长，教授，博士生导师，中国人民大学文化经济研究所所长，中国人民大学中国艺术品金融研究所副所长，国家社科基金艺术学重大项目《中国艺术品市场发展研究》首席专家；李越欣，中国人民大学应用经济学院讲师；曾丹，中国人民大学应用经济学院博士研究生。

13.3%。其中，除2020年受新冠肺炎疫情影响增长速度有所下滑外，其余各年文化产业增加值增速均高于国民经济整体增速，文化产业在国民经济中的地位日益凸显（见图0-1）。

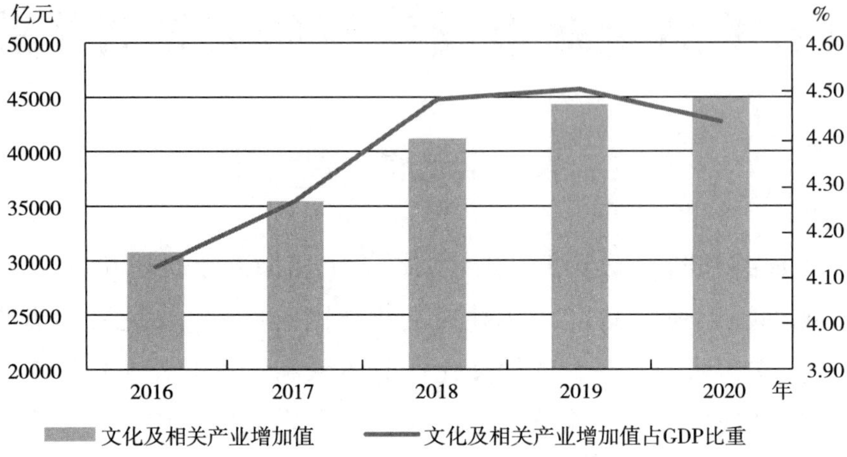

图0-1　我国文化及相关产业增加值及占GDP比重变化（2016—2020年）

（资料来源：《中国文化及相关产业统计年鉴》）

从产业结构上看，2016—2020年，我国文化服务业增加值在总体文化产业增加值中的占比进一步提升，2020年占比达64.2%，文化服务业对整体文化产业增长的贡献度不断提升；文化制造业发展增速放缓，增加值占比呈现下降趋势；文化批发和零售业基本保持不变（见图0-2）。

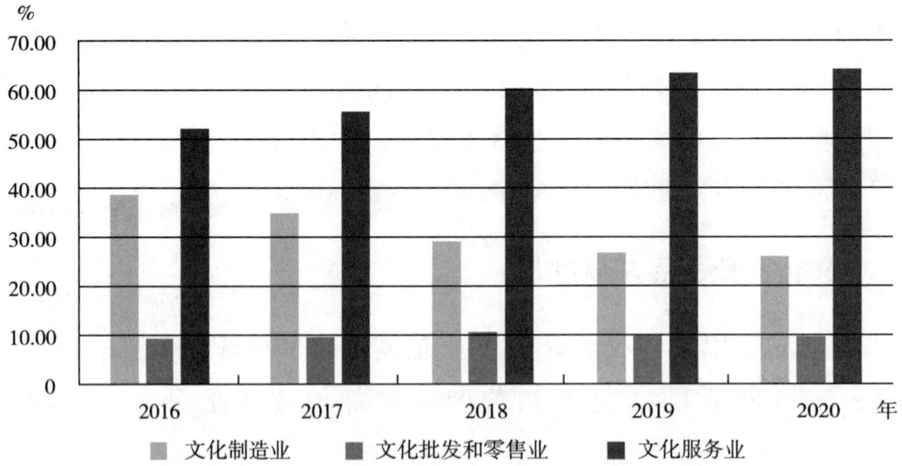

图0-2　按产业结构分我国文化及相关产业增加值构成变化（2016—2020年）

（资料来源：国家统计局）

从行业类别上看，2017—2020年，我国文化核心领域的快速发展进一步增强了其引领行业发展的作用。其中，内容创作生产、创意设计服务、文化传播渠道整体保持快速增长，增加值占比显著提升。文化相关领域行业增速则有所放缓，文化辅助生产和中介服务、文化装备生产、文化消费终端生产在整体产业增加值中的占比逐年下降（见图0-3）。

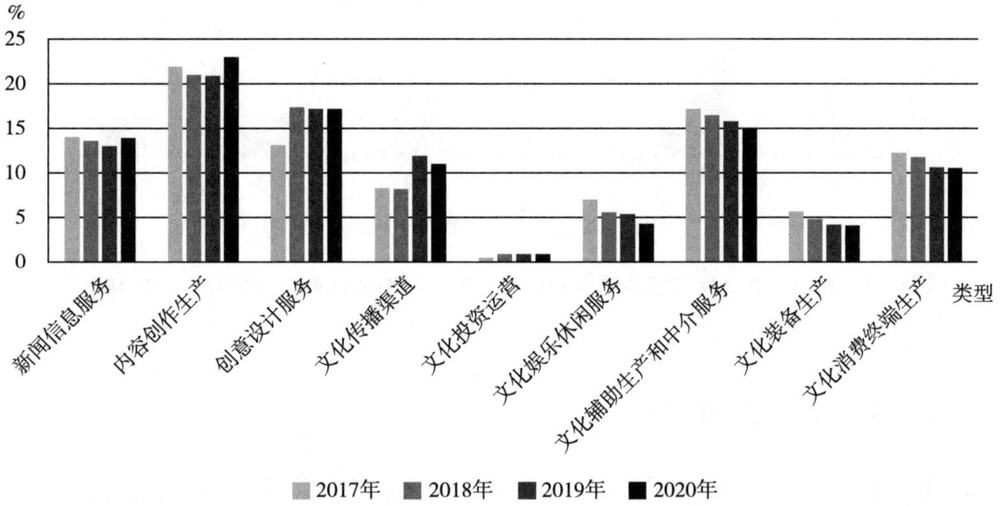

图0-3　按行业类别分我国文化及相关产业增加值构成变化（2017—2020年）

（资料来源：国家统计局，2017—2020年按《文化及相关产业分类（2018）》进行统计，活动性质分类与之前有所不同，与2016年数据不具有可比性，因此只列出2017—2020年数据）

从区域营业收入情况来看，2016—2021年，东部、中部、西部地区规模以上文化及相关产业企业营业收入均保持正向增长，文化产业发展活力增强；而东北地区规模以上文化及相关产业企业营业收入多数年份都处于负增长区间，发展活力有所衰减。2021年，我国东部地区规模以上文化及相关产业企业营业收入占比达75.9%，占据绝对主导地位，中部、西部、东北地区的占比分别为14.3%、8.9%、0.9%（见图0-4）。

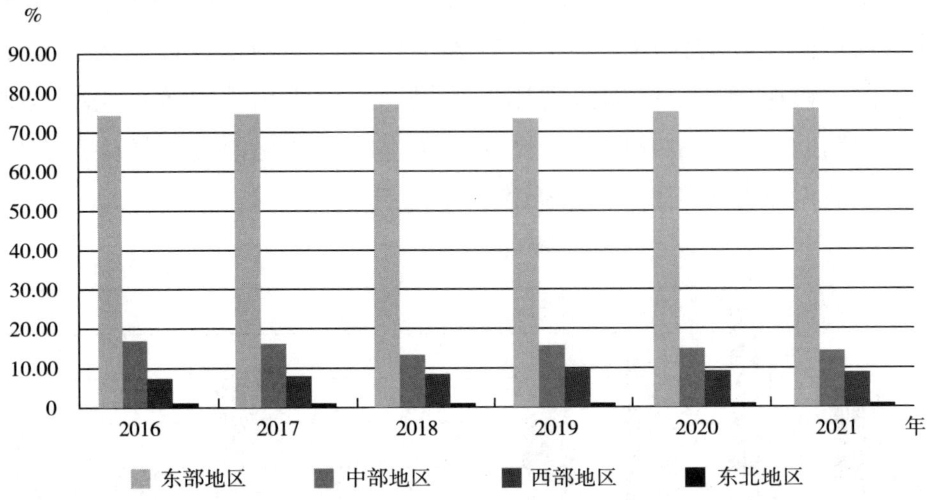

图 0-4 规模以上文化及相关产业企业营业收入区域占比变化（2016—2021 年）①

（资料来源：国家统计局）

（二）文化产业发展特点

1. 数字技术发展催生新业态，平台兴起改变居民文化消费模式

“十三五”以来，以习近平同志为核心的党中央高度重视推进数字技术在文化产业领域的运用。在此背景下，数字技术以极快速度和极高强度赋能文化产业全链条发展，“互联网+文化”新业态蓬勃兴起，为文化产业高质量发展注入新动能，文化产业体系现代化特征增强。数据显示，2018—2021 年，文化新业态特征较为明显的十六个行业小类②迅速发展，占规模以上文化及相关产业比重从 21.5%迅速提升至 33.3%（见图 0-5）。

① 东部地区包括北京、天津、河北、上海、江苏、浙江、福建、山东、广东、海南十个省（直辖市）；中部地区包括山西、安徽、江西、河南、湖北、湖南六个省；西部地区包括内蒙古、广西、重庆、四川、贵州、云南、西藏、陕西、甘肃、青海、宁夏、新疆十二个省（自治区、直辖市）；东北地区包括辽宁、吉林、黑龙江三个省。

② 文化新业态特征较为明显的十六个行业小类（包括广播电视集成播控，互联网搜索服务，互联网其他信息服务，数字出版，其他文化艺术业，动漫、游戏数字内容服务，互联网游戏服务，多媒体、游戏动漫和数字出版软件开发，增值电信文化服务，其他文化数字内容服务，互联网广告服务，互联网文化娱乐平台，版权和文化软件服务，娱乐用智能无人飞行器制造，可穿戴智能文化设备制造和其他智能文化消费设备制造）。

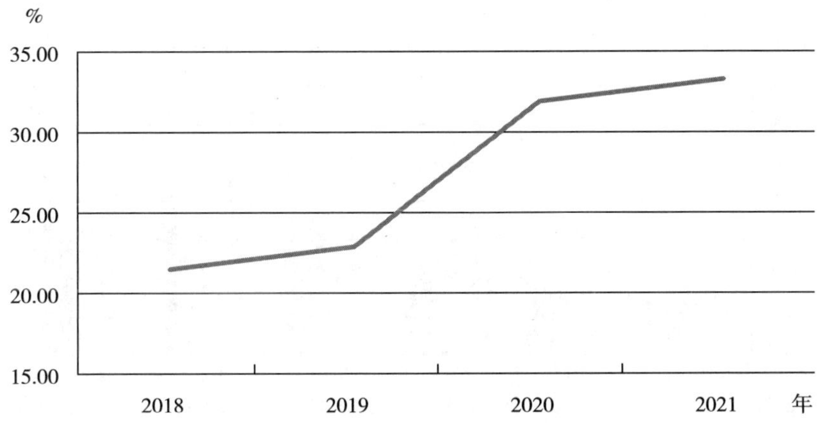

图 0-5　“互联网+文化”企业营收占规模以上文化产业企业营收比重变化（2018—2021 年）

（资料来源：国家统计局）

从需求侧看，“十三五”以来，我国数字文化平台用户数量迅速增长，居民的文化消费习惯和消费模式发生显著变化，从原来的以线下聚集性文化消费模式为主，向注重虚实交互的沉浸式体验的消费模式转变，我国居民定制化、个性化、碎片化的文化消费模式逐渐形成。数据显示，2016—2021 年，我国以网络视频和网络直播为代表的文化娱乐应用用户规模飞速增长，其余各类文化娱乐应用用户规模也呈普遍增长态势（见图 0-6）。截至 2021 年 12 月，我国网民规模为 10.3 亿人，其中，网络新闻、网络视频、网络音乐、网络游戏、网络文学和网络直播的用户规模分别为 7.7 亿人、9.7 亿人、7.3 亿人、5.5 亿人、5 亿人和 7 亿人，网民使用率分别达到 74.7%、94.5%、70.7%、53.6%、48.6% 和 68.2%。同时，数字文化平台赋予消费者更宽广的参与渠道，使其由单纯的文化消费者向多元文化生产者转变，原创内容繁荣发展。数字文化产业成为优化供给、满足人民美好生活需要的有效途径和推动文化产业转型升级的重要引擎。

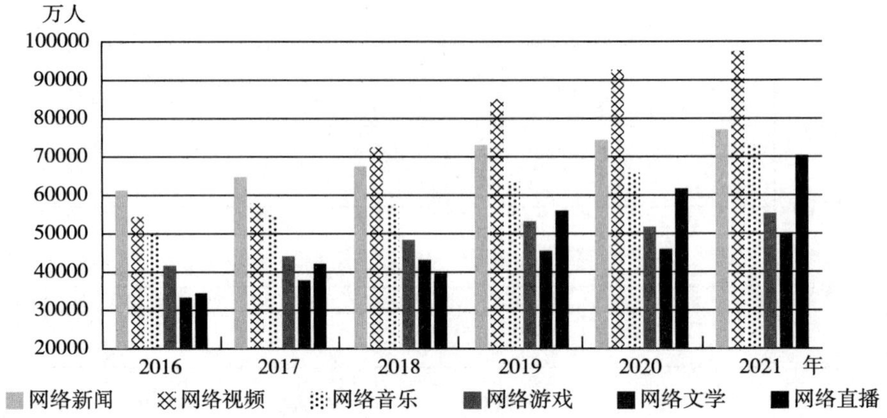

图 0-6　我国网民各类互联网文化娱乐应用用户规模变化（2016—2021 年）①

（资料来源：《中国互联网络发展状况统计报告》）

2. 创新引领高质量发展，跨领域融合提升产业辐射力

自“十三五”以来，我国文化产业发展模式逐步从追求规模速度的粗放型增长转向注重质量效率的集约型增长，创新成为驱动文化产业发展的核心动力。研发投入方面，以文化制造业为例，2016—2020 年规模以上文化制造业研发投入占营业收入比重不断上升，2020 年占比达 1. 38%，创历史新高。专利授权方面，2016—2020 年，我国文化及相关产业专利授权总数持续增长，2020 年达到 201732 项。这些都充分说明我国文化产业创新实力不断增强，创新创造活力全面提升（见图 0-7）。

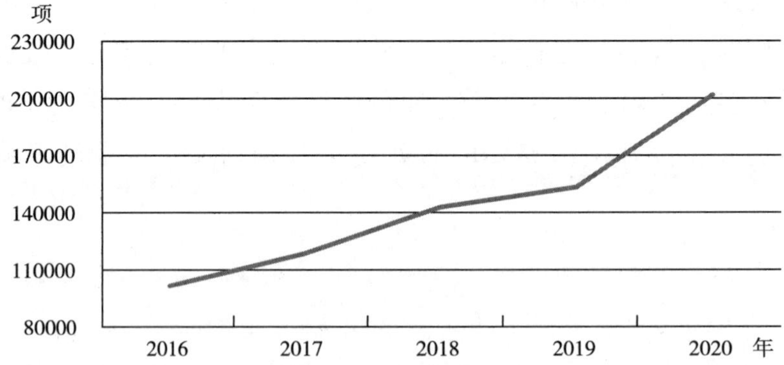

图 0-7　我国文化及相关产业专利授权总数（2016—2020 年）

（资料来源：《中国文化及相关产业统计年鉴》）

① 从 2018 年开始，网络视频特别注明包括短视频，网络直播包括体育直播、真人秀直播、游戏直播和演唱会直播。

不仅如此，“十三五”以来，我国文化产业逐步从传统的文化艺术、新闻出版和影视创作的“小文化”，迈向国民经济的“大文化”，与国民经济相关领域实现了更广范围、更深程度、更高层次的融合创新，“文化+制造业”“文化+旅游”等多种产业融合模式不断涌现，“文化+”对各类产业发展的赋能作用持续提升。其中，“文化+制造业”的跨域融合推进了传统文化元素与现代时尚融合，提升了新产品外观功能设计和研究开发能力，在助力我国文创产业发展、推动我国企业自主文化品牌建设的同时，引领“国潮”“国风”消费趋势，刺激居民文化消费。以李宁和鸿星尔克为例，这两家企业将“国潮”元素融入鞋帽服饰，吸引了大批消费者进行购买，不仅在商业上大获成功，也引领了文化的潮流。“文化+旅游”的跨域融合则增加了旅游项目、旅游产品、旅游节庆的吸引力，催生出旅游演艺、旅游文化园区、文化节庆、研学旅行、文化主题体验游等新业态。

3. 新监管保障发展动能，知识产权保护机制显著优化

文化市场法律法规体系不完备，文化市场建设法治化水平不高一直是阻碍我国现代文化市场体系健全发展的重要桎梏。“十三五”以来，我国政府和司法机关高度重视文化市场法律体系建设，注重通过法律和政策向社会传导正确价值取向。2019 年，我国《文化产业促进法（草案征求意见稿）》发布，面向全社会公开征求意见，针对创作生产、文化企业、文化市场、人才保障、科技支撑、金融财税扶持、法律责任等多方面制定了详细的法律、法规。我国文化产业发展逐步进入法治化轨道，文化市场监管日益完善，为文化产业的发展提供了一个良好的法律、政策和社会环境，对于保障文化产业发展动能、实现文化产业高质量发展具有重要意义。

同时，知识产权保护机制迅速发展，在文化产业中被置于越来越重要的位置。2016 年以来，中央政府高度重视知识产权保护机制建设，从“加快建设知识产权强国”到“开展知识产权综合管理改革试点，完善知识产权创造、保护和运用体系”，再到“全面加强知识产权保护，健全知识产权侵权惩罚性赔偿制度，促进发明创造和转化运用”，历年政府工作报告反复强调知识产权保护的重要性。这有利于改善我国文化内容创作的生产环境，激发创作者的创作潜力。

4. 产业集聚形成园区生态，文化产业助力城乡振兴发展

文化产业园区作为文化产业集聚化和规模化的发展形式，既是各地发展文化产业的重要抓手，也是推进文化创新以及文化产业与相关产业融合发展的空间载体。文化和旅游部印发《关于推动国家级文化产业园区高质量发展的意见》中明确提出到2025年，国家级文化产业示范园区达到50家左右，以高水平创建手段形成高质量的创建梯队。截至2020年底，文化和旅游部已推动建设国家级文化产业园区40家，其中，已建成的有21家，在建的有19家。

此外，许多老工业城市和资源型城市开始利用城市历史建筑、工业遗产、旧厂房、旧街区、旧仓库等存量空间发展文化产业，促进城市更新和产业升级，打造城市特色文旅品牌，推动新型城镇化建设。在乡村层面，许多地区通过深入挖掘乡村文化自然资源，设立艺术小镇、名人主题园区等，利用文化产业发展对当地经济发展赋能，达到产业兴旺、生态宜居的乡村振兴要求。

5. 文化企业“走出去”步伐加快，文化贸易综合竞争力提高

对外文化贸易作为文化产业体系中的重要组成部分，既是国家对外文化软实力的重要缩影，更是评价一国文化建设水平和发展质量的重要指标。从总量上看，2016—2019年我国文化产品贸易规模持续扩大，文化贸易顺差逐年增长，国家文化出口重点企业和重点项目数量稳步增长，文化企业“走出去”步伐加快。2019年，我国文化产品进出口总额达到1114.5亿美元，其中，出口额为998.9亿美元。2020年，受新冠肺炎疫情冲击影响，我国文化产品贸易规模有所下降，但是幅度较小，发展基本保持平稳态势（见图0-8）。

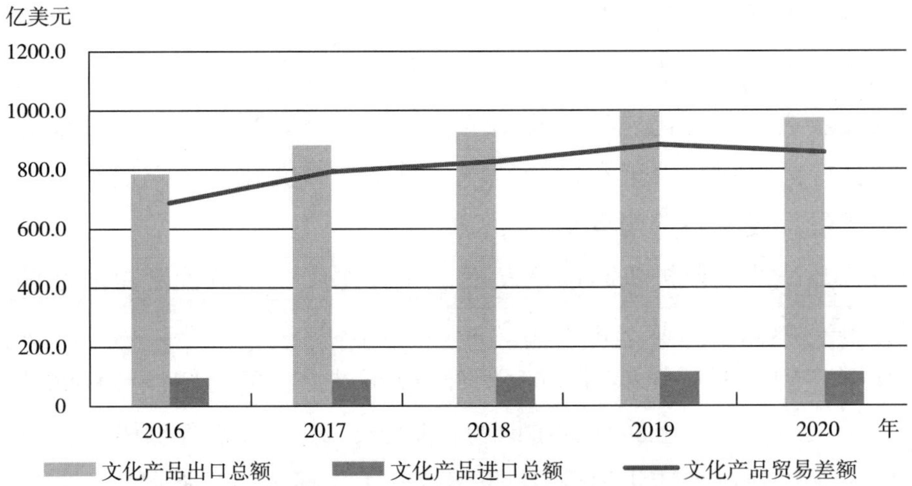

图0-8　我国文化产品进出口情况变化（2016—2020年）

（资料来源：《中国文化及相关产业统计年鉴》）

此外，从出口贸易方式上看，我国文化贸易结构呈现优化升级的发展趋势，文化产品质量和国际竞争力不断提升。“十三五”期间，我国一般贸易方式在文化产品出口中占比明显上升，而加工贸易方式在文化产品出口中占比明显下降，一般贸易取代加工贸易成为我国文化产品出口中最主要的贸易方式。这说明，随着我国科技水平、创新能力、文化竞争力的不断提高，我国对外文化贸易的自主发展能力和国际地位取得明显提升，推动了中国对外文化贸易的结构升级，文化软实力显著增强（见图 0–9）。

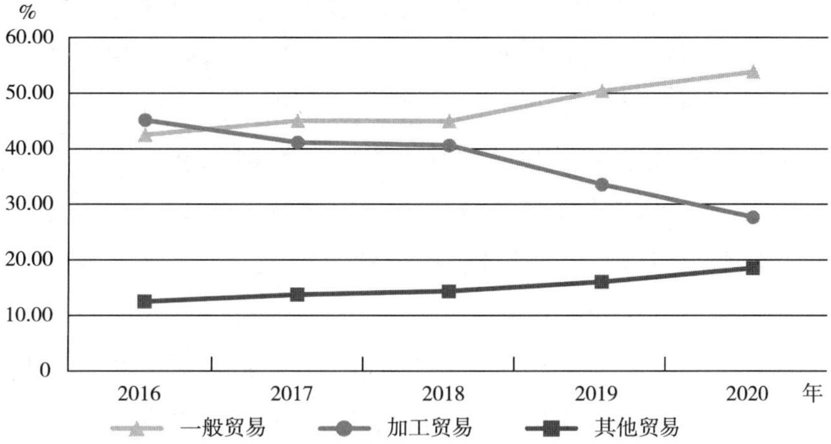

图 0–9　我国文化产品出口贸易方式变化（2016—2020 年）

（资料来源：《中国文化及相关产业统计年鉴》）

二、数字技术与历史文化遗产

在五千多年文明发展中孕育传承下来的优秀历史文化遗产，积淀着最为深沉和持久的民族底色和精神追求，代表着中华民族独特的血脉、智慧、神韵和气质。党和国家高度重视历史文化遗产的创新性传承，习近平总书记强调“让收藏在博物馆里的文物、陈列在广阔大地上的遗产、书写在古籍里的文字都活起来，丰富全社会历史文化滋养”。《中华人民共和国国民经济和社会发展第十四个五年规划和 2035 年远景目标纲要》明确提出“实施文化产业数字化战略”。党的二十大报告明确指出，加快建设数字中国；坚持创造性转化、创新性发展；传承中华优秀传统文化。数字技术已经深刻影响着文化的生产、流通、传播、消费等方式，对历史文化遗产的赋能作用越来越明显。

（一）数字技术促进历史文化遗产保护和传承

中华文明蕴藏博大精深的精神文化资源。年代久远的历史遗珍实物形态的传世不仅困难，而且数量稀少。由于担心损坏，很多文物长期在库房里“睡觉”，展示利用与保护传承之间存在矛盾。

数字技术可以基于交互体验的形式满足公众的求知欲和好奇心，使文化遗产在展示和利用的同时仍然能够得到有效的保护。数字智能化的展柜展室系统，可以让珍贵文物保存于适宜的温度湿度环境，避免或缓解文物的损坏和老化。通过虚拟空间技术、AR 互动体验等手段，将文化遗产转变成逼真的三维虚拟场景，人们既能够近距离地走进和触摸一些不便公开展示的文化遗产的每一个细节，也可以远距离地鸟瞰文化遗址周边的景致。数字技术可以与文物或者照片比对，通过虚拟的方式拼接，数字复制和修复的被毁坏文物，全方位多视角地展现了昔日古都、遗址和文物等的风貌。故宫博物院披露的数据显示，故宫藏品总目 186 万余件/套院藏文物目录实现了实时检索，“数字文物库”已对外发布超过 68000 件文物信息和高清数字影像。

只有保护和传承优秀中华传统文化的根脉，才能更好地获得文化身份和价值观念认同。数字技术可以使历史文化遗产的集体记忆得以永久性保存，在维护历史文化遗产的真实性和延续性方面起到重要作用。国家文化大数据建设中的中国文化遗产标本库、中华民族文化基因库和中华文化素材库等，按照标准结构化存储于服务器，实现专业资源分类和系统资源整合，并通过有线电视网络实现全国联网，流传后世，成为提取传统文化素材、开发文创产品及社会研究等的丰富素材和数据库资源。

（二）数字技术为文化遗产创意带来更多的灵感和表现形式

文化产品供给必须坚持把社会效益放在首位，实现社会效益和经济效益相统一的原则，加强历史文化遗产以史育人价值的研究和阐释。在对文化遗产精髓提炼的基础上，数字虚拟仿真等技术可以实现跨介质、跨时空交互，借助其创造绚丽、新颖场景的视觉、听觉、触觉等的冲击力优势，不断探索和拓展传统文化的边界和想象力，畅通跨产业通道，为创作者带来更多的灵感和表现形式。通过将优秀传统文化融入当代审美和当代价值观，激发出大众对中国传统文化的共鸣、认同感和自豪感，不断拓展历史文化遗产生产的新生趣和新业态。

不少文化机构挖掘自身的优质 IP 资源，借助 5G、AR、VR、人工智能、直播、元宇宙等新技术，推出了雅俗共赏的数字文化精品力作。2022 年春节期间，冬奥会开幕式的世界非物质文化遗产“二十四节气”倒计时惊艳亮相，传统智慧的节气、古诗词与充满生机的当代中国影像浑然天成，中国式空灵、浪漫唤起了人们的美好共情。取材于北宋王希孟的名画《千里江山图》的舞蹈诗剧“只此青绿”成为2022年春晚节目的顶流，“只此青绿”将中国古典的山水人文风骨意趣带入当代语境，呈现了东方的唯美和哲思。实景游戏体验、博物馆场景角色扮演等项目成为年轻人社交的新形式，给人们带来丰富别样的文化体验和深刻记忆。这些成功的案例都是将经典传统文化从抽象概念与范式化叙事中提炼出来，进行趣味性结构、技术化和艺术化加工，以润物细无声的方式融入现代审美，让传统文化动起来和活起来，增强人们的文化自信。

数字技术的加速应用和迭代深刻地影响着传统文化创新创意和优质产品的供给力度，成为激发文化建设活力的关键所在。伴随消费升级，人们不再执念于拥有多少物品，而更加看重经历了怎样的难忘体验，是否有超出想象的创意性和直抵内心的感染力。文化消费在很大程度上是为了满足人们对于感官和情感的享受与超越。人人都可以基于传统文化创作作品，实现了创意的多样性和个性化。消费受众的流量和点击竞争对作品形成反馈，给优质作品带来社会效益和经济效益的正向激励，激发创作者创作更多优质的文化力作，真正赢得受众的美誉和口碑。

（三）数字技术为文化遗产展示和传播插上翅膀

数字媒体在展示和传播方面具有得天独厚的优势，具体表现在以下几方面。第一，数字媒体时效性强，手段多样，传播迅速，辐射面广，内容短小精悍，更直观、更丰富，适合受众碎片式的接受方式。大数据精准搜索、个性推荐、智能分发可以快速满足多样化的消费需求，降低成本，提高效率，大幅提升了消费者福利。第二，公众参与数字媒体的社交属性强，人人都是自媒体，随时都可以展示、传播和评论，分享观点和情感偏好，数字媒体容易强化受众的存在感和忠诚度。第三，数字技术的新颖呈现、沉浸体验与时尚潮流气质契合，增加了传统文化的亲近感、吸引力，受众在愉悦放松中收获知识，极大地拓展了文化遗产传播的广度和深度。传统文化通过盲盒、虚拟偶像、网游、手办等年轻人喜闻乐见的表达方式，给文化行业带来了更多的年轻人和活力。

2019年腾讯社会研究中心等机构发布的数据显示，有近90%的年轻人对传统文化有浓厚兴趣，其中有80%的年轻人通过网络了解传统文化，远远超过传统学校教育和文化场所实地参观。由此可见，数字化渠道将是传统文化与当代文化进行对接的最主要媒介。2020 年，由于受新冠肺炎疫情的影响，很多博物馆被迫闭馆。全国博物馆系统推出了两千多个线上展览，总浏览量超过 50 亿人次，文化遗产的传播力大幅提升。

越是民族的，就越会受到世界的喜爱。中国传统故事蕴藏着东方文明的无尽魅力，既是国家软实力的重要组成部分，更是对外传播的上佳载体。我们需要以别人可以听得懂的方式对外讲好中国故事，以市场手段去营销优秀文化产品。虽然世界各国具有不同的经济发展水平、生活背景和文化环境，但是勤劳正直、公平正义、亲情爱情、美好生活、人文精神、科技发展等人类共同推崇和向往的价值观，本质上都是文艺作品在跨文化传播中能够得到普遍接受与产生共鸣的基础。近年来，中国优秀国产动画入围重要国际奖项，就是很好的例证。

（四）数字技术拓展了消费的广度和深度

数字技术降低了文化消费的教育程度、收入财富、城市乡村等门槛，跨越时空、语言和文化的差异，使优质的资源在全球配置和享用。每个人都是文化的消费者，人们可以足不出户，每天都可以免费或者以很低费用，通过视频、音频等欣赏到全世界高清晰的、丰富多彩的文化遗珍，科技推动了历史文化遗产同时也融入人们的工作和生活。

《中国互联网络发展状况统计报告》显示，2020 年 6 月，我国网络视频、音频、短视频、音乐、直播、游戏、文学等每天人均数字文化消费时长为 3.4 小时。碎片化、即时化、定制化、个性化的文化消费正在成为新的消费趋势，社交与分享强化了交流与认同，数字文化已经是百姓日常生活中不可或缺的信息来源和精神寄托。

数字技术使文化遗产产品的受众面极大地拓展，提升了全民的美育和视野。互联网使少量需求的加总可以成就一个巨大的市场，“长尾效应”滋养和支持了小众、个性和高雅文化。消费者对文化内涵和美好生活的持久向往与巨大需求，推动着数字文化产业不断地转换动能和升级换代。

需要关注的是，数字技术对文化遗产的影响也存在一些问题应该重视和解决。例如，在大众流行文化的快速迭代中，数字经济的快与传统文化的慢之间形成了较大的反差，也使不少文化遗产面临着生存危机，真正能够搭上数字技术“快车”并发扬光大的传统文化占比并不乐观。在科技与文化的结合中，精良深厚的文化内容是内核灵魂，数字技术是工具和重构。不少内容创作匹配不上科技水平，技术打造绚丽多彩的外表成为没有灵魂的空壳。仅以流量和关注度作为衡量标准，必然会产生技术成为噱头等问题。引流和营销固然重要，但是颠倒主次不能赢得真正的受众和口碑。

数字化是文化遗产创造性传承和创新性发展的重要途径。在实现文化强国的目标中，我们必须坚持中国特色社会主义道路，弘扬社会主义核心价值观，在发展中解决问题，让历史文化遗产成为增强文化自信的重要源泉，共同推动中华民族伟大复兴。

三、最新文物艺术品政策评介

近年来，文物艺术品行业新业态、新产品、新现象层出不穷。为适应新时期我国文物艺术品市场的发展，近两年政府有关部门持续深化行政事项改革，出台行业指导政策，修订相关法律法规，在诸多政策上取得突破和推进，对于完善诚信体系建设和营造良好营商环境起到积极作用。

从国家总体规划来看，党的十九届五中全会明确提出到2035年建成文化强国的远景目标，对“十四五”时期推进社会主义文化强国建设进行了战略部署。围绕建设社会主义文化强国的目标，对文物艺术品方面的政策布局集中在非遗保护、传统文化的传承、完善公共服务、丰富文旅要素、挖掘红色资源、探索博物馆发展等方面。《中华人民共和国国民经济和社会发展第十四个五年规划和2035年远景目标纲要》提出传承弘扬中华优秀传统文化和提升公共文化服务水平。《“十四五”文化和旅游发展规划》指出实施社会文明促进和提升工程，完善文化遗产保护传承利用体系和建设对外与对港澳台文化交流及旅游推广体系。《“十四五”文化产业发展规划》强调推进文化产业创新发展和推动文化产业融合发展。《“十四五”文化和旅游科技创新规划》明确文化资源保护和传承利用。《“十四五”文化发展规划》从加强中华优秀传统文化和革命文化研究阐释、加强文物保护利用、提升旅游发展的文化内涵等角度明确了对文物的保护与利用。

从文物艺术品相关的公共服务功能来看，以博物馆、遗址公园、人文景区等为代表的机构场所将更加突出其教育、研习、欣赏的目的，深入挖掘资源的文化价值（优秀传统文化、革命文化①、社会主义先进文化等），提升文物保护能力，丰富产品种类，创新服务形式，推出更多原创、特色的优质主题展览，提高藏品展示利用水平，将文物的历史价值与社会教育需求相结合，充分发挥文物的价值；深入与数字技术融合，利用先进技术提升线下文化服务质量的同时，对文化资源进行数字化转化和开发，与融媒体平台、数字文化企业等展开合作，实现“线上+线下”相结合②。其中，博物馆建设方面，《关于推进博物馆改革发展的指导意见》（2021 年）对全国博物馆之城建设提供了总领性的指导意见③。《关于进一步推动文化文物单位文化创意产品开发的若干措施》（2021 年）强调推动文化创意产品开发，进一步完善博物馆激励机制。相关政策也对文博行业的从业人员提出更高的要求，例如提高专业化服务和创作水平，规范完善文物博物从业人员专业职称制度等④。文化服务和产品供给水平的提高有利于文化消费的需求转型升级，缩小城乡和区域差距⑤，进一步拓宽人民群众接受美育的渠道，丰富人民群众的文化生活。

文物艺术品市场管理和发展方向方面，相关政府部门的政策法规和行业组织出台相关政策，起到规范和引领的作用。2021 年，国家文物局等六部委发布《关于加强民间收藏文物管理促进文物市场有序发展的意见》，主要措施涉及四个方面：完善服务，满足收藏需求；优化供给，保障收藏权益；拓展渠道，完备市场体系；政策保障，改善发展环境。同时，文物、文化、商务、市场等相关部门以及行业协会⑥相继出台的“十四五”规划为行业未来发展指明了方向。

---

① 《关于实施革命文物保护利用工程（2018—2022 年）的意见》。

② 2020 年文化和旅游部发布《关于推动数字文化产业高质量发展的意见》（文旅产业发〔2020〕78 号），意见重点就夯实数字文化产业发展基础，培育数字文化产业新型业态，构建数字文化产业生态等方面提出发展目标。

③ 北京市出台一系列关于博物馆之城建设的政策，如《北京市“十四五”时期文物博物馆事业发展规划》《北京市文物局关于进一步推动局属博物馆文博文创工作的实施意见》《北京市鼓励社会力量兴办博物馆的若干意见》等。

④ 《北京市深化工艺美术专业人员职称制度改革实施办法》。

⑤ 《关于在城乡建设中加强历史文化保护传承的意见》。

⑥ 2021 年 6 月 30 日，全国拍卖标准化技术委员会编制并发布了《拍卖标准化“十四五”规划》，规划分析当前行业标准化现状与形势，提出标准化工作指导思想、基本原则、发展目标和工作任务，旨在全面加强和提升拍卖行业标准化工作。2021 年 7 月 21 日，中国拍卖行业协会发布《中国拍卖行业“十四五”发展规划》，旨在推动“十四五”时期拍卖行业科学、全面、高质量发展。

北京[①]、上海[②]、海南[③]建设国际艺术品交易中心的战略部署相继推出。

在税收方面，一系列政策措施有利于市场规范有序发展。2020 年，国家税务总局第 9 号公告《关于明确二手车经销等若干增值税征管问题的公告》，公告第三条明确指出“拍卖行受托拍卖的文物艺术品，委托方按规定享受免征增值税政策的，允许拍卖行以自己名义就代为收取的货物价款向购买方开具增值税普通发票，而对应的货物价款不计入拍卖行的增值税应税收入”。为方便企业操作，国家税务总局在“增值税发票税控开票软件”中专设了“受托拍卖文物艺术品代收货款”不征税品目。困扰文物艺术品拍卖市场的全额开票问题得到解决。2021 年，国家税务总局印发《关于企业所得税若干政策征管口径问题的公告（2021 年第 17 号）》，其中第五条明确指出“企业购买的文物、艺术品用于收藏、展示、保值增值的，作为投资资产进行税务处理。文物、艺术品资产在持有期间，计提的折旧、摊销费用，不得税前扣除”，起到规范市场交易的作用。

在进出口方面，进出口手续简化和税收优惠政策有利于国际贸易和国际文化交流。2020 年，文化和旅游部印发《文化和旅游部贯彻落实国务院在自由贸易试验区开展“证照分离”改革全覆盖试点实施方案》（文旅政法发〔2020〕4 号），其中对“美术品进出口经营活动审批”实现申请、审批全程网上办理，审批时限由 20 个工作日压减至 13 个工作日。2021 年，商务部、中宣部等 17 个部门印发《关于支持国家文化出口基地高质量发展若干措施的通知》，明确提出“支持有条件的基地内海关特殊监管区域开展文物、文化艺术品保税仓储、展示、交易以及文物鉴定业务，实施进出境登记审核，在保税货物监管、仓储物流等方面给予通关便利，推动降低企业交易成本”。2021 年，国务院税则委员会公布 2022 年关税调整方案，明确“对超过 100 年的油画等艺术品”实施

---

① 北京市文物局发布《北京市“十四五”时期推进国际文物艺术品交易中心建设规划（2021—2025）》（2021 年），提出三大目标、六大任务、二十个重要项目、四项保障体系，绘制出指导推进“十四五”时期国际文物艺术品交易中心建设的路线图。

② 《上海市社会主义国际文化大都市建设“十四五”规划》（2021 年）明确提出“上海将打造成为国际重要的艺术品交易中心”；上海市委宣传部发布《上海市推动国家重要艺术品交易中心建设、支持艺术品产业发展的重点政策》（2021 年）。

③ 国家发展和改革委员会、商务部联合印发《关于支持海南自由贸易港建设放宽市场准入若干特别措施的意见》（发改体改〔2021〕479 号）（2021 年），其中第十条明确支持建设海南国际文物艺术品交易中心；商务部等 20 个部门联合印发《关于推进海南自由贸易港贸易自由便利化若干措施的通知》（商自贸发〔2021〕58 号）（2021 年）。

“零关税”。2021 年，中央全面深化改革委员会第二十二次会议审议通过了《关于让文物活起来　扩大中华文化国际影响力的实施意见》，会议指出要“要开展创新服务，使文物更好融入生活、服务人民，积极拓展文物对外交流平台，多渠道提升中华文化国际传播能力”。

在立法方面，2020 年一系列法案的修订对于艺术品市场的规范有序发展有积极作用。例如，十三届全国人大三次会议表决通过了《中华人民共和国民法典》（以下简称《民法典》），其中共有 22 条直接提及“拍卖”。作为《拍卖法》的上位法，《民法典》对保障拍卖企业和拍卖活动相关当事人民事权利提供了上位法依据，对拍卖市场的发展产生积极意义。国家文物局公布《中华人民共和国文物保护法（修订草案）》（征求意见稿）及起草说明。草案主要修改完善立法目的，强化政府责任，加大不可移动文物保护力度，加强馆藏文物保护利用，规范文物流通，加强市场监管，强化文物进出境管理，增设文物保护监督检测内容。

在 NFT 监管方面，更多是以行业自律公约的形式出现。2021 年 10 月 31 日，国家版权交易中心联盟、中国美术学院、蚂蚁集团、腾讯等机构共同发布了《数字文创行业自律公约》，抵制任何形式的以数字文创作品为噱头，抵制任何形式的数字文创作品价格恶意炒作，防范投机炒作和金融化风险。2022 年 4 月 13 日，中国互联网金融协会、中国银行业协会、中国证券业协会共同发布《关于防范 NFT 相关金融风险的倡议》，为国内 NFT 市场的发展划定行为底线。

综上所述，一系列相关政策出台有利于深化体制机制改革，优化升级市场供需结构，满足人民群众不断增长的精神文化需求，促进文物艺术品市场发展。需要关注的是：第一，相关政策覆盖文物艺术品产业全链条，提高了文化供给水平，提供和增强了创新文化产业和服务的保障和动力。第二，文物艺术品市场将进一步规范发展，并通过与数字技术相结合等方式创新商业模式，激发画廊、拍卖行、美术馆等市场主体活力，推动我国艺术品市场健康、有序、可持续的发展。第三，强调共同富裕，关注文化赋能乡村振兴，有助于推动各区域和城乡间文化资源合理配置。第四，通过推进传播优秀传统文化、革命文化、社会主义先进文化，进一步提高人民群众的民族自信心和自豪感。总之，一系列文化政策的出台将艺术品渗透到更多的生活场景，在全社会范围内提高美育水平，让人民群众更多地接触和欣赏艺术，扩大艺术品市场的消费群体，为艺术品市场的可持续发展奠定基础。

四、艺术品金融市场动态

2022 年，艺术品金融市场值得关注的是数字艺术品资产与艺术品家族信托。

（一）NFT 与数字艺术品资产

在新冠肺炎疫情全球蔓延的背景下，与较为理性的艺术品市场不同的是艺术品金融市场非同质化通证（Non-Fungible Token，NFT）的热度。NFT 是区块链网络里具有唯一性特点的数字权益凭证。

1. NFT 数字艺术品的特征

首先，NFT 证书存储在区块链中，不可篡改。与实物艺术品不同，NFT 的价值不是基于实体作品本身的稀缺性，NFT 的价值在于藏购者能够证明是唯一的原版拥有者。人们可以追溯该作品的所有交易记录，使之与其他作品区别开来，以此保证艺术品的独特性，证明作品权益的流通过程及归属。对于创作者和交易者来说，区块链上的时间戳非常重要。当你购买了 NFT 艺术品，那么这件艺术品将永久性标上你的所有权，将来你转售给其他人，也会标识你曾经拥有它的历史。

其次，NFT 数字艺术品是虚拟的、不可触摸的。NFT 数字艺术品购买者不再拥有一个物理的、可触摸的画等艺术品，NFT 只保存在虚拟数字里。就像人们在游戏世界花钱买装备一样，随着互联网的深入人心，越来越多的人已经逐步开始接受虚拟拥有，而不是非要“物理拥有”不可。

最后，艺术品的“无限复制”与“所有权”兼容并存。一个人拥有了一件作品的 NFT，并不意味着他拥有了该作品的排他性使用权，作品仍可能被免费传播。持有 NFT 者无法阻止别人免费看到、收藏、转发、传播数字艺术品。相反，持有者更愿意通过大家广泛传播来推广作品的影响力。“数字拥有权”只是确保拥有者有权把这枚 NFT 卖给其他人。

2. NFT 对艺术品市场的影响

首先，NFT 的价值需要更多的讨论和时间检验。最近几年流行的潮玩艺术以及 NFT 大多是一些设计图、插画、影视特效等，从传统意义来说，很难把它们归入主流经典艺术范畴，但是这些作品的先锋性和科技感受到年轻人的青睐。

就 NFT 本身来说，人们对数字艺术新颖形式的关注大于内容本身。不少艺术市场人士认为，NFT 还没有到谈作品艺术性的时候。能够载入史册的大多是有创造力、创新力以及对艺术史发展有重要贡献的艺术家。未来 NFT 会怎么样，要看其在艺术史上的地位和意义。现在对 NFT 数字艺术品的各方面定论还较早，还需要更多的观察、探讨和时间检验。

其次，NFT 的金融属性超过其艺术性。购买 NFT 的动机是出于喜欢作品本身？还是因为其数字化的创新意义？或者完全是为了投机赚钱？由于 NFT 的兴起时间不长，人们往往将它与数字经济和科技发展挂钩，对其前景的期待和估值较高。从 NFT《每日：最初的 5000 个日子》披露的竞拍者信息可以看出，NFT 平台和基金等利益攸关者的参与对于价格攀升起到了重要的助推作用，由此人们会质疑相关者购买作品的动机，其金融属性超过其艺术性。

3. 数字艺术品在国内的发展

NFT 的火爆带来一系列问题。部分投资者之所以参与 NFT 投资，并非关心作品的文化内涵，而是将其看作一种投机工具，这对于文化产业发展难以产生实质促进作用。针对这些问题，2022 年《数字藏品行业自律发展倡议》《数字藏品应用参考》相继发布，明确拒绝数字藏品二次交易，抵制炒作；将数字藏品视为数字出版物的新形态，为行业提供合规应用参考。2022 年 7 月，国家网信办根据《区块链信息服务管理规定》，公布了 348 个备案编号，其中包括近百家数字藏品相关企业，超过 150 个数字藏品相关服务。该公告为数字藏品行业释放了积极信号，对于拿到备案的数字藏品企业，可以按照相关要求在一级商品市场发行数字藏品。随着监管红线和政策导向的明确，国内逐步用数字藏品来替代 NFT 表述，NFT 与数字藏品之间的差异越来越清晰。可以说，数字藏品是 NFT 在国内本土化、合规化的展现方式。

2022 年，无论是国外的 NFT 还是国内的数字藏品都开始“降温”。国外 NFT 发展趋向于金融保值增值，而国内则走向与实体产业的融合。对于数字藏品，应当积极引导，趋利避害，发挥其正向作用。数字藏品生产既可以依托文化遗珍，也可以原创，不少数字藏品基于知名 IP 开发，价格亲民，定位于大众消费层级。这有利于促进美育教育，承担和发挥文化遗产传承功能。比如，一些博物馆通过发行镇馆之宝的数字藏品，让更多人认识和了解了这些博物馆及其承载的文化。

数字产业化和产业数字化将成为我国经济发展值得关注的热点。产业需要搭上数字经济“快车”，数字藏品或许可以成为品牌 IP 的推广方式，通过其个性化、艺术化的表达，创新商业营销模式，吸引更多年轻人关注。应充分激发市场主体创新活力，推动发展区块链商业模式，探索虚拟数字资产、知识产权等领域的数字科技应用落地，更好地服务经济社会。

（二）艺术品家族信托

2022 年 9 月，五矿国际信托有限公司家族办公室成立了首个艺术品资产管理与传承类信托——“温润而泽-戴泽艺术信托”。受托人为五矿信托，受托财产为徐悲鸿的弟子、著名油画家戴泽先生的艺术作品，委托人为戴泽先生的长孙戴梦。戴泽先生出生于 1922 年，他曾协助徐悲鸿等人建立中央美术学院，是新中国美术教育奠基人，中国第二代油画家代表人物。

五矿信托家族办公室通过构建家族投行、家族传承、家族治理、家族艺术、家族康养和家族全球的综合体系（见图 0-10），努力为高净值客户提供全方位服务。2020 年，五矿信托家族办公室联姻专业机构中策艺术，推出了艺术品消费选择权信托（见表 0-1）。该信托采用“财富管理+消费选择权+艺术权益服务”模式，为高净值客户提供“美在财富”“美在欣赏”“美在日常”等多样化艺术权益服务。

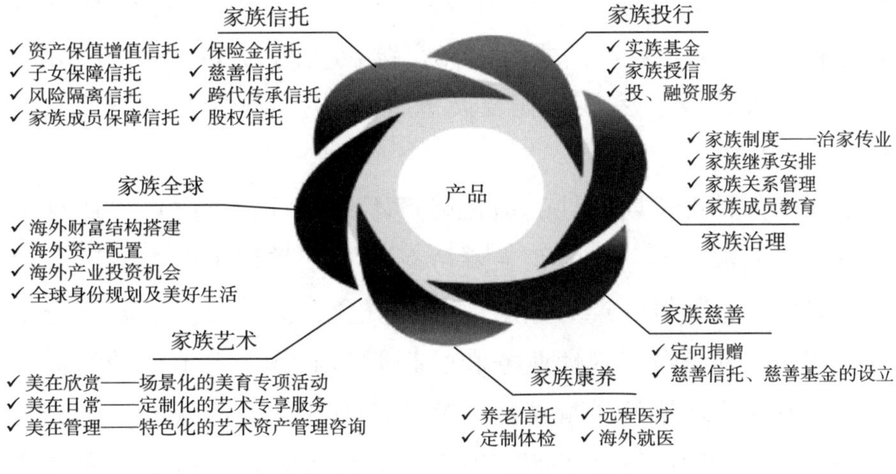

图 0-10 五矿家族信托产品[①]

① 仓槟．五矿信托家族办公室：立足服务实体经济 回归信托业务本源 助力高净值客户旷世传承［J］．银行家，2022（3）．

表 0–1　艺术品消费选择权信托

五矿信托-艺享世家 2 号-艺术品消费选择权集合资金信托计划（第八期 1 次）			
信托简称	艺享世家 2 号-艺术品消费选择权第八期 1 次	信托代码	73428242
投资领域	金融	推介起始日	2022-04-24
产品大类	权益投资	推介截止日	2022-04-28
投资经理		成立日期	1970-01-01
预计年化收益率	6.00%	终止日期	1970-01-01
到期年化收益率	0	发行地	西宁
最低认购资金	100.00（万元）	预计发行规模	42400.00（万元）
是否结构化	否	实际发行规模	0（万元）
		存续期	1.0（年）
产品说明	本信托计划具备“财富管理+艺术权益服务”功能，除财富管理服务外，委托人在信托存续期间享有“美在财富”（艺术财富俱乐部 VIP 资格，专享价格认购艺术作品）、“美在欣赏”（艺术课程及进阶）、“美在日常”（艺术体验活动）三大板块权益服务。		
预期收益说明	100 万～300 万元：6.0%；300 万～600 万元：6.3%；600 万～2000 万元：6.4%；2000 万元及以上：6.59%		

伴随高净值人群财富和群体的增长，家族信托的专业性逐渐被高净值客户接受。在国内 68 家信托公司中，2013 年仅有 6 家开展了家族信托业务，而到 2021 年底，开展家族信托业务的公司已经超过 50 家。中国信托登记有限责任公司数据显示，截至 2021 年末，家族信托存续规模约为 3494.81 亿元，较 2020 年增长约 30%。2022 年，家族信托发展抢眼，6 月新增家族信托 119.95 亿元，环比增长 63.22%。①

家族信托业务具备长期属性。信托财产不仅有资金类财产，还有保单、金融产品、股权、艺术品等。从企业主要持有的资产类型角度看，房产和企业股权仍占据主要比例，其他资产为金融产品、资金、保单等。家族信托业务涵盖两个业务范畴，分别是财富管理业务和受托服务业务。艺术精品的稀缺性、文化历史价值具有保值增值的金融属性，其价值被社会普遍认可。艺术信托通过专业的金融服务，借助展览、出版、慈善、教育等方式，帮助艺术家及其家族实现艺术品的管理与运营，实现家族艺术财富资产配置和文脉代际流传。

我国家族信托尚处于发展初级阶段，还存在不少法律制度、产品体系、服务体系与人才体系等方面问题，目前还难以做到个性化定制。

---

① 陈嘉玲．家族信托受追捧［N］．中国经营报，2022-08-27.

五、年度报告框架与特色

中国人民大学中国艺术品金融研究所年度报告每年聚焦一个主题，由艺术品市场和艺术品金融相关领域的资深市场专家和高校学者共同撰写完成。2022年中国艺术品金融市场年度研究报告的主题是“创新、科技与未来”，由中国人民大学文化经济研究所和中国人民大学中国艺术品金融研究所共同推出，报告得到中国人民大学交叉科学研究院的支持。报告围绕近几年国内外艺术品市场和艺术品金融领域主要创新探索与前沿热点展开研究和探讨，以期对艺术品市场与艺术品金融提供可借鉴的商业模式，同时为理论和政策提供咨询依据。本报告是国家社科基金艺术学重大项目“中国艺术品市场发展研究”阶段性成果。

近几年，一方面，随着经济增速放缓，国际局势剧烈变化，新冠肺炎疫情全球蔓延并反复持续等突发事件应接不暇，作为顺周期的艺术品市场无法独善其身，全球政治经济环境的剧烈变化给艺术品市场带来了很大的波动性。另一方面，科技的飞速发展和市场的不确定性也倒逼艺术品市场，创新求变成为行业发展的主旋律。

创新是艺术品市场发展的引擎和动力。2022年，随着科技对社会经济的深入影响，艺术品市场与艺术品金融在创新中发展，实践走在了理论的前面。不少创新和探索在降低成本、提高效率、提升消费者福利方面可圈可点。任何新生事物的出现到被市场认可都需要时间和消费者的检验，一些探索在商业方面可能还没有实现财务可持续性，还有一些项目根据市场的需求还在不断调整中，但是在法律框架下的这些创业和创新者的探索在一定程度上给社会提供了新的边际增量和社会效应，无论是经验还是教训，都为行业发展提供了启示和借鉴，已经在这个时代留下了浓墨重彩的印记。2022年，艺术品市场和艺术品金融有不少新的动向，作为艺术品市场和艺术品金融的研究者特别希望用文字记录风起云涌时代的伟大而又平凡的弄潮儿和探索者。

《中国艺术品金融市场年度研究报告（2022）》由一个主报告、四个模块和七个分报告组成。四个模块分别为“全球视野”“创新赋能”“金融发展”“科技探索”。

主报告由中国人民大学应用经济学院文化经济研究团队的黄隽、李越欣和曾丹完成。黄隽教授长期深耕艺术品市场与艺术品金融，是多项国家和省部级重大课题的首席专家，学术论文和著作成果丰硕，科研成果多次获得各项奖项。李越欣是中国人民大学应用经济学院讲师，荷兰蒂尔堡大学金融学博士毕业，在日本、英国、荷兰、美国等多个国家学习，具有较好的国际研究的基础和背景。曾丹是中国人民大学应用经济学院的博士研究生，参与了多项省部级重要课题，对文化经济有较为深入的观察。《中国艺术品金融市场年度研究报告（2022）》主报告以供给的视角从宏观上呈现出2016—2021年文化产业供给的概貌和动态；阐释数字技术对文化遗产重要作用，包括数字技术在促进历史文化遗产保护及传承、为文化遗产创意带来更多的灵感和表现形式、为文化遗产展示和传播插上翅膀及拓展了消费的广度和深度等；主报告对最近几年艺术品相关的政策和艺术品金融市场的动态进行了梳理与评介。关于2022年年度报告框架、思路和亮点，黄隽教授作为本报告的主编将以第一人称来介绍。

在“全球视野”模块，按照每年报告惯例，第一个分报告都是介绍近年来全球艺术品市场发展概况和主要动态。我们邀请了雅昌艺术研究院院长、雅昌艺术市场监测中心（AMMA）负责人徐翠耘女士。艺术品市场大中型企业不多，雅昌艺术网具有国内外丰富的艺术品数据和信息，在艺术品市场影响力较大。徐翠耘研究生毕业于中央美术学院，长期负责雅昌艺术品市场监测和研究工作，与我们年度报告合作多年。徐翠耘老师具有丰富的市场分析和研究经验，每年的“全球视野”模块都由她来主笔。

近50年是全球艺术品市场发展最快的时期。在第二个分报告中，我和李越欣老师梳理了从20世纪70年代开始国内外艺术品金融研究的主要脉络。艺术品市场与金融成为文化经济学研究较为深入的分支领域，多学科交叉融合丰富和拓展了艺术经济学的视野和范畴。本部分以经济学视角，从艺术品市场的发展、艺术品的特征、艺术品价格的影响因素和艺术品的金融属性等方面梳理和分析近50年主要学术研究脉络和发展变化，旨在借鉴国内外学者不同学科的研究视角和方法，拓展和丰富中国艺术品市场的理论框架和实践发展。

“创新赋能”模块邀请了在“大地艺术节”方面具有丰富实践经验的孙倩老师以及团队的何海洋老师和贺岁华老师，文中书写了这么多年来他们的初心、努力和感悟。我2018年7月到日本新潟的越后妻有、2019年5月到浙江桐庐、2021年5月到江西景德镇，三次参加了孙倩老师团队主办的“大地艺术节”开幕活动，观赏了众多全球知名艺术家的优秀作品，见证了孙倩老师团队将国际经验带到中国，用“大地艺术节”的核心理念和方法带动乡村振兴的成果。孙倩老师团队基于中国国情创新性实践，赋能乡村振兴，其社会价值远远大于经济价值。2020 年 9 月，我写下了这样的感想：“无论是穿山越岭在日本新潟的越后妻有，还是流连忘返在浙江桐庐的秀美古镇，我时常被一种潜在的情愫莫名感动着。感动于北川先生长达 20 年在偏远封闭的地区坚持；感动于孙倩团队面对如此庞杂事情的淡定和韧性。艺术家基于当地人文和自然环境创作艺术作品。艺术作品与当地的山谷、农田和村落环境相映成辉。钦佩‘大地艺术节’策划者的视野与情怀，惊艳艺术家的奇思妙想与巧夺天工。”

我一直关注民营美术馆的运营，也和多位民营美术馆馆长有过深度交流。有一位馆长曾经对我说，他 70%的时间都在为美术馆找钱。无论是博物馆还是美术馆，展陈空间、水电空调、专业人员、保安保管、项目活动等固定成本较高，美术馆作为非营利机构，需要超强的市场运营能力。民营美术馆如何坚持自己的特色和定位？如何在学术和市场之间找到平衡？如何做到财务可持续？这些一直是我想探究的问题。基于这些考虑，我邀请了长期在民营美术馆担任高管的尤洋先生。尤洋先生发表过逾百篇专题文章、刊物专栏和艺术画册文章，并策划过多个艺术展览项目，曾经是乐队吉他手、贝斯手、乐评人，我们期待可以从尤洋先生的思考中借鉴到民营美术馆生存和发展之道。

“金融发展”模块我邀请了北京文投北文数字（北京）文化科技公司总经理吴桐先生。几年前在我的著作《艺术品金融：从微观到宏观》中专门介绍过加拿大、澳大利亚、中国台湾等地艺术品租赁业务。2017 年还在《中国文化报》上发表了一篇文章，专门讨论艺术品租赁业务财务可持续问题。北文艺术实践了艺术品租赁业务。在数字化的背景下，北文艺术致力于推动北京文化中心建设，在城市更新、艺术品走进企业、社区等以及艺术品金融等方面做了大量努力，吴桐先生作为亲历者讲述其中的感受和思考。

“金融发展”模块的第二篇文章我邀请了嘉德投资控股公司投资部总监马学东先生。2013 年，马学东参与了中国人民大学艺术品金融研究所第一本年度报告的撰写，一晃快十年了。马学东是中央美术学院艺术理论学博士，具有扎实的理论基础，他将理论与实践相结合，对国内外艺术品市场动态非常熟悉，一直活跃在艺术品市场的研究中。嘉德拍卖公司是艺术品市场的翘楚，马学东在嘉德投资公司做与艺术品贷款相关的业务，而且泰康保险集团公司下设的泰康在线保险公司在 2018 年开始增设艺术品保险业务，所以邀请他来写“艺术品贷款和艺术品保险”是最为合适的人选。

在“科技探索”模块，我选择了在艺公司作为研究对象。在艺公司在艺术品业内知名度很高，艺术品行业的很多活动在艺公司都有参与。创始人谢晓冬先生很有情怀，在商业模式方面做了很多的探索和创新。我作为中国人民大学艺术学院双聘教授，怀舒婉是我带的艺术学院第一位研究生。我推荐怀舒婉去在艺公司实习，为了进一步了解数字技术以及短视频公司的运营，她后来又去了搜狐视频和抖音实习，对数字技术有了更为直观的感受。我希望怀舒婉以在艺公司为研究对象写毕业论文，在在艺公司副总经理张辉的帮助和指导下，她完成了任务。

感谢参与本书的各位专家和学者的支持和努力。感谢中国金融出版社肖炜、董梦雅老师一直以来的帮助。《中国艺术品金融市场年度研究报告（2022）——创新、科技与未来》突出了创新、科技以及未来主题，期待我们提炼的市场实践和研究成果能够推动中国艺术品市场的健康发展，期待艺术品市场和艺术品金融在满足人民群众的精神文化需求、助力美育素养与社会文明、赋能产业升级和经济增长等方面发挥更大作用。

全球视野

2021年，全球艺术品经销商市场延续了稳步复苏的势头。美国、中国、英国三个市场继续维持寡占型的市场结构。国内画廊市场两极分化，知名艺博会成交活跃，成为画廊交易的重要渠道，拍卖市场交易规模同比明显上升。艺术品市场数字化和年轻化趋势明显。本模块除了呈现出全球市场概览，还以经济学视角梳理和评介了近50年艺术品金融主要学术研究脉络及发展变化。

第一篇　2021 年艺术品市场报告

徐翠耘①

一、全球艺术品市场概况

2021 年，全球经济复苏，艺术品市场发展向好。《巴塞尔艺术展与瑞银集团全球艺术市场报告（2022）》② 显示，2021 年全球艺术品市场预计交易数量为 3670 万件，交易总额达 651 亿美元，比 2020 年增长 29%，基本上恢复至新冠肺炎疫情前的水平。艺术品经销商和拍卖市场均呈现出良好的发展态势。

2021 年，艺术品经销商市场延续了稳步复苏的势头，艺术品销售总额比 2020 年增长了 18%，为 347 亿美元，占本年度全球艺术品销售总额的 53%。2021 年，尽管这一市场比 2020 年有了较大增长，但尚未恢复到新冠肺炎疫情前水平。从细分市场来看，2021 年，首先销售额在 500 万美元至 1000 万美元的艺术品经销商市场回暖，交易额同比增长了 35%；其次是 100 万美元至 500 万美元、50 万美元至 100 万美元，增长比例均为 31%；交易总额在 25 万美元以下的艺术品经销商仅增长了 6%。而营业额低于 10 万美元的企业，同比减少了 8%，面临很大的生存压力。营业利润方面，2021 年盈利的画廊数量有所增加，大约 55%的画廊利润高于 2020 年，21%的画廊与 2020 年持平，24%的画廊利润低于

---

① 徐翠耘，雅昌艺术研究院院长、雅昌艺术市场监测中心（AMMA）负责人，中央美术学院艺术管理硕士。

本报告数据来源于雅昌艺术市场监测中心（AMMA），全球艺术品市场数据来源于《巴塞尔艺术展与瑞银集团全球艺术市场报告（2022）》（*Art Basel & UBS*, *The Art Market*），如有其他引用，单独备注。

② 《巴塞尔艺术展与瑞银集团全球艺术市场报告（2022）》（*Art Basel & UBS*, *The Art Market*），统计市场包含艺术经销商市场（画廊、艺博会等）、拍卖市场，交易品类包含纯艺术（绘画、书法、雕塑、素描、摄影、装置、设计、NFT 等）、瓷器杂项、奢侈品等。

往年。[1] 大型画廊的抗压性较强，这些画廊一般资金雄厚，影响有很强的经营能力、资源整合能力及稳定的客源。中小型画廊受经济和市场波动比较大。

二级市场领域，全球艺术品拍卖市场发展更为强劲，2021 年拍卖总额（含公开交易和私洽业务）达 304 亿美元，比 2020 年增长 5%，占全球艺术品市场交易总额的 47%。其中，拍卖公开销售额为 263 亿美元，比 2020 年增长了 47%，占全球艺术品市场交易总额的 40%；拍卖私洽业务交易总额预计为 41 亿美元，同比增长了 32%。2021 年，中国艺术品拍卖市场居全球首位，交易总额达 88 亿美元，占全球艺术品拍卖总额的 33%。美国位居其后，拍卖总额为 85 亿美元，市场份额为 32%。英国位居第三，拍卖总额为 35 亿美元，市场份额为 13%。法国、德国、瑞士和澳大利亚等艺术品拍卖份额分别为 9%、3%、2%和 1%，交易总额相对较少。艺术品拍卖市场的发展与各国的经济发展情况、文化水平、艺术品政策、信用体系等密切相关。近几年，艺术品市场的发展受到疫情的影响，部分拍卖企业经营困难。

交易品类方面，“二战”后及当代艺术作为全球纯艺术品拍卖的第一大板块，2021 年市场强势复苏，成交数量超过 12 万件，比 2020 年增长 13%，占全球纯艺术品拍卖成交量的 56%。拍卖总额为 67 亿美元，同比增长 42%，占全球纯艺术品拍卖总额的 55%。自 2007 年开始，“二战”后及当代艺术拍卖总额和交易数量全面超越现代艺术，成为全球艺术品交易中最为活跃的板块。其次是现代艺术板块，2021 年其以 22%的拍卖份额，位居该年度全球纯艺术品拍卖第二，拍卖总额为 27 亿美元，同比增长 23%。2007 年之前，现代艺术一直都是艺术品拍卖市场的主力板块，随着当代艺术的迅猛发展，2007 年开始，现代艺术第一把交椅的地位被当代艺术取代，市场份额从 36%下滑至 23%。印象派及后印象派艺术位居第三，2021 年拍卖总额为 18 亿美元，市场份额为 15%。古典艺术大师的作品拍卖总额为 9. 17 亿美元，市场份额仅为 4%。由此可见，全球艺术拍卖市场中，时代越是离我们近的艺术品交易越活跃。这种交易现象与艺术品的存世量及市场流通量呈正相关性，诸如古典艺术大师的作品，存世量较少，大部分精品佳作被长期珍藏在各大博物馆等机构之中，少量作品一旦流入市场即被收藏家买入并长期持有，故该板块珍品进入拍卖市场的概率很小，交易相对不活跃。

---

① Art Basel & UBS, The Art Market 2022, Prepared by Dr. Clare McAndrew, Founder of Arts Economics.

从各国艺术品市场发展情况来看，全球艺术品市场呈现出以美国、中国、英国为中心的市场发展格局。2021 年，美国、中国、英国继续位居全球艺术品交易总额前列，三国贡献了 80%的艺术品市场份额。美国艺术品市场国际市场地位稳定，2021 年交易总额超过 280 亿美元，比 2020 年增长 33%，占全球艺术品市场总额的 43%，居全球艺术品市场首位。中国自 2006 年取代法国跻身全球三大艺术品市场以来，一直名列全球艺术品市场前三。2021 年，中国艺术品市场交易总额达 134 亿美元，比 2020 年增长 35%，占全球市场份额的 20%，位居全球艺术品市场第二。英国艺术品市场受新冠肺炎疫情和“脱欧”等影响，2021 年表现稍逊于美、中两国，交易总额为 113 亿美元，同比增长 14%，占全球市场份额的 17%，位列全球第三。① 2021 年，美国、中国和英国全年国内生产总值（GDP）比 2020 年分别增长了 5.7%、8.1%和 7.5%，这为艺术品市场恢复发展提供了较好的经济基础（见图 1-1）。

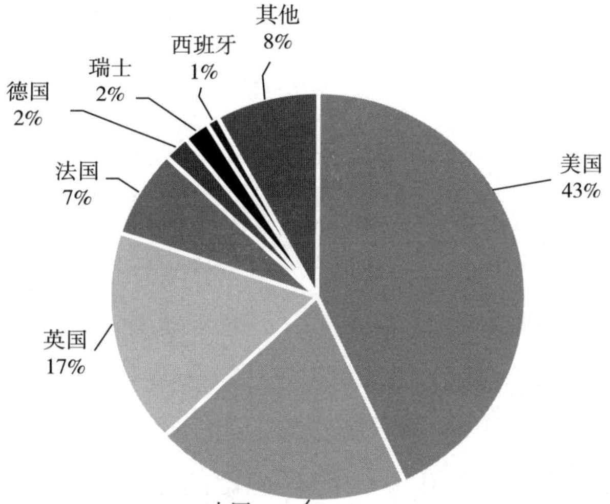

图 1-1　2021 年各国艺术品市场销售总额占比

［资料来源：雅昌艺术市场监测中心（AMMA）& An Art Basel & UBS Report］

2021 年全球艺术品市场强势回归，与全球经济发展水平、高净值人群财富增长情况有重要关系。“2022 福布斯全球亿万富豪榜”显示，2022 年上榜人数为 2668 位，比上年减少 87 位，但相较于 2020 年增加了 573 人；2022 年亿万富

① Art Basel & UBS, The Art Market 2022, Prepared by Dr. Clare McAndrew, Founder of Arts Economics.

豪总财富额为12.7万亿美元，较2021年有所下降[①]。但财富人群对艺术品的收藏热情不减。据Arts Economics和瑞银投资者观察对2339名高净值收藏家调研分析指出，这些收藏家购买纯艺术、装饰艺术和古董的消费中位数从2019年的7.2万美元上升到2021年的27.4万美元；超过三分之一的收藏家在艺术品和古董上的花费超过了100万美元，2020年这一比例为20%。[②] 全球高净值藏家购买力增加。

二、中国艺术品市场发展分析

2021年，中国面对新冠肺炎疫情和复杂多变的国际环境等多重挑战，中国经济增长仍保持了全球领先地位，艺术品市场也呈现出稳步发展态势。中国艺术品市场交易总额位居全球第二，艺术品拍卖总额稳居全球第一位。画廊市场发展向好，艺术博览会市场活跃。

（一）画廊市场

2021年，中国画廊行业形成了线下和线上互补的发展模式，突破了新冠肺炎疫情防控对于画廊经营的限制，市场发展相对平稳。

1. 画廊市场规模

据雅昌艺术市场监测中心（AMMA）不完全统计，2021年中国存续经营的画廊共计3124家，比上年减少22.29%。主要原因有三个方面：一是受新冠肺炎疫情冲击，有些画廊线下空间不能正常开放，而又未具备线上经营的条件；二是投机型画廊由于缺乏长远规划，没有稳定的艺术家和客户资源，抗风险能力较差；三是一些小型画廊，受资金、客源等影响，难以持久经营。

虽然画廊规模整体有所缩减，但也不乏新画廊入场。例如深圳地区，摩天轮画廊、红树林画廊、蓝岸画廊等相继成立；上海地区，没顶画廊新的空间落地静安区，Gallery All画廊在上海的空间正式开放运营。这些画廊的加入，为整个画廊行业注入了新的活力。

---

① 福布斯全球亿万富豪榜采用截至2022年3月初的股价和汇率计算个人财富，通常每年4月初发布。

② Art Basel & UBS, The Art Market 2022, Prepared by Dr. Clare McAndrew, Founder of Arts Economics.

2021 年，受宏观经济、疫情及艺术市场波动影响，大多数画廊经营状况不理想，两极分化加剧。中高端画廊凭借自己的品牌影响力及稳定的藏家群体，交易情况良好。据北京画廊协会统计，协会会员单位 2021 年整体销售额达到 10 亿元人民币，2020 年为 7.4 亿元人民币。但很多小型画廊，经营困难，甚至关门停业。

2. 画廊区域发展特点

2021 年，中国画廊分布，北京、上海、山东、广东画廊数量最多，并均已形成了较大规模的艺术区。如北京“798 艺术区”、上海“M50 艺术区”等。2021 年，北京共有画廊 594 家，占比 19.01%。上海共有画廊 403 家，占比 12.90%。山东共有画廊 358 家，占比 11.46%。广东共有画廊 334 家，占比 10.69%。这与艺术品拍卖市场格局基本一致（见图 1-2）。

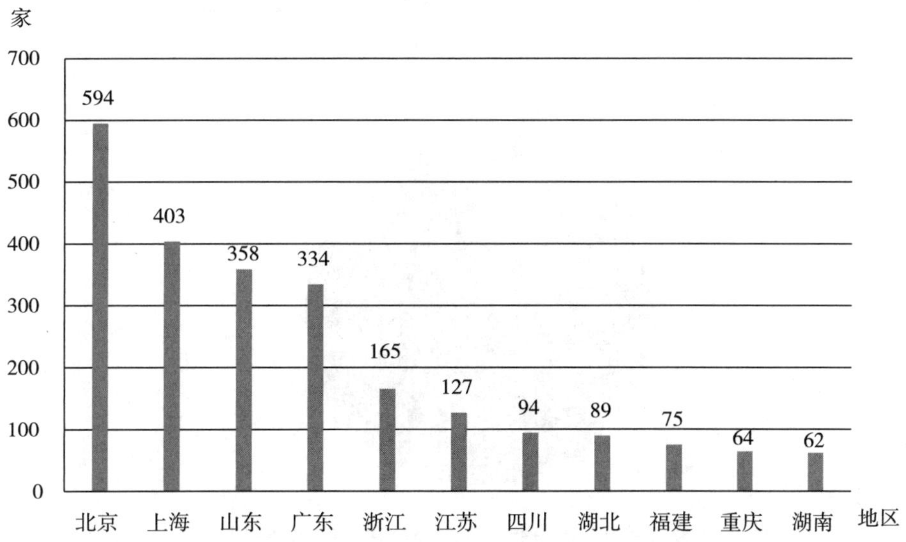

图 1-2　2021 年中国城市画廊数量排名

［资料来源：雅昌艺术市场监测中心（AMMA），统计时间为 2021 年 1 月 1 日至 12 月 31 日］

其中，北京、上海和广东地区的画廊最为活跃，2021 年举办展览数量名列前三，分别为 7436 场、2566 场和 1739 场，远高于其他省份。从开展线下展览情况来看，有 44%的画廊年度展览数量在 5~8 场；有 37%的画廊年度展览数量在 1~5 场；举办 10 场以上的画廊数量比例仅为 6%，相较于疫情前 15%~20%的比例有了大幅度减少（见图 1-3、图 1-4）。

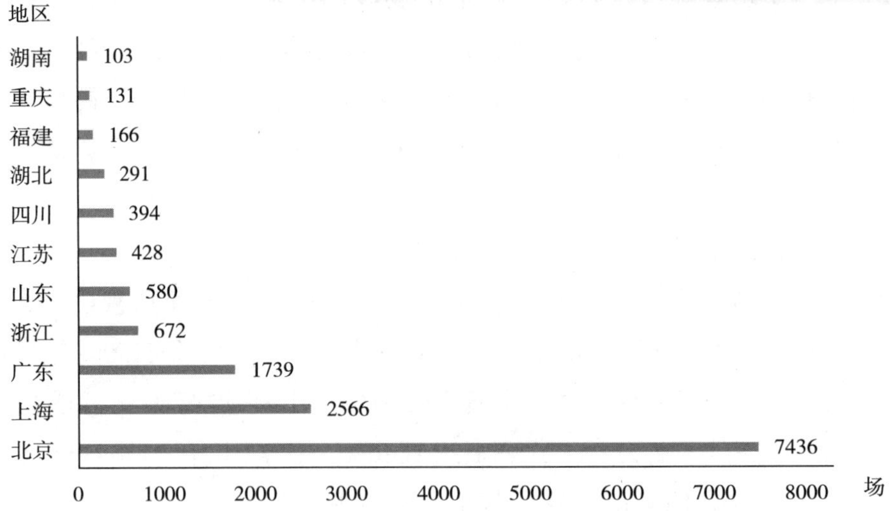

图 1-3　2021 年中国各城市举办的展览数量排名

［资料来源：雅昌艺术市场监测中心（AMMA），统计时间为 2021 年 1 月 1 日至 12 月 31 日］

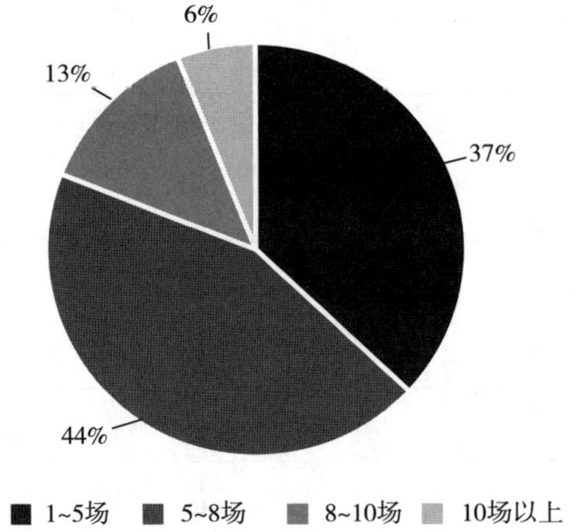

图 1-4　2021 年中国画廊举办的展览数量占比

［资料来源：雅昌艺术市场监测中心（AMMA），统计时间为 2021 年 1 月 1 日至 12 月 31 日］

3. 画廊销售渠道

2021 年，多元销售渠道已成为大多数画廊的选择。90%以上的画廊通过线下画廊销售、线上平台交易，以及艺博会展销等形式综合营销。2021 年，参加艺博会（包含线上和线下）的画廊数量有所增加。67%的画廊参加艺博会在 1~5 次，比 2020 年增长了 30%，全年参加 5 场以上艺博会的画廊比例为 16%，没有参加艺博会的画廊数量为 17%。其中，画廊参与线上艺博会的数量在减少，例如北京画廊协会成员 2020 年有 80%的画廊参与线上销售，2021 年这一比例下降至 70%。主要原因在于 2021 年新冠肺炎疫情得到有效防控，很多画廊更习惯于线下交流沟通与销售。无论是线上还是线下艺博会的举办，这都在较大程度上促进了画廊的销售（见图 1-5）。

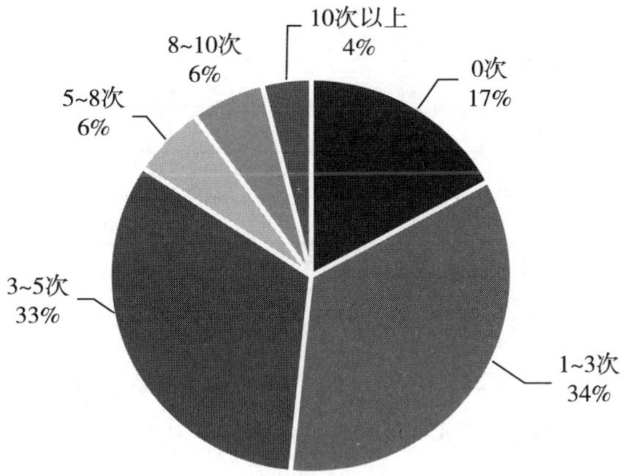

图 1-5　2021 年中国画廊参加艺博会的情况

［资料来源：雅昌艺术市场监测中心（AMMA），统计时间为 2021 年 1 月 1 日至 12 月 31 日］

其中，交易品类主要集中在当代艺术领域，其中油画品类占比最高，为 54%；书画门类占比为 21%。其次为影像品类，比例为 12%。并且各画廊在着力加快主营业务发展的同时，也增加了衍生品、餐饮等“副业”，从之前单一的作品销售升级为综合经营的模式。

4. 画廊代理艺术家情况

与优质艺术家或有潜力的艺术家合作，也是画廊生存和发展的重要模式。代理艺术家已成为绝大多数画廊的选择，一般画廊代理艺术家的数量集中在 10～20 位，这一比例约为 39%，近 10%的画廊签约艺术家数量在 50 位以上。很多画廊愿意跟新的艺术家合作，他们积极发掘能够代表中国本土的当代艺术家，客观上带动了对年青一代艺术家群体的关注。画廊与艺术家的合作是相辅相成的，艺术家的成功也会推动画廊发展（见图 1-6）。北京画廊协会秘书长池刚表示：“年轻艺术家的崛起推动了画廊交易量的火爆，‘70 后’‘80 后’登上历史舞台。拍卖市场的（艺术家）名单恰恰是画廊推荐的代理名单，一级市场与二级市场高度重合。年青一代领军人物的出现，如黄宇兴等创造的天价纪录，提升了整个画廊的意识。所以从画廊的日常销售、对年轻艺术家的推荐、博览会上的交易都能看出画廊成交活跃。”

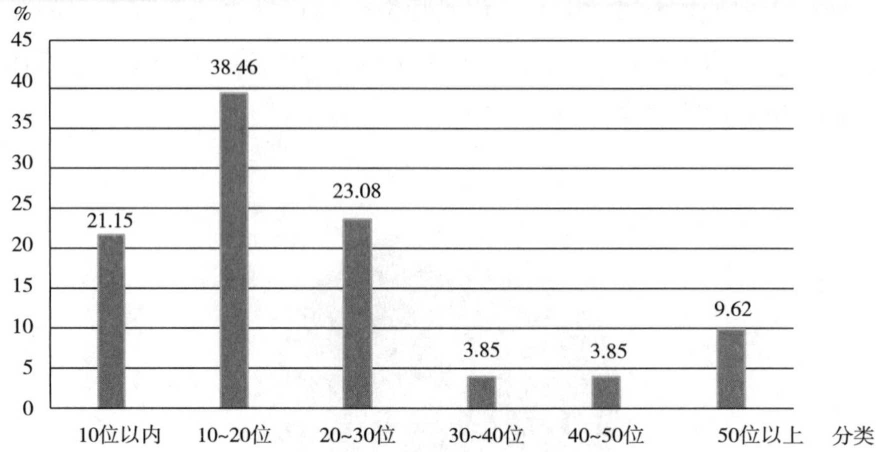

图 1-6　2021 年中国画廊合作代理艺术家数量情况

［资料来源：雅昌艺术市场监测中心（AMMA），统计时间为 2021 年 1 月 1 日至 12 月 31 日］

总体来看，2021 年国内画廊行业发展向好，新画廊、新藏家不断加入。但面对新冠肺炎疫情的影响，画廊要转变经营模式，要在寻求自我发展的同时，与其他画廊合作共生。并且通过政府、协会、学界等各方的共同努力，为画廊行业发展营造良好的生态环境。

（二）艺术博览会

1. 市场概况

艺术博览会作为连接一级市场和二级市场的重要组成部分，近几年受新冠肺炎疫情影响，呈现“内循环”的发展特点。2021 年，得益于我国疫情有效防控，北京、上海、深圳等一线城市的艺博会得以顺利举办。据雅昌艺术市场监测中心（AMMA）不完全统计，2021 年全国共举办艺博会 27 场，比 2020 年增长 80%。

从作品成交单价来看，10 万 ~50 万元作品最为集中，比例为 42%；其次是销售价格在 10 万元以下作品，比例为 20%；成交量在 500 万 ~1000 万元的占 5%，1000 万元以上的有 4%（见图 1-7）。

从成交品类方面来看，油画占比最高，为 59%。其次是雕塑、水墨、新媒体、装置类作品。其中，抽象、卡通等风格突出的油画作品，在艺博会上保持着较好成交量，而装置、雕塑类的作品，虽然成交数量不占优势，但在高单价作品方面较为突出。同时，潮流艺术受到了年轻买家的追捧，尤其是国潮艺术品，人气居高不下（见图 1-8）。

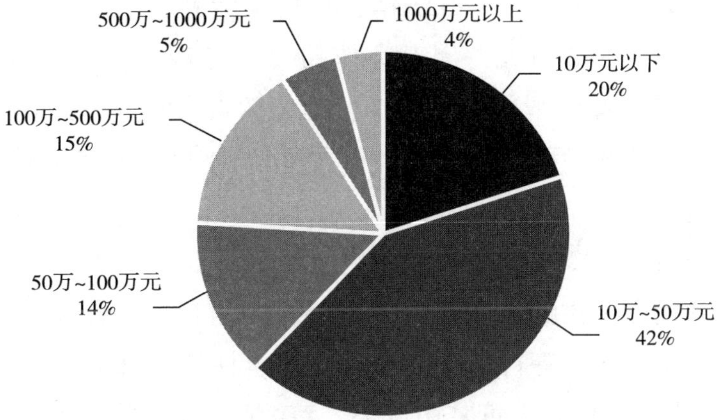

图 1-7　2015—2021 年国内艺博会销售作品成交价格区间占比

［资料来源：雅昌艺术市场监测中心（AMMA），统计时间为 2021 年 1 月 1 日至 12 月 31 日］

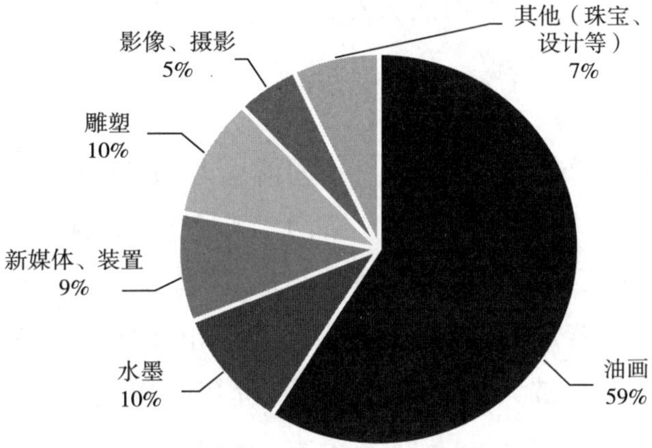

图 1-8　2015—2021 年国内艺博会销售作品品类分布

［资料来源：雅昌艺术市场监测中心（AMMA），统计时间为 2021 年 1 月 1 日至 12 月 31 日］

2. 主要艺博会交易情况

具体到各个艺博会来看，整体成交比较活跃。据“艺术北京”官方发布的消息称，2021 年“艺术北京”博览会，90%以上的参展机构均有成交，最高成交单价为 1600 万元。第三届“JINGART 艺览北京”，通过雅昌艺术网及艺术头条现场调查了解到，参展的 40 多家画廊及机构，几乎 100%实现了销售。销售作品数量超过了 300 件，平均每家参展机构售出作品超过了 7 件。总销售额预计达到了 1.5 亿元，其中 6 家国际画廊总销售额达到了 1 亿元。2021 北京当代艺博会销售额预计突破 5000 万元，平均每家画廊销售额在 100 万元左右。上海西岸艺术与设计博览会中 80%以上的参展画廊实现交易，白立方、高古轩、豪瑟沃斯等销售额突破千万元。Art021 销售也比较活跃，上海本地画廊华氏画廊 VIP 首日总销售额达 800 万元，周春芽作品《桃花春水生》以 300 万元售出；大未来林舍画廊 VIP 首日作品销售 80%，销售额近 400 万元，其中艺术家赵赵大尺幅作品每件定价 60 万元，全部售出；香格纳画廊余友涵的作品以超过 500 万元的价格售出。

国内艺博会市场活跃、成交可观，主要原因在于：一方面，受新冠肺炎疫情影响，艺术品投资、收藏和消费更多聚焦在国内；另一方面，国内经济形势严峻，房地产、金融产品等行情波动较大，这也促使一部分资本流入艺术品投资市场。“艺术北京”创始人董梦阳认为：“疫情防控期间，人们以往快速的生活节奏放缓，不由思考生活和生命的价值意义，而艺术恰恰承载着人们的精神诉求。当然，我认为根本原因还是在于我们的社会一直在进步，物质层面的消费达到一定高度后，人们自然而然会对艺术有所需求，更多人群开始消费艺术，将其融入自己的生活。”

3. 艺博会发展趋势

近几年，国内艺博会发展迅速，各艺博会均在积极探索适合本土市场的发展模式，寻求差异化经营。“艺术厦门”创始人滕丽表示：“从宏观趋势看，当国内各大艺博会平台面对相同的画廊名单时，大多选择巡演式的展现方式，这种同质化经营形式就越来越不能满足市场中观众和藏家的诉求，所以艺博会的差异化经营被大家愈加重视。”董梦阳也表示：“我们也应该看到市场内部的两个方向变化，一方面是艺术内容板块呈现更加细分的趋势，另一方面则是艺术和其他行业在不断融合，艺术正在横向拓展其发展的更多可能性。”

2021 年国内艺博会反弹回暖，深圳地区艺博会影响力提升，形成以北京、上海、深圳和香港为中心的艺博会格局。艺术品收藏和消费群体呈年轻化趋势，“90 后”“千禧一代”藏家成为艺博会常客。

（三）拍卖市场

1. 市场概况

拍卖市场是艺术品市场的重要风向标和指示器，在艺术品市场中具有重要地位和影响力。

2021 年，中国文物艺术品拍卖市场发展平稳。中国艺术品拍卖市场以 33%

的市场份额位居全球第一，美国（32%）、英国（13%）位居其后。2021 年共有 287 家拍卖公司举办了拍卖会，线下拍卖成交总额为 590.97 亿元人民币，比 2020 年、2019 年分别增长了 49.48%和 25.11%。上拍量为 292719 件，成交量为 153647 件，比 2020 年分别增长了 56.05%和 57.21%；比 2019 年分别减少了 19.48%和 4.86%。高价作品成交额略有下降。2021 年，5000 万元以上的作品有 94 件，成交总额为 96.57 亿元，占全年拍卖总额的 16.34%。但相较于 2020 年，这一份额下降了 3.18%，主要是由于亿元以上作品总额的减少：2021 年亿元以上作品成交总额为 52.84 亿元，比 2020 年减少 886.91 万元；市场份额减少 3.18%（2021 年为 16.34%，2020 年为 19.52%）。2020 年最高价作品——吴彬《十面灵璧图》成交价高达 5.129 亿元；2021 年最高价作品为徐扬《平定西域献俘礼图》（手卷），成交价为 4.14 亿元（见图 1-9、图 1-10）。

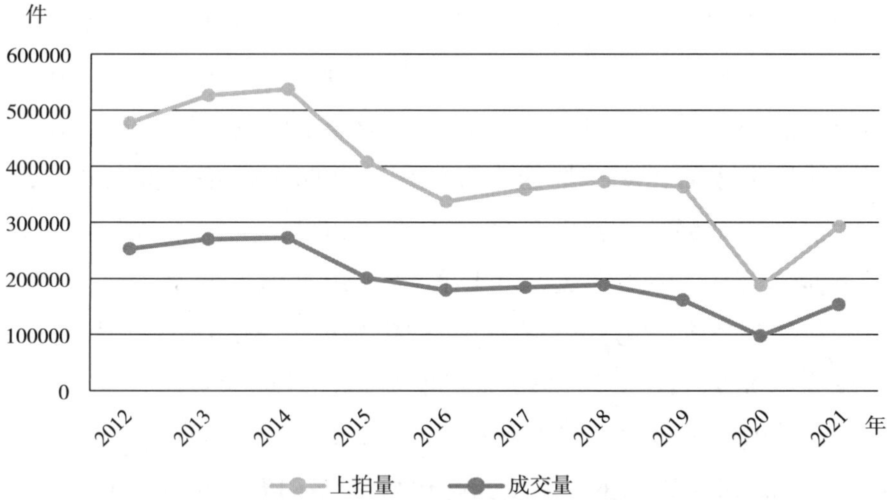

图 1-9　2012—2021 年国内艺术品上拍量、成交量情况

［资料来源：雅昌艺术市场监测中心（AMMA），统计时间为 2021 年 1 月 1 日至 12 月 31 日］

2021 年，国内艺术品拍卖市场也表现出较强的抗压性，拍卖成交率为 52.49%，与上年度基本持平，但比 2019 年有 8.07%的提升。流拍率下降，反映出市场需求旺盛，藏家购买热情有所提高。

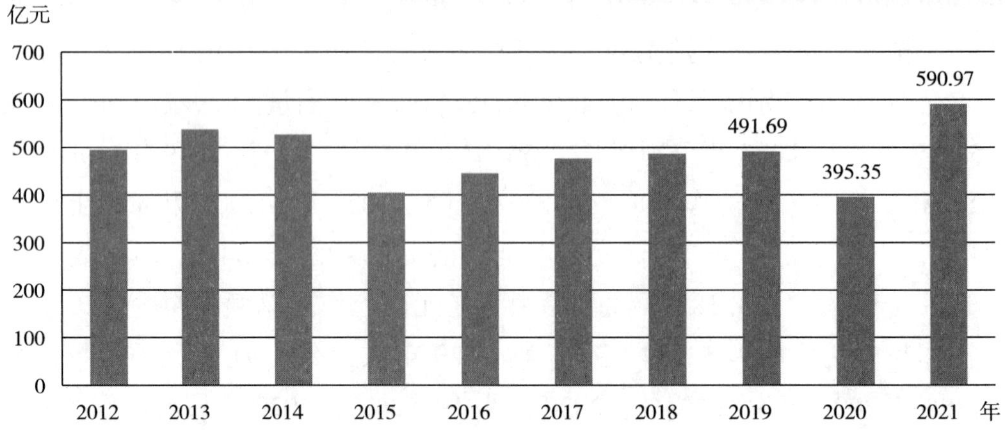

图 1-10　2012—2021 年拍卖市场成交额变化

［资料来源：雅昌艺术市场监测中心（AMMA），统计时间为 2021 年 1 月 1 日至 12 月 31 日］

艺术市场只关注产生经济价值的艺术品，而市场流通是艺术品产生经济价值的主要方式。目前中国艺术品拍卖市场中，100 万～500 万元、1000 万～5000 万元是市场资金集中区。2021 年，这两个价格区间分别以 25%和 21.84%的交易额支撑了中国艺术品拍卖市场的半壁江山。这两个价格区间集中了艺术品交易市场上大多数中坚买家，具备良好的收藏观和投资策略，对艺术品价值更为看重。另外是 500 万～1000 万元，市场份额为 12.37%，成交占比 0.69%。而 50 万元以下的作品市场支撑力度较弱，其中 10 万元以下的作品数量占比 70.62%，市场份额仅为 4.98%。这些低价格的作品交易量比较庞大，对艺术品市场起到一定的活跃作用，但市场支撑力度最弱，尤其是市场信心不足的情况下，低端作品市场赖以生存的环境难以为继，其交易热情自然会下降（见图 1-11、图 1-12）。

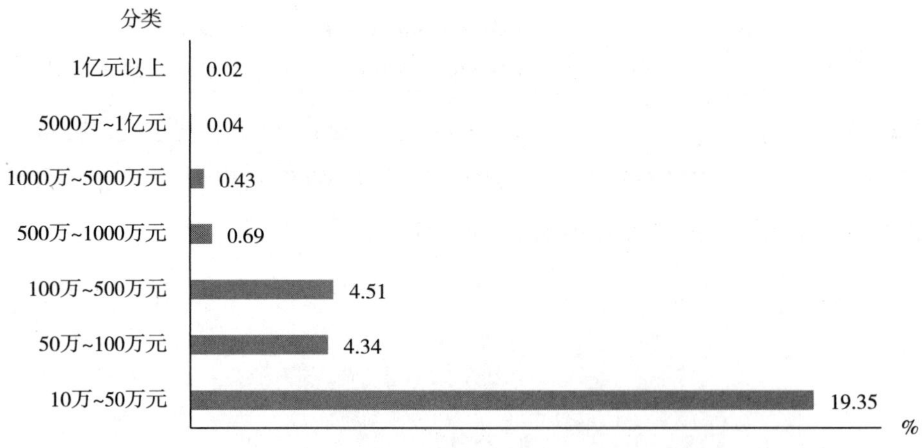

图 1-11　2021 年 10 万元以上的作品成交量分布

［资料来源：雅昌艺术市场监测中心（AMMA），统计时间为 2021 年 1 月 1 日至 12 月 31 日］

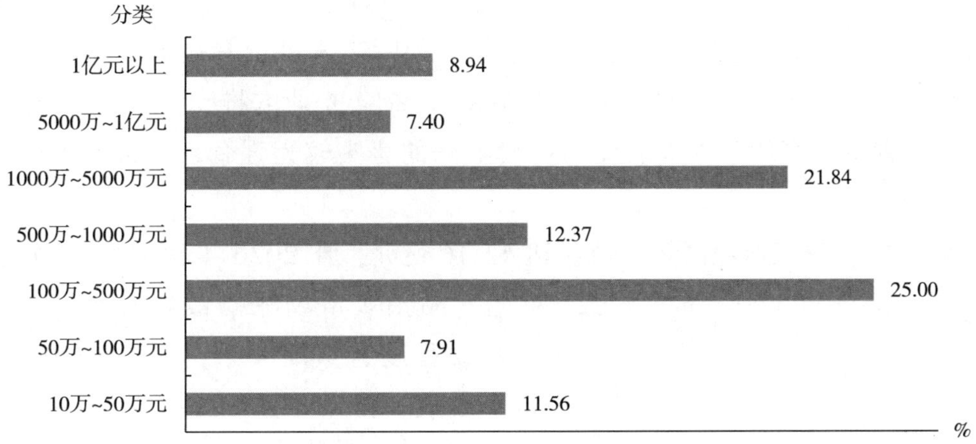

图 1-12　2021 年 10 万元以上的作品成交额分布

［资料来源：雅昌艺术市场监测中心（AMMA），统计时间为 2021 年 1 月 1 日至 12 月 31 日］

2. 区域市场发展特点

中国艺术品市场呈现“北强南稳、中部偏弱”的特点，京津冀、港澳台和长三角地区支撑了 89. 87%的市场份额。北京、香港、广东、上海最为活跃（见图 1-13）。

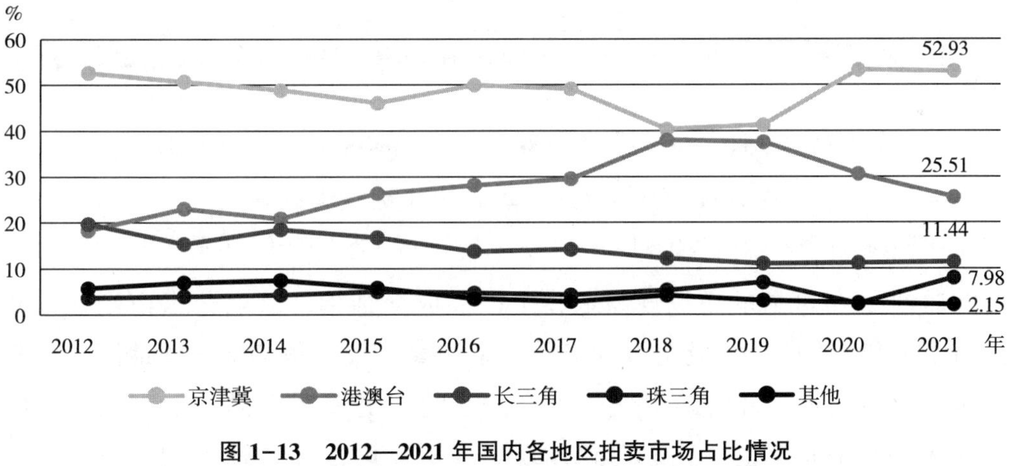

图 1-13　2012—2021 年国内各地区拍卖市场占比情况

［资料来源：雅昌艺术市场监测中心（AMMA），统计时间为 2021 年 1 月 1 日至 12 月 31 日］

2021 年，京津冀地区仍是拍卖市场份额最大的区域，比例为 52. 93%，拍卖总额为 312. 78 亿元。自 2020 年北京拍卖市场格局出现了一定调整，比如永乐拍卖业务重启，广州华艺国际、南京十竹斋等“挥师北上”，这使得北京艺术品拍卖市场梯队发生变化，而新成员的加入也进一步扩充了京津冀地区拍卖市场规模。

港澳台地区位居第二，2021 年交易总额为 121.12 亿元人民币，市场份额为 25.51%，比 2020 年下降 5.13%。香港作为国际艺术品交易中心之一，有苏富比、佳士得、富艺斯、嘉德、保利等国际知名拍卖企业的推动，市场稳健发展。近几年，香港现当代艺术板块交易持续上涨的势头较为强劲，并带动了内地这一市场的发展。

2021 年，珠三角地区拍卖总额达 47.16 亿元，比 2020 年和 2019 年分别提升了 408.38%和 37%，成为 2021 年艺术品拍卖市场涨幅最高的地区。一方面，与当地经济发展及对艺术品市场重视程度有重要关系；另一方面，当地拍卖公司如华艺国际、广东崇正等迅速发展，推动了这一地区艺术品市场发展（见图 1-14）。

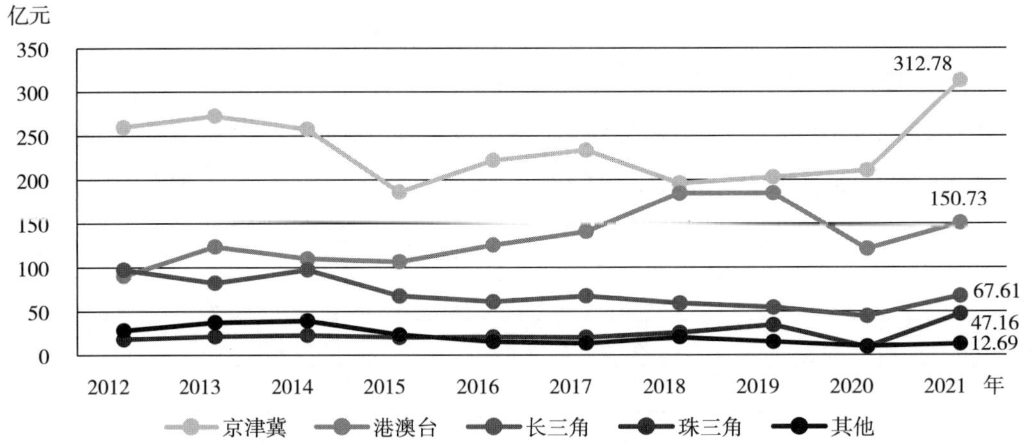

图 1-14　2012—2021 年国内各地区成交额变化情况

［资料来源：雅昌艺术市场监测中心（AMMA），统计时间为 2021 年 1 月 1 日至 12 月 31 日］

2021 年，各区域的市场规模承袭了以往成交结构。著名艺术市场专家龚继遂进行了分析：“从具体成交数量来看，京津冀、长三角和珠三角地区的交易规模和板块略有增加，并可能形成一个新的趋势。随着艺术品交易互联网化的发展，交易的去中心化也会逐渐得到体现。这不仅可以促进地方拍卖特色，形成蓬勃发展的局面，而且还可以减轻物流和线下交易的密集现象，同时也将改变以往北京‘一家独大’的局面，带动地域性画家和本土画家的发展，成为各具特色的发展模式。”

3. 交易品类市场情况

2021 年，中国艺术品拍卖市场，仍以中国书画、油画及当代艺术、瓷器杂项三大品类为主。三大品类成交总额为 562 亿元人民币，占据的市场份额为

95.04%，比 2020 年提高了 2.21%。其中书画市场份额最高，为 40.07%，比 2020 年降低了 2.52%；瓷杂市场份额为 33.11%，比 2020 年提高了 6.47%。油画及当代艺术市场份额自 2018 年一直呈上升趋势，虽然 2021 年略有下降，但整体份额达到 21.87%（见图 1-15）。

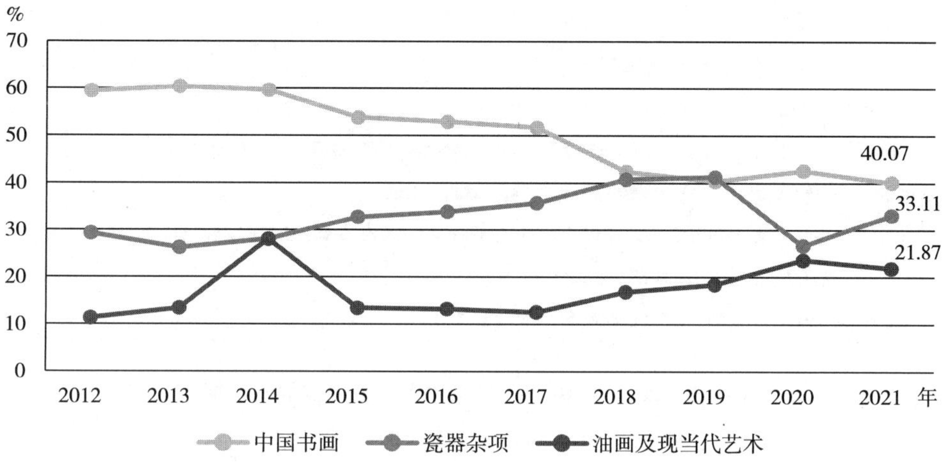

图 1-15　2012—2021 年国内主流拍卖品类变化情况

［资料来源：雅昌艺术市场监测中心（AMMA），统计时间为 2021 年 1 月 1 日至 12 月 31 日］

（1）中国书画市场。中国书画艺术历史悠久，在文化认同感、存世量和本土流通量上保障了它在中国艺术品市场中的优势地位。作为中国艺术品拍卖市场的支柱力量，保持着较好的发展趋势。2021 年，中国书画上拍 96554 件，同比增长 37.70%；成交量 54210 件，同比增长 49.51%；成交额 236.80 亿元人民币，增幅 40.65%（见图 1-16）。

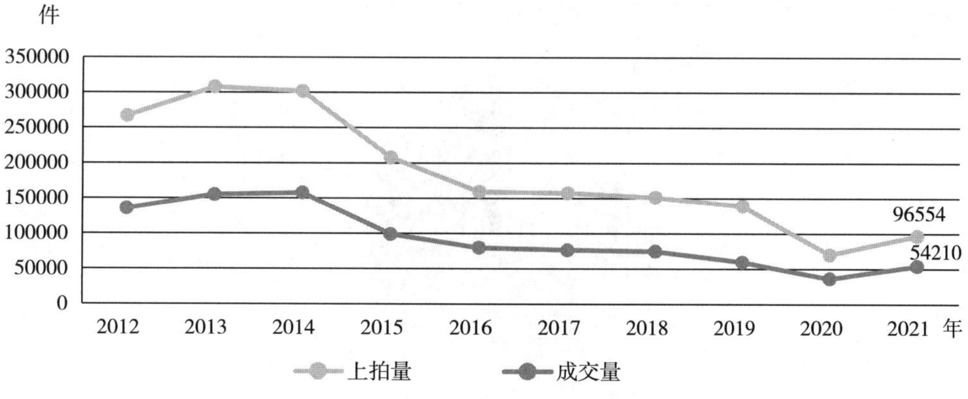

图 1-16　2012—2021 年中国书画成交情况

［资料来源：雅昌艺术市场监测中心（AMMA），统计时间为 2021 年 1 月 1 日至 12 月 31 日］

在价格方面，10万元以上的书画作品总额均呈现上升趋势：相较于2019年，100万~500万元、50万~100万元和亿元以上的市场份额增长最多，分别为30.20%、26.46%和21.49%。100万~5000万元的作品拍卖份额达60.72%。中国书画市场行情整体向好（见图1-17）。

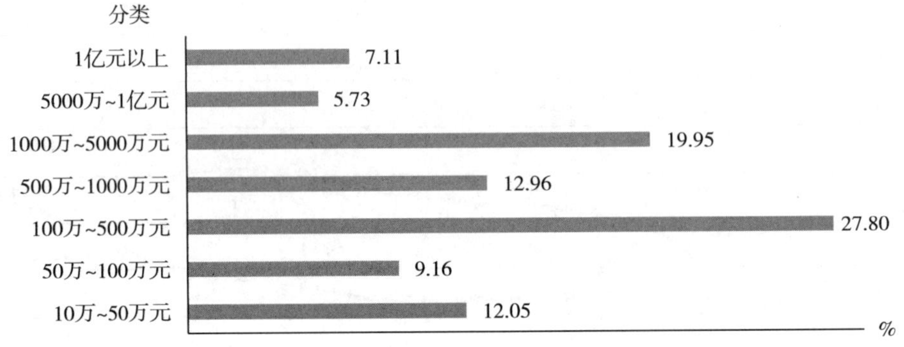

图1-17　2021年10万元以上中国书画成交额占比情况

［资料来源：雅昌艺术市场监测中心（AMMA），统计时间为2021年1月1日至12月31日］

2021年，首先京津冀地区是中国书画拍卖的重镇，该地区书画成交数量31039件，成交总额为153.05亿元，占书画拍卖总额的64.63%。其次是长三角地区，书画市场总额为31.55亿元，占比13.32%。最后是港澳台地区的书画份额下降至10.43%，成交总额为24.70亿元。

在中国书画细分市场方面，近现代书画占比一直比较高，在2021年之前这一比例高达60%，2021年这一市场被古代书画所挤压，比例下降至45%；而古代书画市场份额升高至37%，比2019年提高15%。当代书画比例维持在20%左右。从高价作品分布中可见一斑（见图1-18）。

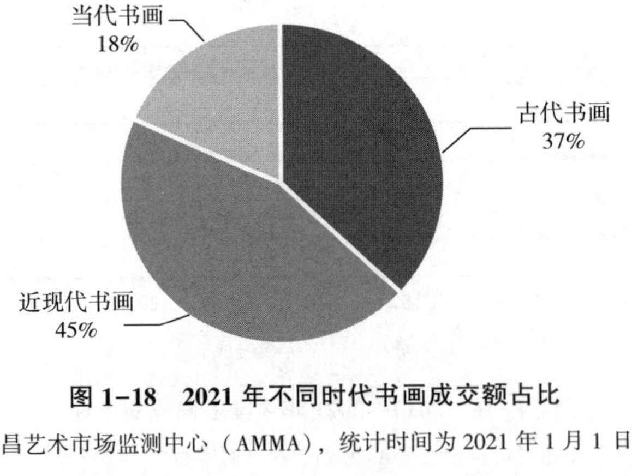

图1-18　2021年不同时代书画成交额占比

［资料来源：雅昌艺术市场监测中心（AMMA），统计时间为2021年1月1日至12月31日］

2021 年，国内艺术品拍卖 TOP100 中，共有 37 件书画作品入围，古代书画有 19 件，近现代书画 14 件，当代书画 4 件。其中，19 件古代书画作品成交总额为 16.95 亿元人民币，占中国书画拍卖总额的 7.16%；最高价作品为徐扬《平定西域献俘礼图》（手卷），2021 年 6 月 6 日在北京保利以 4.14 亿元成交，刷新了艺术家个人作品的拍卖纪录。周之冕的作品《百花图卷》（手卷）以 1.4835 亿元价格位居其次。石涛 1693 年创作的《山麓听泉图》（立轴）、弘仁《书画合璧册　十九开册》分别以 1.21 亿元和 1.08 亿元价格位居其后。14 件近现代书画作品，成交总额为 12.76 亿元，占中国书画拍卖总额的 5.39%；亿元作品有 3 件，其中张大千 1978 年创作的《秋曦图》（镜心）以 1.95 亿元高价位居榜首。

在中国近现代书画市场方面，张大千、齐白石、傅抱石、李可染等成为拉动这一市场的主力。2021 年，入围国内艺术品 TOP100 榜单的 14 件近现代书画名单中，张大千作品占据 9 席，齐白石 2 席，傅抱石 2 席，李可染 1 席。

在古代书画市场方面，目前由于存世的精品数量有限，许多珍稀名贵画作一旦进入博物馆和私人收藏家，很难进入市场，其市场规模主要取决于进入市场中的精品佳作数量。近现代书画市场，虽然也是存量市场，但由于进入市场流通的作品体量比较大，名家名作比较多，故在短期内可以满足供求。而当代书画市场，作为变量市场，增长空间很大，但需要经过学术、市场和时间的检验。

（2）油画及现当代艺术市场。油画及现当代艺术板块，市场行情上扬。2021 年度，作品上拍 14092 件，成交 9337 件，成交总额为 129.23 亿元，比 2020 年度增长了 38.45%（见图 1-19）。本年度有 16 件过亿元作品，比中国书画多了 8 件，比瓷器杂项多了 11 件。自 2018 年以来，油画及现当代艺术市场行情持续向好，这反映了市场中的收藏品位在逐渐转变。“实际上，欧美市场从近现代到当代的转型早在十几年前就已经完成，即以印象派和毕加索、马蒂斯为首的近现代绘画转向战后和当代绘画。其转变的原因，一方面，由于存世藏品可获得性的变化，精品佳作已经落入资深藏家，市场供给量紧缩。另一方面，高端拍品价格越来越高，能参与竞价的藏家数量有限。对于已经完成市场足额增值的近现代艺术品适量、适度地调整，也说明藏家越来越重视在世艺术家和对当下时代精神的追求。”① 龚继遂分析道。

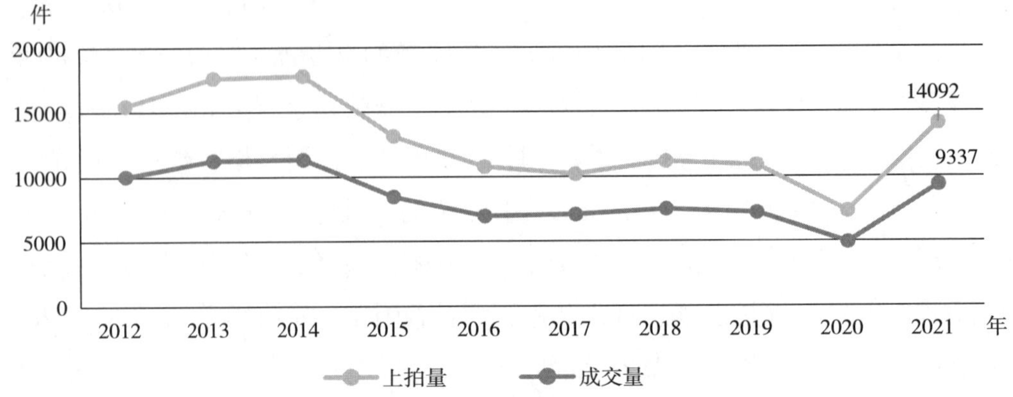

图 1-19　2012—2021 年油画及现当代艺术拍卖情况

［资料来源：雅昌艺术市场监测中心（AMMA），统计时间为 2021 年 1 月 1 日至 12 月 31 日］

2021 年，京津冀、珠三角和港澳台地区油画及现当代艺术比较活跃。尤其是珠三角市场的迅速扩张值得关注，其市场份额从 2019 年的 2. 56%迅速增长至 32. 16%。这主要得益于华艺国际、广东崇正等拍卖公司对于这一领域的深耕与拓展。京津冀和港澳台地区市场份额分别为 32. 79%和 29. 47%（见图 1-20）。

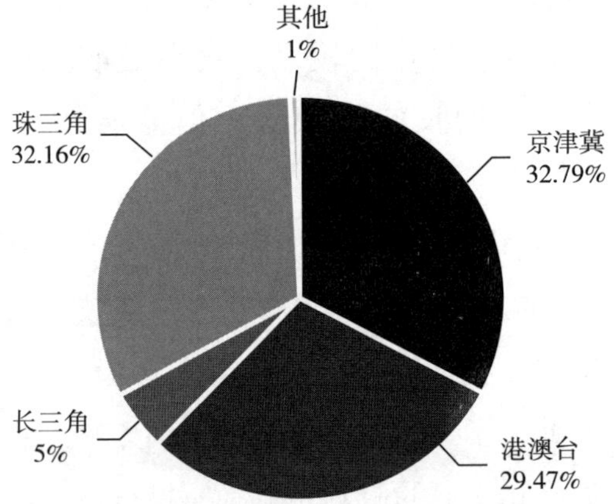

图 1-20　2012—2021 年各地区油画及现当代艺术成交情况

［资料来源：雅昌艺术市场监测中心（AMMA），统计时间为 2021 年 1 月 1 日至 12 月 31 日］

近几年，国内油画及现代艺术市场国际化、多元化趋势增强，西方及亚洲其他国家艺术品拍卖比例增加。以 2021 年国内艺术品 TOP100 榜单为例，45 件上榜的油画及现当代艺术作品中，21 件为国内艺术家作品，24 件为西方及

① 雅昌艺术市场监测中心（AMMA）《2021 年上半年中国艺术品拍卖市场调查报告》。

亚洲其他国家艺术家作品。西方艺术品在国内市场迅速发展，巴布罗·毕加索（Pablo Picasso）、克劳德·莫奈（Oscar-Claude Monet）、格哈德·里希特（Gerhard Richter）、尚·米榭·巴斯奇亚（Jean Michel Basquiat）、草间弥生（Yayoi Kusama）、奈良美智（Yoshitomo Nara）等艺术家作品成为交易热点。其中，尚·米榭·巴斯奇亚 1982 年创作的《无题》在香港佳士得以 1.94 亿元成交；巴尔蒂斯（Balthus）1989—1994 年创作的《镜子里的猫Ⅲ》在永乐拍卖以 1.67 亿元成交。

在国内艺术家市场方面，藏家对常玉、赵无极、朱德群、吴冠中等艺术家作品的购藏信心稳定。2021 年国内艺术品 TOP100 榜单中，常玉有 6 件，赵无极有 5 件上榜。其中，2021 年 6 月 5 日华艺国际上拍的常玉创作于 20 世纪 30 年代初的《群马》，以 2.07 亿元高价位居年度油画及现当代艺术拍卖榜首。朱德群于 1986 年创作的《盛世雪》在香港苏富比以 1.94 亿元成交。

国内西方艺术品交易发展迅速，龚继遂认为："由于'千禧一代'藏家的崛起，他们的审美影响了市场的走势，推动了西方艺术品在中国市场的全线升级。在国内，西方艺术品的收藏远远滞后于对西方艺术品的学习、介绍、展览与交流。在经过长期文化交流的积淀，以及长期学院教学的准备后，终于在收藏市场中赶上。这说明我们从保守的文化消费走向更多元化、开放的全球化消费和新的视野。此外，国内拍卖行引入的西方艺术家具有坚实的学术基础和极强的市场流动性，保证了其投资的保值性。如果经济规模有进一步平稳的运行和扩张，收藏西方艺术品的趋势则会延续和扩大。"①

（3）瓷器杂项拍卖市场。2021 年，瓷器杂项市场发展呈上升态势。瓷杂交易品类上拍 176255 件，成交 87822 件，成交总额为 195.64 亿元，比 2020 年增幅达 85.79%。作品均价开始一路攀升，从 2015 年的 14.11 万元/件上升至 2021 年的 22.28 万元/件。这主要是由于高价作品的拉动，2021 年有 5 件上亿元作品，比 2020 年增加 2 件（见图 1-21）。

---

①　雅昌艺术市场监测中心（AMMA）《2021 年下半年中国艺术品拍卖市场调查报告》。

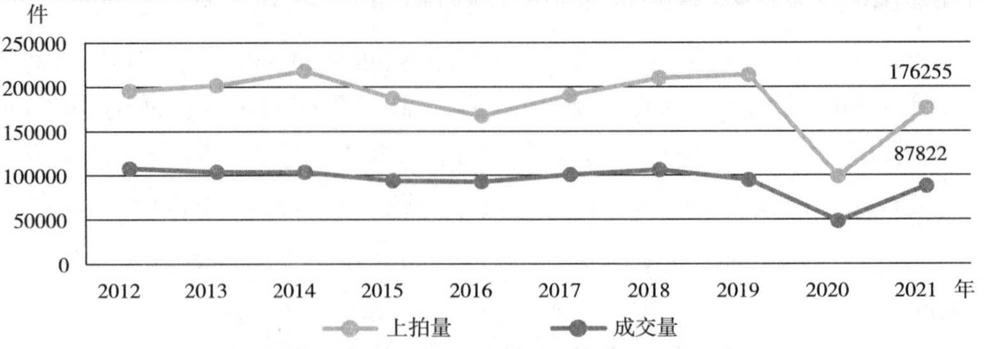

图 1-21　2012—2021 年瓷器杂项拍卖成交情况

［资料来源：雅昌艺术市场监测中心（AMMA），统计时间为 2021 年 1 月 1 日至 12 月 31 日］

从价格分布来看，相较于 2019 年，除了 100 万～500 万元、1000 万～5000 万元，其他价格区间的作品成交数量和成交总额均有不同程度的增加。其中，亿元以上的作品成交额增幅高达 79.86%；2021 年，有 5 件亿元以上的瓷杂作品，成交总额为 8.71 亿元；“清乾隆　御制洋彩胭脂红地轧道雕瓷镂空‘有凤来仪　百鸟朝凤’图双螭耳大转心瓶”在 2021 年 6 月 7 日北京保利以 2.66 亿元成交，位居本年度瓷器拍卖之首。其次是 10 万～50 万元的作品，增长幅度为 18.24%（见图 1-22）。

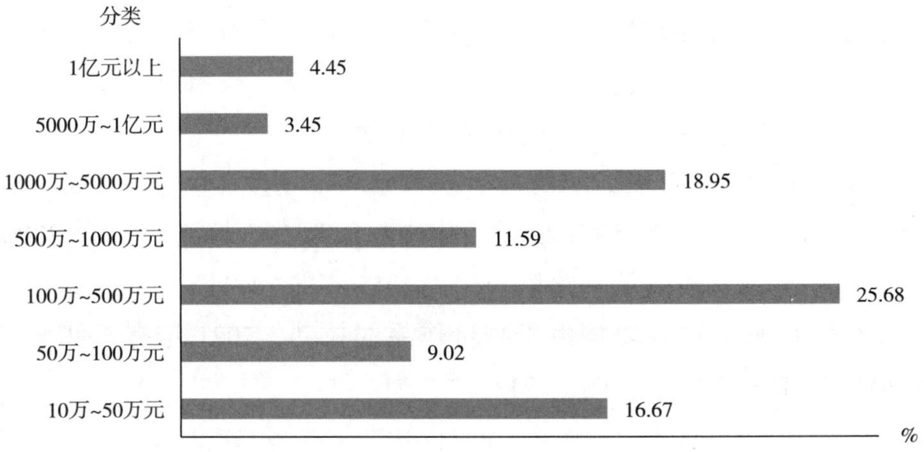

图 1-22　2021 年 10 万元以上瓷器杂项成交额占比

［资料来源：雅昌艺术市场监测中心（AMMA），统计时间为 2021 年 1 月 1 日至 12 月 31 日］

2021 年，京津冀地区瓷杂拍卖市场异军突起，成交总额为 110.69 亿元，市场份额达 56.58%，比 2019 年上涨了 19.25%。港澳台地区市场份额从 2019 年的 45.14%降至 17.81%。多年来，香港地区在瓷杂板块的交易优势被打破，内地瓷杂市场精品频出，市场活跃（见图 1-23）。

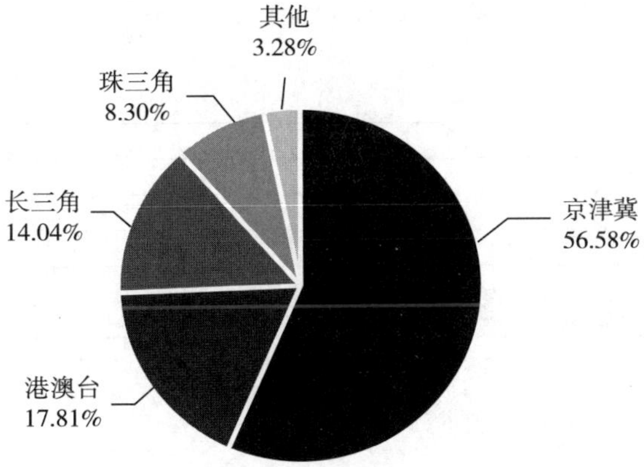

图 1-23　2021 年各地区瓷器杂项成交额分布

［资料来源：雅昌艺术市场监测中心（AMMA），统计时间为 2021 年 1 月 1 日至 12 月 31 日］

瓷器一直是瓷杂板块的市场主力。2021 年，瓷器拍卖成交率和成交额较 2020 年均有明显回升。作品上拍 43730 件，成交 20944 件，成交率为 47. 89%，比 2020 年提高 6. 7%；成交总额为 75. 17 亿元人民币，同比增长 66. 64%。但相较于疫情前的 2019 年，成交上拍量和成交额分别下降 18. 45%、23. 10%，但成交率有 16. 16%的提高，市场交易信心提升（见图 1-24）。

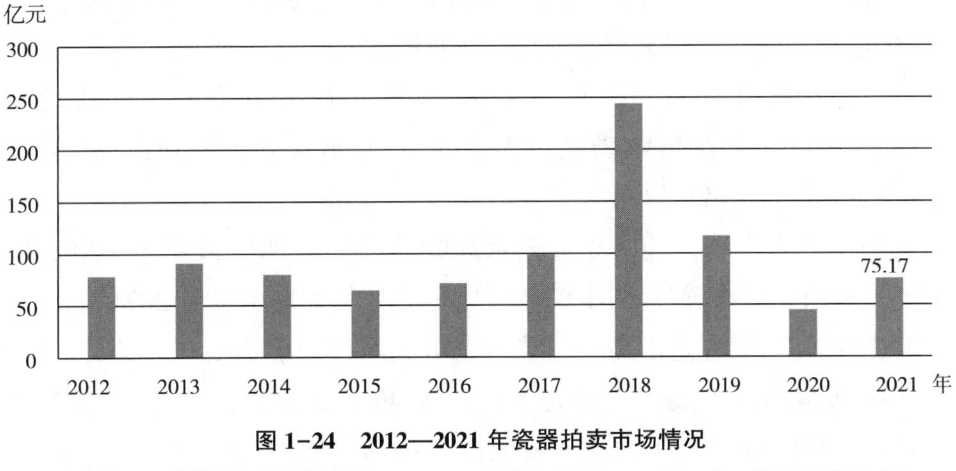

图 1-24　2012—2021 年瓷器拍卖市场情况

［资料来源：雅昌艺术市场监测中心（AMMA），统计时间为 2021 年 1 月 1 日至 12 月 31 日］

从瓷器各细分品类来看，明清官窑瓷器，尤其是明宣德、明永乐、清乾隆、清雍正等瓷器备受青睐。2021 年国内艺术品 TOP100 榜单中，入榜的 8 件瓷器作品中有 4 件清乾隆作品，2 件明宣德作品，1 件明永乐作品。除了“清乾隆　御制洋彩胭脂红地轧道雕瓷镂空‘有凤来仪　百鸟朝凤’图双螭耳大转心瓶”这件过亿元作品，“清乾隆　御制胭脂红地番莲花卉套炉钧釉太平有象转心瓶”在北京保利以 8222.5 万元成交（见图 1-25）。

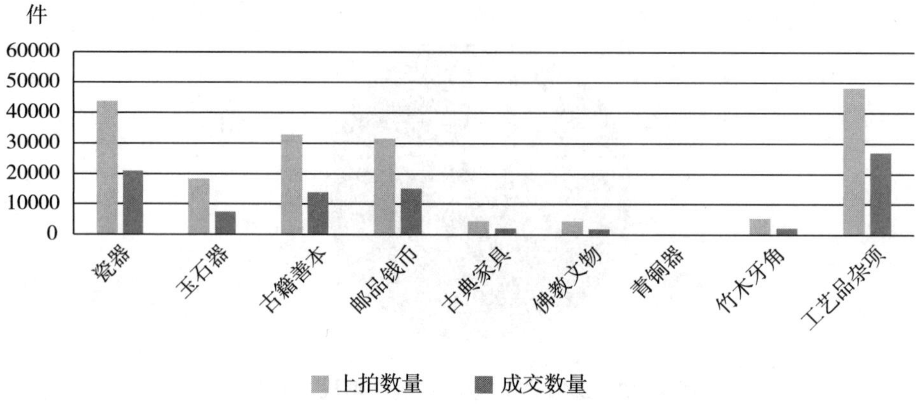

图 1-25　2021 年瓷器各细分品类拍卖情况

［资料来源：雅昌艺术市场监测中心（AMMA），统计时间为 2021 年 1 月 1 日至 12 月 31 日］

在瓷器杂项其他交易品类中，古籍善本、邮品钱币、玉石器、工艺品及其他上拍量和成交量最多，而成交总额最多的有玉石器、佛教文物、古籍善本、古典家具、工艺品及其他（见图 1-25）。2021 年国内艺术品 TOP100 榜单中，“明宣德 御制铜鎏金自在观音坐像”“ 14 世纪马拉王朝 铜鎏金文殊菩萨”“明宣德十年 铜鎏金南海水月观音坐像”三件佛教文物分别以 1.26 亿元、5750 万元和 4600 万元入榜。玉石类“清乾隆　乾隆帝御宝交龙钮白玉玺”成交价为 1.23 亿元，位居榜单第 21。此外，两件“明末清初 黄花梨独板架几式巨型供案”“明末清初　黄花梨麒麟纹圈背交椅”古典家具，分别以 1.15 亿元和 5462.73 万元居榜单第 25 位和第 77 位。

（4）NFT 艺术市场。近两年，艺术品收藏趋势呈现出新变化，NFT 数字艺术、潮流艺术拍卖引人关注。NFT 艺术引发业内广泛关注始于 2021 年 3 月，佳士得上拍首件 NFT 加密艺术品——艺术家 Beeple（原名迈克·温克尔）的作品成交价高达 6934.625 万美元，约合人民币 4.49 亿元。2021 年，许多著名艺术家如达明安·赫斯特、草间弥生、村上隆、徐冰、蔡国强等也推出了自己的首件 NFT 艺术品。

作为首批进军 NFT 拍卖的佳士得，2021 年共售出逾 100 件 NFT 加密艺术品，成交总额近 1.5 亿美元，其中 75%的买家为首次参与佳士得拍卖，平均年龄 42 岁。富艺斯自 2021 年 4 月起开始推出 NFT 艺术品拍卖，首件 NFT 拍品狂犬琼斯（Mad Dog Jones）的《REPLICATOR》成交额逾 414 万美元，创下加拿大在世艺术家拍卖纪录，首场 NFT 拍卖中 88%竞买者为富艺斯新客户。

经 Artprice 盘点，2021 年规范化拍卖共成交近 300 件 NFT 作品，合计交易额 2.32 亿美元，与 2021 年在以太坊区块链上成交金额高达 400 亿美元的加密艺术相比，只是沧海一粟。目前，NFT 艺术占全球艺术市场的 1.6%，占比依然不高，不过已经超过摄影作品（1%），而后者已植根二级市场几十年。①

《巴塞尔艺术展与瑞银集团全球艺术市场报告（2022）》也对这一市场进行了分析。该报告指出，2021 年 NFT 艺术品和 NFT 收藏品（包括体育、音乐、游戏等的 NFT 作品）的总销售额从 2019 年的 460 万美元，迅速增至 2021 年的 111 亿美元。报告主笔人 Clare McAndrew 分析："一方面是与技术以及市场自身的发展有关，随着最近几年技术的成熟，出现了更多的 NFT 销售平台和玩法，NFT 交易越来越频繁，形式也更加丰富多样，吸引了更多人参与其中。另一方面，由于疫情等因素的影响，人们已经把生活、社交和工作都逐渐转移到线上，线上的艺术收藏品显得尤为重要。特别是个人社交头像 NFT，它们可以展现拥有者的品位和审美偏好，让购买了这件作品的人在网上也显得与众不同。因此，NFT 艺术品逐渐为人们所接受和需要。"

2021 年数字艺术发展迅速，从实验、展览，迅速扩展至拍卖、收藏、学科建设等领域。龚继遂对此表示："对于传统文化来说，NFT 艺术具有很强的科技性、创新性和颠覆性。许多拍卖行都尝试性推出了 NFT 拍卖，但传统收藏界对 NFT 艺术持有存疑态度，一时间很难被接受和理解。虽然目前 NFT 艺术发展迅速，但其交易在艺术品市场中属于边缘性现象，其前途仍具有很大的不确定性。"②

（四）艺术品线上交易

1. 市场概述

《巴塞尔艺术展与瑞银集团全球艺术市场报告（2022）》显示，2021 年，艺术品线上交易额比 2020 年增长 7%，成交总额达 133 亿美元，占全球艺术品市场总销售额的 20%，比 2020 年下降 5%，但是 2019 年的 2 倍多（2020 年市场份额 25%，2019 年 9%）。整体来看，艺术品线上交易市场呈现迅速发展态势。

---

① 数据参考雅昌艺术市场监测中心（AMMA）和 Artprice 联合推出的报告《2021 全球艺术市场报告》。

② 雅昌艺术市场监测中心（AMMA）《2021 年上半年中国艺术品拍卖市场调查报告》。

近几年，各拍卖公司也加紧布局线上交易，并已取得显著成效。2021 年，苏富比线上销售的总成交额同比增长 37%至 8 亿美元，创历年新高。佳士得线上成交总额也不断增长，比 2020 年增长 43%，为 4.45 亿美元；平均拍品价格为 23400 美元（2016 年为 6100 美元）；有 35%的买家为首次参与佳士得拍卖，其中有近三分之二为网上拍卖买家，有 32%的新买家为“千禧一代”。富艺斯网上拍卖的成交总额较 2020 年增长了 68%，且较疫情前的 2019 年增长 417%，创历史新高；在所有实体拍卖中高达 50%的拍品由网上竞拍者购得，较 2019 年增长 32%。

2. 交易群体分析

在国内市场，艺术品电商行业发展迅速，拍卖公司线上平台及艺术品电商企业数量不断增加，交易群体不断壮大。2021 年，中国嘉德首次推出的“818”网拍嘉年华大获成功，实现总成交额 7333 万元，平均成交率达 94%。其来自网络的新客户数量同比增长逾 2 倍。永乐拍卖网络藏家人数比 2020 年增长了 300%。

通过对有意愿参与线上交易的买家调研来看，有 79%的买家更加信赖和选择拍卖行线上交易平台，如嘉德在线、西泠艺是等。21%的买家会选择第三方线上平台，如雅昌在线拍、微拍堂等。主要原因在于：第一，拍卖行线下品牌信任度更高，影响力更大；第二，拍卖行具有控货能力，对于拍品征集、品质把控更加专业、规范。

目前，艺术品电商行业的发展已初具规模，但相关法律法规的监管还有待完善，目前该领域未出现顶流电商平台，因此其竞争也较为激烈，而扩大交易规模、释放市场增量与规范交易行为、保护消费者合法权益方面，仍需要在政府的主导下建设可持续发展的健康环境。

三、中国艺术品市场发展趋势

中国艺术品市场经过多年的耕耘，获得了长足的发展，拍卖总额位居全球首列，并逐渐形成艺术品收藏、投资和消费协同发展的格局。2021 年，中国艺术品市场的发展趋势主要体现在以下几个方面。

中国艺术品市场“本土化”“内循环”现象仍比较突出。受全球疫情影响，很多国外艺术机构无法参加国内的艺博会、线下展览和交易等活动，国内拍卖公司全球征集也受到了限制，国际艺术交流活动减少，艺术品消费群体也更多地依赖于国内买家。

艺术品市场数字化发展是 2021 年市场发展趋势之一。除了线上交易的迅速发展，虚拟预展、线上导览、艺术元宇宙等方式也在影响着艺术品市场的发展。2021 年可为“元宇宙”元年，中国艺术品市场也在探索“元宇宙”技术应用的各种可能性。元宇宙被称为“第一个以数字文化为核心应用场景的科技革命”，融合了科技、艺术和金融三方面跨学科的生态。科技的发展，不仅促进了艺术品交易方式和艺术品展示的改变，而且推进了 VR 等新的艺术创作形式的出现。目前，线上交易、虚拟展厅、在线工作室参观、线上教学等，已成为艺术行业发展的主要形式之一。元宇宙的发展引发了艺术生态的变化，从艺术创作、宣传推广、市场交易到艺术品收藏、艺术教育。

NFT 艺术市场迅速发展起来。在国内，NFT 艺术更多被称为数字藏品。NFT 艺术是什么？评价标准是什么？目前没有统一说法，且相关法律法规的制定还处于起步阶段。对于 NFT 艺术的交易，国内各种平台参差不齐，发行价格也比较低，每份在 19~59 元，发行份数在 10000 份以内，与国外市场的交易价格相差甚远。在二级市场，虽然 NFT 艺术品引发了很大的关注，吸引了不少的收藏家入场，但相较于传统艺术品交易市场，许多拍卖公司仍在试水或观望中。未来，国内 NFT 艺术市场将如何发展，仍有待观察。

2021 年，艺术品收藏群体变化。主要体现在“千禧一代”藏家的崛起。“90 后”“00 后”参与到艺术品收藏中，收藏群体年轻化。此外，许多新富人士在完成了财富的初步积累后，都重视对艺术品的文化追求和资产配置。这些收藏人群从业背景也发生了一定的变化，越来越多的高科技和互联网行业人员进入艺术市场。

纵观中国艺术品市场的发展历程，可以看到，目前中国艺术品市场已找到适合本土的发展路径，尽管在发展中会遇到各种困难和挑战，但总体呈现积极向上的发展态势，且艺术品收藏和消费已成为人们艺术生活的一部分。

第二篇 艺术品金融的学术研究脉络与发展

黄 隽 李越欣[①]

艺术品市场的变迁与社会经济发展密切相关。从20世纪70年代开始，随着经济发展和财富累积，全球艺术品市场繁荣，艺术品产业与现代商业、金融资本的结合越来越紧密，学术界研究艺术品市场的文献明显增多，艺术学与经济学相互交融的艺术经济学科迅速发展，艺术品金融研究越来越受到关注。

现代经济学的逻辑是先提出理论假说，构建模型，再通过现实数据进行实证验证，进而得出规律。艺术品价格指数和投资收益是艺术经济学领域关注的关键变量，价格指数是市场变化的度量依据，投资收益是艺术品金融属性的研究基础。艺术品资产的千差万别、交易不频繁、信息不透明使量化艺术品价格指数存在较大的难度。经过学术界不断的优化，特征价格模型和重复交易模型已经较为成熟，在学术研究中广泛使用。由于绘画长期占据艺术品市场主流地位，而且其特征定价因素在艺术品所有品类中最为丰富和统一，因此经济学视角的学术研究大多以绘画市场作为艺术品市场的代表。无论国内还是国外，由于一级市场的画廊交易信息大多数不公开；而拍卖市场信息透明，而且拍卖市场辐射力和影响力强，具有风向标的作用，因此学术研究大多采用拍卖数据。

近50年是全球艺术品市场发展最快的时期。实践推动了理论和学科深化，艺术品市场成为文化经济学研究较为深入的分支领域，一系列相关学术论文发表于经济学和金融学顶刊，极大地丰富和开拓了艺术经济学和艺术品金融的研究范畴和视野。本部分以经济学和金融学视角，梳理和分析近50年艺术品金融研究的学术脉络与进展，旨在借鉴国内外学者不同学科的研究方法和视角，拓展和丰富中国艺术品市场的理论框架和实践发展。

---

① 黄隽，中国人民大学应用经济学院副院长，教授，博士生导师，中国人民大学文化经济研究所所长，中国人民大学艺术品金融研究所副所长，国家社科基金艺术学重大项目《中国艺术品市场发展研究》首席专家；李越欣，中国人民大学应用经济学院讲师。

一、艺术品市场的发展

文化作为人类在漫长历史发展过程中所创造和拥有的共同价值和信仰，可以通过很多途径来影响经济行为。无论面对政治形势变化还是社会形态的更迭，艺术品市场自身场域的根本发展动力来自人类对于价值的渴望和不懈追求①。

经济思想史对艺术的关注和研究由来已久。在17世纪，学者们大多以较为怀疑和负面的眼光看待艺术，认为艺术是贵族阶层少数人的专享和挥霍资源的铺张浪费，或者是劳动阶层不良的娱乐消遣。18世纪以后，经济思想家开始思考艺术对社会积极和正面的作用。包括凯恩斯在内的多位经济学家，深入分析人们的艺术体验、欣赏和收益，洞察和探究艺术对政治、社会和经济的复杂影响机制，并把艺术支持推至政府政策的重要位置②。

现代艺术概念与资本主义艺术生产和消费体制密切相关，伴随市场发展和交易机制的完善，艺术经历了赋魅的过程，艺术生产从一般劳动变为创造，艺术家由工匠变成了天才，艺术品从低价的订制品转变成高价的创造品，艺术欣赏也由一般消费变成鉴赏③。随着经济发展和技术进步，在18世纪的欧洲，艺术品市场分工逐步细化，由交易商和拍卖网络组成的协同效应进一步促进市场的蓬勃发展。18世纪中叶，当今世界最大的两大拍卖行佳士得（Christie's）和苏富比（Sotheby's）在伦敦成立；法国巴黎成为当时主要的艺术品交易中心，艺术品交易成为大众奢侈品消费和社交方式。19世纪，欧洲社会经济迈入较为发达阶段，艺术品市场延续着18世纪的热度。

20世纪之前，由于丰富的历史文化资源，欧洲一直是全球的艺术中心。伦敦苏富比与佳士得拍卖行一度处于垄断的地位。在20世纪初期，欧洲艺术家的作品占据着艺术品市场价格的顶端。然而，世界大战重创了欧洲艺术市场，深刻地改变了艺术家的生活环境和精神状态。第二次世界大战结束后，艺术市场中心随着经济中心的变化而转移，作为全球金融和商业中心的美国纽约逐渐崛

---

① 赵力，马学东．第34届世界艺术史大会　16分会场中国古代艺术史论题综述［J］．故宫博物院院刊，2017（2）．

② 经济学家凯恩斯是重要的艺术收藏家，早年生活接受大量艺术熏陶，具有较高的艺术鉴赏能力和市场投资眼光，参见凯恩斯传记．Robert Jacob Alexander Skidelsky，*John Maynard Keynes*，1883-1946：*Economist*，*Philosopher*，*Statesman*［M］．New York：Penguin，2005．

③ 彭锋．从“艺术”到“艺术界”——艺术的赋魅与祛魅［J］．文艺研究，2016（5）．

起，纽约涌现出顶级的艺术博物馆和画廊，世界两大拍卖行巨头佳士得和苏富比也在纽约设立机构。在20世纪六七十年代的美国，波普艺术、大地艺术等流派不断涌现，艺术各门类之间的分界越来越模糊，现当代艺术逐渐成为主流，艺术越来越紧密地与商业和消费结合。

近50年，全球政治格局发生了很大的变化，经济和科技快速发展，文化元素伴随着资金、人才一起在全球流动。全球艺术品市场繁荣发展，艺术品交易重镇越来越集中，由欧洲发展到北美，再扩展到亚太地区。从20世纪70年代开始，全球艺术品市场量价齐升，纽约艺术品交易规模超过伦敦，成为全球最重要的艺术品交易重镇，这种态势一直持续到现在。20世纪80年代后期，日本买家把全球艺术品市场推向20世纪的顶点，而随之而来的日本经济泡沫破灭又把艺术品市场带入沉寂。2001年后，随着中国加入世界贸易组织，中国艺术品市场发展突飞猛进，改变了全球艺术品交易的版图。2009年以后，中国、美国和英国三个国家全球艺术品市场交易规模超过全球80%以上的市场份额（见图2-1），艺术品市场呈现出寡占型的市场结构。文物艺术品拍卖市场具有较强的明星和辐射效应，不断出现的亿元天价引起了社会的广泛关注，文物艺术品所承载的多重价值被人们普遍认可。

图2-1　1970—2014年英国、美国、法国和中国绘画拍卖市场规模

（资料来源：Blouin Art Price Database）

全球四大艺术品交易重镇北京、香港、纽约和伦敦各具特色。稳定的政治经济环境、大量市场藏家和投资者、金融的充分发展对于成为全球艺术市场重镇至关重要。北京历史文化资源丰富，聚集了大量的藏家和投资者，北京一直是中国最重要的艺术品拍卖中心。北京纯艺术总成交规模长期超过中国市场半壁江山。北京浓厚的文化历史氛围在全国首屈一指，北京拥有众多全国最好的高校、研究机构和博物馆，地域人文优势显著，长期积累形成了优质的艺术学术和市场资源以及完善的艺术产业链。北京作为移民城市海纳百川，吸引了全国最优秀的批评家、艺术家、收藏家在此集聚。同时，北京也是金融中心，不仅有大量的银行、证券、信托、保险、基金等金融机构，还聚集了全国众多的高净值人群和较多的资金量。香港艺术品市场则是辐射亚太地区的中西艺术品融合的国际化平台，在交易品类和客户资源等方面与北京形成了良好的互补。香港作为远东地区最大的国际金融贸易中心，具有较强的辐射能力。香港艺术市场发展主要原因在于中国经济的快速发展和高净值人群增加。相较于内地市场，香港艺术品市场是中西艺术品融合的国际化平台，交易品类更加多元化；香港特区营商环境优越。香港拥有极具竞争力的低税率、完善的法律金融系统和高效的营商环境，文物与古董进入香港没有太多限制。

现代营销方法推高艺术家的艺术价值和商业价值，不少在世艺术家的销售业绩名列前茅。画廊在当代艺术定价和交易中扮演着至关重要的作用，在一定程度上顺应和引导着市场的趋势，顶级画廊的名气和声誉给藏家和投资者安全感和信心，藏家往往通过画廊和代理商的名气来选择艺术家的作品和确定艺术品的投资价值。画廊与拍卖行互进对方领域争夺优质资源，分工和界限逐渐模糊。

随着中国艺术品市场的发展，市场来源和买家结构都发生了很大变化。可流通的文物艺术品主要来源从文物商店等机构、民间收藏的存货（收藏家的后人居多）和艺术家或其家属，越来越多地集中到一些重要行家的手中。20 世纪 90 年代，市场旺盛的需求吸引大量海外文物艺术品回流国内，后来由于进口税收等因素增加了海外拍品在中国境内交易的成本，回流数量呈现下降态势。从买家来看，价格走高使很多真正热爱和理解艺术品的文人藏家逐渐淡出，耀眼的回报率使市场上充斥着大量只看重财务收益的投机资金。假拍、拍假、赝品和拍卖不付款等信用问题屡见不鲜，影响了中国艺术品市场的声誉。

经过 20 多年的快速发展，中国艺术品市场趋于理性，减量提质。投资者一般具有较好的艺术品鉴赏能力和经济实力，视野更加开阔，专业化程度普遍提升，越来越重视藏品的学术价值。投资者藏购艺术品既满足情感共鸣、社会声誉等精神需求，也希望通过投资艺术品实现收益风险的平衡。与此同时，藏家群体更迭引起的品位和潮流转变，年轻买家在市场中影响力越来越重要。随着经济发展，全球博物馆和艺术博览会数量及规模大幅增长，看展经济蓬勃发展，艺术品消费和教育市场越来越多地面向大众，艺术跨界多维度地介入社会生活的方方面面。

二、艺术品的特征

艺术品作为商品，具有一般商品的特征，又有自身的特点。优质的文物艺术品兼具文化价值和经济价值。对于家庭来说，收藏艺术品既有精神享受和社会声誉的收益，也有文脉传承和财务收益的目的。对于企业来说，收藏艺术品也是商业品牌、企业文化、资产配置的战略性投入。

1. 艺术品是精神产品

文物艺术品记载着社会发展的历史变迁，代表着民族独特的理念、智慧和神韵。文物艺术品是国家重要的软实力，可以增强认同感、自豪感和凝聚力，为社会带来正外部性和正能量的扩散效应，符合文明和谐、向上向善向美等公共属性。艺术精品与生俱来的美育教育、文化张力和创新思维等可以给社会带来良好的集体收益。博物馆、美术馆、艺术中心以及公共艺术等是现代城市文明的重要标志，代表了城市的文化气质和审美趣味。而且，艺术还是创新创意、赋能经济和重塑产业的重要驱动力。

艺术品的显著特征在于其自身的美学特质及其生产过程中倾注的创造力，艺术品体现了艺术家对社会过去、现在和未来的理解和思考，可以激发人们对社会和经济发展的新愿景。消费艺术品是一种关乎理想、情趣等美好的生活方式。艺术品的欣赏者可以与艺术品丰富的创造力和思想观念产生共鸣和对话，由此得到价值观的影响和精神上的满足。艺术品体验性较强，通过润物细无声的渗透力和感染力，产生直抵内心的共鸣和增进情感的交流。艺术消费可以积累艺术专业水准和人力资本，提升观者的素养、视野和情商，提高视觉与听觉的感知力、创造力等综合能力。

艺术对生活和工作品质的提升作用显而易见。艺术品具有较强的社交属性，拥有艺术精品代表着文化品位和社会地位，具有较强的社会认同正向效应。艺术品的交际力量是艺术家和他们的观众之间分享感情与思想，它是艺术价值的重要组成部分。在主要新兴市场，为了更好地进入高层次的社交圈层而藏购艺术品的占比远高于成熟的欧美市场①。

不少家庭藏购艺术品是为了保护艺术品和让下一代热爱文化。在家族传承中，首先需要解决家族的核心价值、家风取向等问题。如果一个家族只注重金钱，没有良好价值观和社会责任感，则无法基业长青。精神健康和健全人格养成需要良好文化素养和理性儒雅的家庭环境滋养，文物艺术品是家庭文脉传承得很好的载体和工具。

欧美不少国家遗产税率较高，很多富人或企业通过自己的基金会定向做文化艺术慈善赞助，将收藏的艺术品捐给美术馆或博物馆，或者以个人和企业的名义建立博物馆来展示其艺术品收藏，与公众分享文化艺术资源，承担社会责任，推动美育教育，达到公益、节税和声誉等多重目标。慈善公益朝着专业化、规范化、市场化的方向发展，基金会可以与慈善信托或者家族信托等专业机构合作，使慈善公益与捐赠人的社会责任、社会声誉与财富管理达到多赢，同时也给艺术品行业带来持续支持的动力。

2. 艺术精品自带金融属性

近 50 年，艺术精品的金融属性受到广泛的关注。由于独特的历史文化价值和稀缺性，艺术精品本身具有较好的保值增值和资产配置的金融属性，同时在一定程度上可以作为避险和对冲的资产。艺术品收藏与投资很难截然分开。艺术品区别于其他资产的、得天独厚的优势在于它的精神收益。

艺术品的异质性和情感性使艺术品投资的风险呈现多样化和多变性的特点。艺术品与其他主流资产相比，艺术品资产具有非标准化和异质性强的特征，同时市场信息透明度和流动性较差。艺术品投资的专业门槛较高，需要艺术史积累和对市场潮流的长期跟踪和准确把握。收藏投资者主观偏好性大，艺术作品之间替代性也非常低，这也使艺术品投资成功经验难以广泛复制和推广。在艺术品市场上既存在极高收益的神话，也有大量的投资血本无归。

人们常说盛世收藏、乱世黄金。盛世经济稳定发展，人们对未来充满信心，收入提升，人们的精神文化需求高涨，优质的文物艺术品收藏保值升值的空间稳定，艺术品作为具有文化和金融双重属性的资产，很容易成为高净值人群热衷的选项。云妍等（2018）以清代富裕家庭的资产配置为研究对象，发现田地房产最初一直是重要的资产，但是随着财富总量的增加，不动产的比重开始显

---

① Barclays. *Profit or Pleasure? Exploring the Motivations behind Treasure Trends* [M]. 2012.

著下降，而文物艺术品等另类资产的比重上升。这篇论文是清史专家与经济学家跨学科的合作，采用翔实的史料梳理和经济统计分析相结合的方法，以清宫所藏奏折与内务府档案资料为基础，系统地估算清代官绅家庭的资产结构①。黄金作为不可再生的贵金属，由于在很长一段时间内承担了货币的职能，因此与其他贵金属相比，黄金在全球具有较好的流通性和公认度，黄金可视为一种准货币，具有一定的避险和对冲功能。艺术品作为方便移动的动产，在动荡时期也可能具有与黄金相似的避险功能。Oosterlinck（2017）以第二次世界大战期间被占领的法国为研究对象，发现艺术品被视为密码货币，其价格指数高于股票、债券、黑市黄金和外汇，表现优于其他投资选择；尺寸小的艺术品比大的艺术品价格指数更高，原因在于艺术精品体小价高，易于携带，在对冲发生战争等灾难风险方面是不可多得的特殊资产②。研究采用经济史和计量经济学相结合的计量经济史方法，通过数字化拍卖历史档案和大样本量化方法，运用经济学理论和计量经济学的分析方法和工具研究历史问题，用统计分析丰富了我们对艺术品市场的认知。“数字人文”和量化历史研究拓展并深化了历史研究领域，使历史研究向科学靠近③，与经济学科结合的量化方法对其他人文学科的发展也有重要的启示和借鉴意义。

三、艺术品价格的影响因素

艺术品是精神产品，不同经济收入、生活背景和教育水平的人群对艺术品的认知存在较大的差异。在艺术市场运行中各市场要素之间存在相互联系和相互作用的内在机理。内在运行机制如供求机制、价格机制、交易机制和竞争机制等，体现的是市场主体相互之间的经济关系；外在运行机制包括政府对市场的治理机制、科技金融等市场环境因素对市场的推动机制以及国内外市场联动机制等，体现的是市场与政府、社会等外在因素之间的经济关系。④ 影响艺术

① 云妍，陈志武，林展．清代官绅家庭资产结构一般特征初探——以抄产档案为中心的研究［J］．金融研究，2018（2）．

② Kim Oosterlinck. Art as a Wartime Investment：Conspicuous Consumption and Discretion［J］. *The Economic Journal*, 127, No. 607（2017）：2665-2701.

③ 关于量化历史研究的更多讨论，参见陈志武．量化历史研究的过去与未来［J］．清史研究，2016（4）．

④ 刘双舟，刘琛．中国艺术市场运行机制的研究现状与突破空间［J］．中国书画，2021（7）．

品价格的因素较为复杂，国家政策、国际交流、时尚潮流、板块轮动等因素都会影响艺术品价格。艺术品价格最终由市场的供给和需求来决定。

1. 宏观经济环境

经济发展水平及高净值人群财富状况是决定艺术品价格的重要因素。艺术品作为精神和情绪产品，需求的收入弹性较高。财富水平和支付意愿会影响艺术品的需求和价格。Goetzmann（1993）比较分析了1715—1986年跨越三个世纪的艺术品市场与主流金融市场以及通货膨胀的关系，发现艺术品市场与收藏者的财富水平密切相关，艺术品市场的繁荣期和低谷期与英国和美国经济的兴衰情况趋于一致①。艺术品作为非刚需的精神产品，其市场较为敏感。Hiraki等（2009）通过分析1977—2004年日本艺术品收藏者财富的膨胀与国际艺术品市场价格的关系，发现日本股票市场的收益率与日本对法国艺术品的进口正相关，日本股票市场与国际市场西方艺术品收益率正相关。研究表明，日本经济泡沫时期（20世纪80年代中期到20世纪90年代初期），财富人群财富迅速膨胀，疯狂购买西方艺术品，尤其是大量进口了法国印象派的画作，导致西方艺术品收益率大幅提高，日本收藏者的财富膨胀和对国际艺术品的需求显著影响了国际艺术品市场的收益率。黄隽和李越欣（2020）研究发现中国艺术品市场存在明显的顺周期性，艺术品收益率受宏观经济影响的弹性较大。在经济增速变缓与预期不确定的情况下，普通艺术品无人问津，艺术精品仍被藏家追捧，市场呈现减量提质的结构化差异，艺术品市场区域和拍卖行的集中度越来越高②。

经济全球化在很大程度上推动了本土艺术家的市场供给和需求。艺术品税率、进出口政策等直接影响艺术品的价格和区域性艺术品市场的形成。税收构成了艺术品交易和流通成本的重要组成部分，税率差异可能推动艺术品的境内外流动，使投机者可以在国家和地区之间进行套利。科技进步使人们通过互联网了解全球市场的动态，节约了艺术品买家和卖家的差旅与时间成本，便利了卖家买家的跨市场选择和交易。

2. 艺术品本身的特性

很多学者采用特征价格模型研究影响艺术品价格的主要因素，例如艺术品的尺寸、介质、题材、品相、出处和著录信息等。Renneboog和Spaenjers

① William N. Goetzmann. Accounting for Taste: Art and the Financial Markets over Three Centuries [J]. *American Economic Review*, 83, No. 5 (1993): 1370-1376.

② 黄隽，李越欣. 宏观波动、结构差异与艺术资产收益 [J]. 金融评论，2020 (2).

（2013）采用全球艺术品拍卖数据，较为系统地考察了影响艺术品定价的特征因素，主要包括三类因素：艺术家的个人特征（声誉、是否离世）、艺术品的物理特征（尺寸、签名、著录、类型、题材等），以及艺术品的交易特征（拍卖行、拍卖地点以及拍卖成交时间）。[①] 在艺术家的个人特征中，社会声誉是艺术品定价的关键因素。艺术家的生存状况也直接影响到艺术品价格，已故艺术家的作品供给将不再增加，这对价格可能有向上的推动作用，Pénasse、Renneboog 和 Scheinkman（2021）验证了艺术家过早离世会导致市场价格和交易量上涨。[②] 另外，对于一些知名度较低的艺术家，离世的市场效应很小；已故艺术家的作品也有可能因为市场潮流风尚变化，价格下降。

随着行为经济学的发展，经济学家对艺术品市场的研究也更多地加入了情感和秉性因素。Ma、Noussair 和 Renneboog（2022）通过大样本的实证计量分析和科学的实验设计，研究控制了可能影响艺术品定价的其他因素，验证并量化了颜色因素对于艺术品价格的影响。研究通过对拍卖绘画作品颜色的计量分析显示，在控制艺术品其他特征一致的情况下，蓝色和红色的绘画作品通常有更高的市场价值。同时，研究通过对来自中国、美国和欧洲的 500 多名学生进行分析，发现参与者对于蓝色和红色作品的出价要比平均水平高出 18.57% 和 17.28%，对蓝色和红色的偏好这一结论在三个国家（文化）之间没有显著差异。可能的机制解释是蓝色和红色的艺术品更能激发愉悦的情绪，使购买者愿意对蓝色和红色的艺术品付出更高的价格。[③]

3. 艺术品的营销行为

艺术品离开创作者进入市场后，艺术品遇到重要的人或事件都会赋予艺术品更高的价值，传奇性越强，价格可能越高。同样一件艺术品，名人收藏与普通人收藏的售价差异较大。艺术家代理的画廊、拍卖行以及地点的选择等都可能直接影响到艺术家以及艺术品价值的专业挖掘、重要客户的精准营销、市场声誉等重要因素，对艺术品价格影响较大。艺术批评与资本等在市场中占有重要的话语权，超级买家也可以左右艺术品的价格走势。

---

① Luc Renneboog and Christophe Spaenjers. Buying Beauty：On Prices and Returns in the art market ［J］. *Management Science*, 59, No. 1（2013）：36-53.

② Julien Pénasse, Luc Renneboog, and José A. Scheinkman. When a Master Dies：Speculation and Asset Float［J］. *The Review of Financial Studies*, 34, No. 8（2021）：3840-3879.

③ Marshall Xiaoyin Ma, Charles N. Noussair, and Luc Renneboog. Colors, Emotions, and the Auction Value of Paintings［J］. *European Economic Review*, Volume 142,（2022）：104004.

有不少学者研究发现艺术品拍卖地点对艺术品价格有重要影响，认为艺术品市场不符合“一价定律”，原因在于：首先，著名的拍卖行不仅具有更好艺术品价值专业挖掘和营销能力，而且有长期的客户积累和优质服务水平。例如，在佳士得和苏富比拍出的价格明显高于其他拍卖机构；其次，不同国家的财富状况和交易便利程度存在差异。①

艺术品市场信息不对称，买家主要依赖中介机构和专家的评估信息，且很容易受到非理性因素的影响。卖方或交易平台通过造势或者营销手段来提高作品吸引力的技巧和能力也对成交价格有重要的影响。艺术品市场存在“锚定效应”，买家的拍卖出价很大程度会受到艺术品之前的成交价格或拍卖行的售前估价的影响。② Bian 等（2021）发现，中国艺术品市场同样存在“锚定效应”，买家和拍卖行估价都受到之前拍卖价格的影响；当两次交易时间越短时，“锚定效应”越大。③

艺术品市场的研究方法在不断拓展和创新。Aubry 等（2022）通过构建神经网络算法，采用拍卖数据对艺术品市场价格进行估计。研究发现，相对于拍卖行的售前估值，更高的机器估值与更高的价格估算比率和较低的流拍率相关，这表明拍卖行售前估值的信息效率低下。对于价格分散程度较低、平均价格较低的艺术家来说，机器学习估值的相对贡献较高。此外，研究还发现拍卖师的预测误差在艺术家和拍卖行层面上都是持续的，因此机器学习可以使用过去的错误信息直接预测拍卖师的预测误差。这种神经网络算法的进步在于，相较于传统的特征价格模型，机器学习估值能够更好地捕捉到艺术品价值决定的复杂性。另一个影响是，即使现代机器学习技术不太可能完全替代人类判断，但它们也可能成为投资者和拍卖商的有力工具，机器学习算法能够更高效地解释艺术品市场价值的变化。

随着大数据价值的深入人心，艺术品市场专家与数据科学家跨界合作，研

---

① 关于艺术品市场“一价定律”的研究，可以参见两篇文章：（1）James E. Pesando. Art as an Investment：The Market for Modern Prints ［J］. *American Economic Review*，1993：1075-1089.（2）Jianping Mei and Michael Moses. Art as an Investment and the Underperformance of Masterpieces ［J］. *American Economic Review*，92，No. 5（2002）：1656-1668.

② Alan Beggs and Kathryn Graddy. Anchoring Effects：Evidence from Art Auctions ［J］. *American Economic Review*，99，No. 3（2009）：1027-39.

③ Timothy Y. Bian，Jun Huang，Siqi Zhe，and Man Zhang. Anchoring effects in the Chinese art market ［J］. *Finance Research Letters*，43（2021）：102050.

究声誉和影响力网络在决定获得资源与报酬方面的重要作用。研究艺术品市场的论文出现在自然科学的学术期刊上。关系网络是艺术生态的重要组成部分。Fraiberger 等（2018）在 *Science* 上发表的论文，通过分析艺术家在画廊和博物馆的展览记录与拍卖纪录，采用大数据分析方法，量化艺术机构的声誉，厘清海量数据背后隐藏的关系和机制，对近 50 万个艺术家职业发展生涯进行跟踪评估，构建艺术家和艺术机构之间的关系网络图。数据涵盖过去近 30 年和 143 个国家和地区，涉及 16002 家画廊的 497796 条展览信息、7568 家博物馆的 289677 条展览信息以及 1239 家拍卖行的 127208 条拍卖纪录。研究发现，艺术家的职业发展很大程度上与其所接触到的艺术机构水平相关；艺术家在艺术圈中能否获得成功，主要取决于其能否在职业生涯早期获得高声誉的艺术机构的认可。①

四、艺术品的金融属性

与欧美成熟市场以收藏为主不同，财务回报和资产配置是中国等新兴市场买家投资艺术品的重要目的。

1. 投资收益

从 20 世纪 70 年代开始，随着全球艺术品市场的快速发展，越来越多的经济学家开始研究艺术品市场的金融特征。

欧美主流学术文献研究显示，第一，从财务收益来看，艺术品资产的年平均收益率与股票、债券等主流金融资产相比没有明显的优势，艺术品投资专业门槛较高，资产价格波动较大，并不是一个很有吸引力的投资选项②。Stein（1977）计算绘画资产的年均收益只有 1.6%，而且艺术品在经济萧条时期市场波动较大，难以保值。③ Li 等（2022）计算的 1958—2016 年全球艺术品市场的年化名义收益率为 6.24%，年化实际收益率为 2.49%，收益率受不同市场、拍

① Samuel P. Fraiberger, Roberta Sinatra, Magnus Resch, Christoph Riedl, and Albert - László Barabási. Quantifying Reputation and Success in Art［J］. *Science*, 362, No. 6416 (2018): 825-829.

② Bruno S. Frey and Reiner Eichenberger. On the Rate of Return in the Art Market: Survey and Evaluation［J］. *European Economic Review*. 39, No. 3-4 (1995): 528-537.

③ John Picard Stein. The Monetary Appreciation of Paintings［J］. *Journal of Political Economy*, 85, No. 5 (1977): 1021-1035.

卖行、艺术流派和经济状况的影响有较大的差异①。第二，购买艺术品的主要动因在于，不少文献对于艺术品较低的财务收益购买艺术品的解释是精神收益，以及显示社会身份和地位的“凡勃伦效应”（Veblen effect），艺术品提供的是精神愉悦的心理满足感和社会地位的美誉，在很大程度上弥补了较低的财务收益的不足②；在财产税或者遗产税等方面较为有利，将艺术品捐给公共博物馆可以享受税收优惠和良好的社会声誉③。

Whitaker 和 Kräussl（2020）采用画廊数据构建部分股权方法，假定艺术家在作品首次销售时放弃部分现金收益转化为对应股权，并在作品首次拍卖时实现股权变现。研究结果表明，无论是否考虑 20%的交易佣金，基于部分股权方法对单幅作品、艺术家投资组合、画廊投资组合进行分析，该方法所得收益高于其机会成本；部分股权方法可以纠正作品价格和价值的错位，创意工作者可以通过该方法实现保留部分作品价值，并在应用区块链技术的二级市场上交易部分股权。研究通过对一级市场档案资料数据整理，从首次销售开始跟踪艺术品交易轨迹，提供了一个关于艺术品投资收益研究的新视角④。

近 20 年，中国艺术品市场发展迅速，2000—2011 年中国艺术品的投资收益率明显高于欧美市场。2012 年开始，中国艺术品市场进入调整期。石阳和李曜（2013）分析 2000—2011 年中国艺术品市场数据⑤，黄隽和李越欣（2020）分析 2000—2017 年中国艺术品市场数据⑥，虽然研究样本范围和模型方法有所不同，但基本结论是一致的：与欧美市场相比，中国艺术品市场平均收益率较高。但随着时间的推移，近些年市场调整和低迷，平均收益率下降。

需要注意的是，大多数经济学文献都是基于市场的整体情况分析得出艺术品投资收益较低的结论，所得到的回报率指的是市场平均意义上的收益。然而，艺术品投资存在很强的异质性，与艺术品（艺术流派）和投资者特征密切相

---

① Yuexin Li, Marshall X. Ma, and Luc Renneboog. Pricing art and the art of pricing: On returns and risk in the art auction markets [J]. *European Financial Management*, No. 12348 (2022), forthcoming.

② Benjamin R. Mandel. Art as an Investment and Conspicuous Consumption Good [J]. *American Economic Review*, 99, No. 4 (2009): 1653-63.

③ Bruno S. Frey and Werner W. Pommerehne. Art Investment: An Empirical Inquiry [J]. *Southern Economic Journal*, (1989): 396-409.

④ Amy Whitaker and Roman Kräussl. Fractional Equity, Blockchain, and the Future of Creative Work [J]. *Management Science*, 66, No. 10 (2020): 4594-4611.

⑤ 石阳，李曜．中国艺术品投资收益——整体特征与杰作效应［J］．金融研究，2013（12）．

⑥ 黄隽，李越欣．宏观波动，结构差异与艺术资产收益［J］．金融评论，2020（2）．

关。例如，经济学家凯恩斯作为艺术品藏家，具有很高的艺术鉴赏能力和市场眼光，他购买的艺术品具有较高的收益率①。平均水平的收益率不高并不代表没有结构性的机会，一些板块在轮动中可能会有很出色的表现。艺术品的买家具有不同的交易动机和交易行为，也会影响艺术品的投资收益。

2. 资产配置

资产组合分散和多样化是将艺术品纳入财富管理的最重要的动因之一。主流文献研究表明，艺术品资产与股票、债券等金融资产的收益率相关性很低或者是负相关，艺术品比较适合作为资产组合多样化的工具。将艺术品纳入投资组合，在同等收益的情况下可以降低资产组合的风险，在同等风险的情况下可以提高资产组合的收益。Mei 和 Moses（2002）研究发现，艺术品的收益率优于国债和企业债，低于股票，能够在资产配置中起到积极作用②。

学术研究主要从分析艺术品资产与金融资产的相关性、采用资本资产定价模型纳入艺术品资产的最优资产配置组合等角度研究艺术品的资产配置效应。Tucker、Hlawischka 和 Pierne（1995）发现，艺术品的收益率与股票、债券的收益率负相关，研究使用资本资产定价模型计算艺术品资产与股票、债券资产组合的最优资产配置为 36.49% 的艺术品、55.62% 的国债和 7.89% 的股票③。Pesando（1993）使用 1977—1992 年版画的重复交易数据，研究表明将最小方差的投资组合由 94% 的国库券和 6% 的现代版画，在资产组合中可以降低风险④。Worthington 和 Higgs（2004）指出，全部由艺术品构成的投资组合内部可以实现多样化配置带来的收益⑤。

在中国市场方面，黄隽等（2017）采用 2000—2014 年中国艺术品拍卖市场微观数据实证研究也印证了艺术品适合作为资产配置的工具⑥。黄隽和李越欣

① David Chambers, Elroy Dimson, and Christophe Spaenjers. Art as an Asset: Evidence from Keynes the Collector [J]. *The Review of Asset Pricing Studies*, 10, No. 3 (2020): 490-520.

② Jianping Mei and Michael Moses. Art as an Investment and the Underperformance of Masterpieces [J]. *American Economic Review*, 92, No. 5 (2002): 1656-1668.

③ Michael Tucker, Walter Hlawischka, and Jeff Pierne. Art as an Investment: A Portfolio Allocation Analysis [J]. *Managerial Finance* (1995).

④ James E. Pesando. Art as an Investment: The Market for Modern Prints [J]. *American Economic Review* (1993): 1075-1089.

⑤ Andrew C. Worthington and Helen Higgs. Art as an Investment: Risk, Return and Portfolio Diversification in Major Painting Markets [J]. *Accounting & Finance*, 44, No. 2 (2004): 257-271.

⑥ 黄隽，李越欣，夏晓华. 艺术品的金融属性：投资收益与资产配置 [J]. 经济理论与经济管理，2017 (4).

（2019）基于全球艺术品交易重镇核心拍卖行的中国书画交易数据，探究境内外中国艺术品市场互动特征和流通规律，研究发现，北京和香港市场作为中国艺术品最大的在岸和离岸市场价格走势基本趋同，不同市场间投资收益差异是资金流入流出的原因①。

学术界对于艺术品的资产配置效应也有不同的观点。Renneboog 和 Van Houtte（2002）通过分析 1970—1997 年比利时绘画的拍卖价格，指出与有价证券相比，艺术品投资存在明显的缺陷：艺术品交易和保险费用成本较高，流动性不佳，艺术品资产多样化的作用有限②。Worthington 和 Higgs（2004）指出，虽然艺术品资产与股票收益率的相关性很低，但加入艺术品资产并不能优化资产配置组合；而全部由艺术品构成的投资组合内部可以实现多样化配置带来的收益。

3. 数字艺术资产

数字化艺术金融服务的核心是基于新基础设施的数字化场景建构，来重塑其服务理念、形态与手段③。随着数字经济的深入人心，虚拟世界成为年轻人生活不可或缺的组成部分。近年来，NFT 的天价交易刺激了人们的新奇感和财富热情，以 NFT 为代表的数字艺术资产成为艺术品市场和艺术品金融的热词。

数字艺术市场的繁荣吸引学者的研究跟进。Nadini 等（2021）通过 470 多万条 NFT 记录，描述了 NFT 市场的结构与特征。研究发现目前 NFT 交易主要类别有艺术品、域名、游戏等，2019 年之前，NFT 市场艺术品交易占绝对的主导地位；2019 年之后，其他类别的 NFT 收藏品也开始逐渐流行，但艺术品仍是 NFT 交易中重要的组成部分，2020 年 7 月以来，艺术品交易量占 NFT 市场的 10%，但交易份额超过市场总额的 71%，反映了目前 NFT 艺术品交易价格远高于其他类别的 NFT 收藏品④。

NFT 具有不可分割、不可替代、独一无二等特点，它提供了一种在虚拟世界标记原生数字资产所有权的方法。在 NFT 浪潮下，艺术品市场正在经历着深

---

① 黄隽，李越欣．中国艺术品投资收益：离岸与在岸市场的特征和互动［J］．金融研究，2019（6）．

② Luc Renneboog and Tom Van Houtte. The Monetary Appreciation of Paintings：From Realism to Magritte［J］．*Cambridge Journal of Economics*，26，No. 3（2002）：331-358.

③ 西沐．数字化推动艺术金融创新的转型转向［J］．齐鲁艺苑　山东艺术学院学报，2022（2）．

④ Nadini，M.，Alessandretti，L.，Di Giacinto，F. et al. Mapping the NFT Revolution：Market Trends，Trade Networks，and Visual Features［J］．Scientific Reports 11，20902（2021）．

刻的变革。其一，NFT 改变了目前艺术品市场的结构。从艺术品市场供给来说，作品从创作、风格到工具、载体，均体现了互联网时代特征，艺术品范围从实体扩大到虚拟，图片、域名、门票、游戏皮肤、视频影像等皆可 NFT，数字艺术呈现出无限的可能性，极大地拓宽了艺术品的范畴和来源。从需求来看，NFT 与传统主流艺术品市场的藏购者群体之间存在较大差异，NFT 吸引了更多的作为互联网原住民的“千禧一代”和“Z 世代”的年轻人关注和进入艺术品市场。其二，NFT 数字艺术品对艺术品市场模式产生了较大的冲击。无论是艺术品的生产流通、呈现方式，还是知识产权、收益分配等，NFT 数字艺术品都在很大程度上改变了原有艺术品市场的生态和游戏规则，促使人们思考未来艺术品市场的动能变化和发展方向。其三，目前 NFT 的金融属性超过其艺术性。社会对 NFT 价值认可度存在较大分歧，NFT 的法律性质、交易方式、监督方式等尚未明确，市场投机氛围较浓，导致其价格容易大幅波动，投资风险较高。在技术推动下，NFT 内涵与外延不断迭代和更新，数字艺术未来的发展和认知还需要更多的观察、探讨和时间检验。

五、结束语

全球艺术品市场与社会经济发展相辅相成。近 50 年既是全球经济高速增长的时代，也是艺术品市场的空前发展阶段。本章从经济学视角出发，融合艺术学等多学科思想，从艺术品市场的发展、艺术品的特征、艺术品价格的影响因素和艺术品的金融属性等四个方面，回顾和评介了近 50 年艺术品市场的主要学术研究脉络和发展变化。

全球化、科技进步、创新创意和竞争合作极大地推动了艺术品市场的实践，为学术研究提供了丰富的素材和数据资源，促进着经济学家对艺术品市场学术研究的创新发展。艺术品市场作为文化经济的重要组成部分，其学术研究不仅仅关乎价格变化，更在于其文化内涵和情感特质，同时科技的力量也在不断地冲击着人们的理念和思维模式。一方面，经济学家越来越多地与艺术史学家、数据网络科学家等合作，思想交叉融合，相互激发。另一方面，学者从主流经济学的框架逐步延伸到行为经济学和大数据时代交叉学科，研究方法从艺术学到经济学、再跨界到自然科学成为一种趋势。学术文献的借鉴对于开拓视野、输入新知识和跟进新方法非常重要。多学科交叉研究为艺术学理论发展呈现出更为开阔的天地，学术研究在相互借鉴中拓展边界，不断推进艺术品市场理论和方法创新。我们在继承和创新中国优秀文化遗产的基础上，借鉴跨学科研究思路和现代方法，根据中国国情，探究艺术品市场规律，努力构建具有中国特色艺术品市场的理论框架，为政策制定提供学术依据，更好地指导实践发展。

近几十年，科技的高速发展在很大程度上改变了经济社会形态和生产生活方式，数字经济深刻影响和改变了艺术生产、展示、鉴定和流通等方面，使艺术品更加容易创造、传播和保存。科技发展给艺术创意带来了更大的空间和实现的可能，艺术的创意创新和赋能效应不断增强；科技几何式地拓展了艺术品影响的宽度和深度。互联网技术极大地扩大了美育的范围，降低了文化消费的成本，提升了消费者福利；区块链等技术为艺术品鉴定和溯源提供了新路径，技术催生了数字艺术资产，传统艺术品市场格局正在发生变革，给艺术品的金融属性提供了更多的思考和可能性。科技发展提升了艺术市场的透明度和政府监管的效率，促进了市场更加规范有序发展。

所有现在和未来不可知的变化及探索都会对艺术品市场和学术研究带来新的动力与冲击。科技与艺术相互促进，激发市场快速迭代和颠覆，跨界融合为艺术品市场的理论研究提供了广阔平台和想象空间，激发学者不断探究新技术、新业态和新模式下未来艺术品市场可能出现的问题和发展规律。

创新赋能

艺术是社会文明、创新创意、重塑产业和赋能经济的重要驱动力。大地艺术节和美术馆均具有公共服务的属性。根据在地的历史、文化与社会背景，通过构建具有安抚性、人文性、思考性、开放性的公共艺术，保存和传承文化遗产，不断激发人们对未来的新愿景，促进公众的交流与思考。艺术和设计通过个性化、品质化和专业化塑造企业或区域形象，提升商业和周边环境的品质和价值。本模块从大地艺术节和民营美术馆两个维度的创新案例，分析艺术对社会经济的赋能作用。

第三篇　地域型艺术节的中国实践

——以“艺术在浮梁”为例

孙　倩　何海洋　贺岁华①

一、研究背景与目的

2017年10月，习近平总书记在党的十九大报告中提出：“农业农村农民问题是关系国计民生的根本性问题，必须始终把解决好‘三农’问题作为全党工作的重中之重，实施乡村振兴战略”。“乡村振兴”作为一项国家战略被确立。2021年2月，《中共中央、国务院关于全面推进乡村振兴加快农业农村现代化的意见》的发布，全面推进乡村振兴、加快农业农村现代化已被设定为总目标。

在2017年乡村振兴战略提出以前，社会主义新农村建设已经开展12年，与之相关的“美丽乡村建设、特色小镇、田园综合体、新型城镇化、城乡融合创新发展”等主张相继提出，文化艺术领域如何在乡村振兴行动中发挥作用，如何与乡村振兴的五大任务“产业振兴、人才振兴、文化振兴、生态振兴、组织振兴”实现对接，一直是业界普遍关心的议题和研究的课题。在乡村振兴的形势下，社会各界纷纷将目光、资源投射于乡村。文化艺术领域也在乡村振兴的参与中付诸了大量行动。在这些行动中，既包括了属于本土实践的，已经开

---

① 孙倩，大地艺术节中国项目发起人，“艺术在浮梁”项目总策划，越后妻有华园中国艺术基地创办人，濑户内亚洲论坛中国事务局代表，北京瀚和文化传播有限公司创始人、董事长，中国艺术品行业协会发起人、筹备组执行副秘书长，从事中外文化交流、策展、创意工作二十余年；何海洋，大地艺术节中国项目策划总监，桐庐大地艺术节项目规划与策划负责人，北京瀚和文化传播有限公司联合创始人、董事副总经理，品牌策划人，资深设计师，地域文化研究学者；贺岁华，“艺术在浮梁”项目负责人，北京瀚和文化传播有限公司董事副总经理，中国城郊经济研究会理事，中国城郊文化旅游专业委员会联合发起人。

本文的撰写由地域型艺术节的代表“大地艺术节中国项目”团队结合自身的研究、观点与实践整理完成。滕惠民、张纾墁、何燕瑜对本文亦有贡献。

展十多年，并形成一定模式定义、协作群体和工作成果的艺术乡建，也包括源自国际经验，以“大地艺术节”为代表的地域型艺术节模式。

地域型艺术节起源于日本“越后妻有大地艺术节”。2015 年前后，它因艺术水准与成就，以及旅游拉动效能等显性成果，正式被国内艺术界和文旅业界所关注。近年来，随着乡村振兴的不断深化，它的更多价值，尤其是对地域的重塑、文化的振兴、产业的拉动方面的实际效果和长远影响，受到了更为深切的关注，并逐步进入了全社会视野，传媒和学术领域也常以其为案例，延展出大量的研究。

以既有的艺术乡建为代表的本土实践，在国内拥有众多行动团体、长时间的积累、大量样本案例和广泛的影响力，并与自 20 世纪前叶开始的乡村建设呈现观念传承，具有一定主流色彩。从某种角度上讲，源自国际经验的地域型艺术节在中国的创新实践，也应算作当代艺术乡建的一部分。尽管初衷和目标基本一致，但其概念、基本逻辑和方法论与既有的“艺术乡建”之间还是存在较大不同。

为了帮助人们更好地认知地域型艺术节，认识到地域型艺术节实质上是一项长期性的以文化艺术带动地域振兴的系统工程，是助力乡村振兴，链接五大振兴任务的纽带和工具，以及地域型艺术节在中国是如何从国际经验走向本土创新，进而形成中国模式的，本文将站在大地艺术节中国团队的角度，以地域型艺术节在中国的首个落地项目“艺术在浮梁”的实践经验为例，按照项目总结兼具案例研析的方式，对地域型艺术节本身及其中国实践作一梳理，同时尽量采用真实的记录、详尽的数据、客观的评价，分享一些基础性研究和有益的工作方法，并尝试勾勒出地域型艺术节在中国开展的系统性逻辑。

二、地域型艺术节的发展与实践

（一）地域型艺术节的简介

1. 越后妻有大地艺术节（Echigo-Tsumari Triennale）

谈及地域型艺术节就必须先介绍“越后妻有大地艺术节”，正是因为越后妻有的成功，才催生地域型艺术节这一概念的出现。“越后妻有大地艺术节”是“大地艺术节—越后妻有三年展（Echigo-Tsumari Triennale）”的中文式习惯称谓[①]，它由日本策展人北川富朗于2000年创立，以越后妻有（十日町市及津南町）760平方公里土地为舞台，每三年举办一届，是当今全球规模最大的国际户外当代艺术节[②]。“大地艺术节”与艺术形式流派“大地艺术”并非同一概念，在日语原意中，“大地”意指乡土、田野的意思。艺术节以“自然拥抱人类（或译为‘人类被自然包裹’）”为理念，以地方振兴为目标，以艺术为桥梁，连接人与自然并挖掘地域文化的传承与发展，运用艺术和文化的力量，重振在现代化过程中日益衰退的农业地区。自越后妻有大地艺术节创办以来，国际累计参展艺术家共计700余位，已经成为与最优秀的艺术家联动的，大师云集的世界舞台。其中包括克里斯蒂安·波尔坦斯基（Christian Boltanski）、玛丽娜·阿布拉莫维奇（Marina Abramovic）、詹姆斯·特瑞尔（James Turrell）、草间弥生（Yayoi Kusama）、蔡国强、徐冰、张永和、马岩松等杰出代表。除了艺术创作，基于艺术节的理念，还开展诸如：设计改造、活用复用闲置老旧民居、废弃校舍、工业遗产，使之焕发新的使用价值；积极参与地区环境治理，推动公共设施艺术化；利用艺术与当地美食、工艺相结合，创建特色产业，提倡艺术生活化；建立稻田银行和助农公益组织，挽救休耕农田；组织面向不同年龄段的研学，注重对儿童和青少年的美学培养和乡土教育等有效振兴当地社会的创生行动。

1994年，一项由日本新潟县[③]政府主导的，以地域振兴为目的的，旨在发动社会力量提出解决方案的“新新潟里创计划”，就已启动并在该地区展开调查研究。该计划最终选定并推出了10项地域振兴行动，越后妻有大地艺术节便是其中之一。1996年，北川富朗提出了“越后妻有艺术项链构想”，并受邀成为该项目的艺术总监。经过长达4年的筹备，首届越后妻有大地艺术节于2000年开幕。

截至2022年，艺术节共举办了8届。在过去的22年间，越后妻有大地艺术节大致经历了三个发展阶段。第一阶段包括2000年第一届和2003年第二届，这一阶段艺术节属于创立期，主要依靠新潟县政府资金投入，推动地方观念转变与共识的建立，摸索实践艺术呈现方式与工作方法，积累经验完善运作。其

---

① 日本原名中为“大地艺术祭”，在中国传播时将“祭”译作“节”。

② 《中国+日本，艺术+乡建：2018越后妻有大地艺术节及中国艺术季在京发布》，中国网，2018年5月9日。

③ 日本的县相当于我国的省。

中，在筹备期的1999年，志愿者组织“小蛇队”便已建立，这是艺术节运作的重要基础。第二阶段包括2006年第三届、2009年第四届和2012年第五届，这一阶段，艺术节属于发展期，在政府资金支持结束后，开拓引入社会资本支持的路径，同时建立完善运营组织，积极拓展国际联动。其中，从2006年第三届开始，“空屋和废校计划”开始实施；2008年，专门从事艺术节运营的公益性组织“NPO里山协动机构”成立，推动艺术节从原有三年一次的展期，拓展到间隔年保持常态运营的新阶段；2009年，首个国际合作项目澳大利亚之家开设；2010年，同为北川富朗担任艺术总监的濑户内国际艺术节开幕，作为越后妻有大地艺术节的兄弟项目，两个艺术节开始互相支持，也标志着地域型艺术节从单一项目的成功走向模式的确立和发展；2012年，越后妻有大地艺术节新的标志投入使用，品牌化水平进一步提升。第三阶段包括2015年第六届、2018年第七届和2022年第八届，这一阶段，艺术节进入成熟期。其中，2016年“越后妻有华园（中国之家）”设立，标志着艺术节在中国影响力的扩大，中国艺术家、文化机构和社会公众的参与水平提高。2014—2018年，包括艺术节官方后援机制启动、奴奈川小学和清津仓库美术馆投入使用、助农公益组织FC越后妻有女子足球队组建、中国香港之家启动等在内的创新行动不断发生，代表着艺术节在跨领域合作、地区公益、国际交流等方面更为成熟的发展和驾驭。受新冠肺炎疫情影响，原定于2021年开幕的第八届艺术节延期至2022年开幕。2022年，越后妻有大地艺术节正式由“大地艺术节—越后妻有三年展”（Echigo-Tsumari Triennale）更名为“越后妻有大地艺术节”（Echigo-Tsumari Art Field），标志着根植地方的常态化运营已成为其根本形态。

纵观过去的22年，不断创新发展的艺术节呈现了突出的生命力与可持续性，并成为当年“新新潟里创计划”唯一仅存的硕果，其模式和方法已经成为世界上“以艺术带动地域振兴”的成功示范，这一模式也被联合国世界旅游组织（UNWTO）定为“2017—2035年世界旅游可持续发展国际示范项目”。越后妻有大地艺术节吸引了世界不同文化背景的艺术家、学者、政府、企业、学校、文化机构以及非营利组织关注并参与到当地的振兴工作中，组织多种多样的艺术活动，创造出新型艺术节的形式，并在当地建立新的可持续发展的艺术产业链，具有文化传承、创意创新、环境保护、经济提升、大众参与、资源再利用与活化等特质①。艺术产业链带动的文旅发展，使越后妻有作为一个被时代发展所遗忘的区域重新恢复经济及活力，当地整体资源的全面利用也让居民在参与艺术节的工作中获得自我认同及对自己生活的土地的重新认识。

艺术节使越后妻有的整个山林田野成为当地居民的乐园，激发本地人的热爱，唤起外界的关注，加深了人与乡土大地之间的默契。

2. 地域型艺术节概念浅说

地域型艺术节属于概念性名词。尽管从习惯上，人们将地域型艺术节与“大地艺术节”画上等号，而事实上，地域型艺术节起源于“越后妻有大地艺术节”，且由于其典型性代表性致使“大地艺术节”跃升为公共名词，具有代指地域型艺术节的语意，但“大地艺术节”依旧狭指“越后妻有大地艺术节”，并作为其简称或缩写，以及专有名词和专属品牌而存在。从知识产权的角度，“大地艺术节”的专属性应得到保护，而不宜被泛用。

顾名思义，地域型艺术节包含地域、艺术和节三个要素。

第一个要素：地域。地域首先是指艺术节的举办范围，一般以行政区划为单位，以中国为例，可以小到一个村庄，大到包含若干村庄的一个或多个乡、镇、街道，乃至一个县、市、区。在世界其他地方，尤其是创办地日本，或及亚洲各国和地区，由于社会经济的差别而在地域的选择上也有所不同。由此可见，地域是地域型艺术节的先决条件，明显有别于在城市举办的，局限于展馆空间的艺术展览或在广场、街区或园区中开展的艺术活动。从十几平方公里的一个村庄，到上百平方公里的一个乡镇，再到数百上千平方公里的县市区，艺术节的艺术项目在如此广度的空间中分布，乡村处处都可以作为艺术节的展场和舞台，是城市中的艺术展览和艺术活动所不能比拟的，因此，广域是地域型艺术节的首要特征。由于广阔地域的尺度，决定了地域型艺术节的观众同时也具备了游客属性，他们必须在连点式的游走中完成全部观览，客观拉长了停留时间，拉动促生了交通、住宿、餐饮和购买等消费行为，也增加了这些既是观众也是游客的来访者与当地的接触机会和接触面，制造了与当地人、风物和文化的更多交流。地域同时还指“在地性”。“在地性”是地域型艺术节开展一切工作的基础，它包括了地方价值的发现、文化的挖掘与塑造、本地资源的利用、本地智慧的运用、本地人的参与，讲述当地的故事等方面，这些都是地域型艺

① 任亚鹏，崔仕锦，王江萍．日本浅山区振兴策略调查研究——以越后妻有艺术节为例［J］．风景园林，2017（25）：41-46.

术节宗旨的组成。

第二个要素：艺术。艺术是地域型艺术节的核心，艺术形式以当代艺术为主线，且不拘泥于狭义的艺术。在实践中，已逐步向建筑、设计、工艺、戏剧、音乐、文学、美食、文化研究等方面拓展。不同创作领域的艺术性和人文关怀都可成为地域型艺术节艺术的组成部分。地域型艺术节的艺术，完全有别于都市的艺术展览，它较少发生在“白盒子”“黑盒子”这样的空间，主要出现在当地的建筑内外、生产生活空间和自然场景里，它们也都从在地性出发，创作属于当地的，独一无二的艺术项目。需要注意的是，艺术性和艺术水准固然重要，但艺术家不是主角，当地的文化、故事和人，才是艺术节的主角。尽管地域型艺术节的呈现依旧存在展览逻辑，但它从整体上已与传统艺术展览有了极大的不同，它基本屏蔽了移植或空降的方式，将专属创作奉为基本，它的艺术策展，从立意和选题、艺术家选择标准、创作的方法和呈现方式、表达重点以及叙事对象等方面，都发生了变化。未来，这种策展的方法，或许存在成为独立学科的可能性。

第三个要素：节。节从表面上看是一种短期活动的形式，但地域型艺术节的举办周期，已经从最初的有较大间隔跨度的“双年展”“三年展”模式发展转变为更具可持续性的、由“正展年”集中展期和“间隔年”日常运营相结合的举办形式。在正展年，因其举办规模，往往存在两三个月、半年甚至三分之二年的不同时长，在间隔年，则基本采取全时开放、常态运营的形式。间隔年的长短根据所举办地域的实际需要，可以按照一年一次、两年一次、三年一次正展的方式，在地域长期举办，让这个“节”成为当地的文化符号和文化财产。

综上所述，地域型艺术节的简要定义可以描述为：以振兴地域为目的的，在乡村广域空间发生的，以当代艺术为主线，融合多元文化艺术形式的分布式展览活动和持续性的地域创生行动。大地艺术节中国项目计划发起人孙倩认为地域型艺术节是一项以文化艺术为核心的系统工程。其理论价值主要表现为系统性和可持续性①。

此外，需要特别提出的是，尽管在艺术界的公共艺术领域，习惯将地域型艺术节这种发生在乡村而非城市空间的、以当代艺术为主要表现形式的艺术活

① 孙倩．越后妻有大地艺术节：一个以文化为主导的系统工程丨艺术修复乡村计划专题之六［J］．艺术市场，2017（7）．

动也纳入公共艺术定义范畴，并视之为公共艺术的泛社会延伸，但实际上，地域型艺术节的艺术形式、活动组成以及工作方法，决定了它作为一个全新的领域和独立的象限，已经不能被简单包括在固有的公共艺术坐标系之中。但地域型艺术节的某些组成，诸如部分艺术形式、公共性和社会意义，依然与公共艺术存在交集。

（二）地域型艺术节在亚洲的发展

尽管地域型艺术节这一模式经由“越后妻有大地艺术节”的成功而逐步为世界范围所熟知，但因其诞生的背景，地理条件、文化面貌、乡村与农业的特点，与亚洲的国家和地区更具相似性，因此在亚洲的影响力以及产生的呼应更为显著。

如何使用艺术作为媒介和工具去振兴因为人口减少、老龄化、资源衰退而被边缘化的乡村、渔村和岛屿，如何用艺术节的平台去发扬当地文化和精神，如何用展后持续的艺术活动恢复地区活力、展开乡土建设、振兴当地经济、增加地区居住人口都成为当代社会关注的重点，也成为艺术建设乡村、社区的创新模式。尽管各个国家和地区所出现的问题不尽相同，但地域型艺术节作为解决问题的有效方法之一，获得了广泛肯定。受其启发，吸收了地域型艺术节理念和模式的艺术活动在亚洲各个地区蓬勃发生，其中包含了日本、中国台湾、韩国、新加坡、泰国、印度尼西亚等区域。以下案例简析选取部分有着独特方法和理念的艺术节活动，通过其展现的多元化、跨地域的文化交流，可以一窥亚洲地域艺术活动的蓬勃状态。

1. 日本

在过去20年间，除了越后妻有大地艺术节，日本还开展了濑户内国际艺术节（Setouchi Triennale）、房总里山艺术节（Ichihara Art x Mix）、奥能登国际艺术节（Oku-Noto Triennale）、北阿尔卑斯国际艺术节（Northern Alps Art Festival）等大型艺术节活动，利用艺术的力量让人口减少、老龄化及被全球化、同质化侵蚀的乡村和岛屿重新恢复活力。自2010年起，濑户内国际艺术节针对濑户内海岛屿特质日渐衰退、人口流失的情况发起了“海之复兴”的目标，利用艺术与文化振兴岛屿社区，并将该地区转变为世界的“希望之海”，让曾经蓬勃发展的濑户内海社区再次成为贸易和文化交流的枢纽。艺术节的出现使诸岛恢复了昔日自然与人类交相辉映的盛况①。房总里山艺术节则是以“离世界最近的里山”为目标，创建结合地域、居民、商业的创新战略计划。它汇集了市原市的历史、文化、自然、生活方式、饮食、运动等元素，将在地资源与当代艺术融合在一起，展现里山精神的活力，并以一种创新艺术节的形式重新拓展市原市的魅力②。珠洲作为日本偏僻地区的农家渔村，因为奥能登艺术节的出现使世人重新发掘了当地文化的潜在魅力。利用艺术节在全境内展开的艺术活动，为珠洲的海角之旅开辟了新的道路，发扬了那些几乎被遗忘的日本文化，如节日庆典时使用的 Kiriko（巨型灯笼）和 Yobare（在自家用高级料理款待近邻）等风俗③。而北阿尔卑斯国际艺术节的独特之处则在于其拥有得天独厚的自然环境，艺术节把地域自然与艺术紧密连接起来，并用艺术表达了地区独特的生活方式和美食文化④。

2. 中国台湾

受日本的影响，中国台湾也开始举办不同的艺术节活动，诸如台北艺术节（Taipei Arts Festival）、今秋艺术节（Lukang Arts Festival）、月津港灯节（Yuejin Lantern Festival）⑤、桃园地景艺术节（Taoyuan Land Art Festival）⑥ 等。这些地域型艺术节又分为了自主发展艺术节、在地结合政府创办艺术节、政府独立创办艺术节等模式，以无围墙美术馆的形式突破艺术局限，增加大众与当代艺术互动的同时发展地方文化及旅游经济。其中，今秋艺术节在结合日本地域型艺术节的方法和自有文化后推导出了属于该地区独特的艺术节工作方法。在2015—2017 年，艺术节先后提出了“先有在地参与，才谈在地艺术节”“Community 生活的共同体”“Connecting 联结”“对话”等策展概念，让艺术节不只是地方的庆典，而是通过“策展”凝聚意识产生认同，翻转人们对特定地区的刻板印象。同时，艺术节还设计了各种创新计划，如“公共食堂”“友善环境

① Setouchi Triennale, “About”, <https: //setouchi-artfest. jp/en/ (accessed 09 May 2022).

② “Ichihara Art x Mix”, < https: //ichihara-artmix. jp/ (accessed 09 May 2022).

③ Oku-Noto Triennale, 2020, “Overview”, < https: //oku-noto. jp/en/index-en. html (accessed 09 May 2022).

④ Northern Alps Art Festival, 2020, “About NAAF”, < https: //shinano-omachi. jp/en/ (accessed 09 May 2022).

⑤ Yuejin Latern Festival, “Exhibition”, < https: //www. yuejinlanternfestival. com/ (accessed 09 May 2022).

⑥ Taoyuan Land Art, 2021, “About”, < https: //www. taoyuanlandart. com. tw/ (accessed 09 May 2022).

店家”“剩布计画”等，一是提倡环保、循环再生、垃圾减量等观念；二是利用闲置空间创建新的艺术商业并发展当地经济①。当艺术节有了产业的思考后，能吸引更多有创意有理想的青年回到故乡，为地方创造更多可能性，艺术节也在真正意义上实现了解决社会问题的功能和目标。

3. 新加坡

新加坡双年展（Singapore Biennale）成立于 2006 年，旨在深入发掘和理解东南亚当代艺术，展示了新加坡在全球范围内的艺术实践活力，并促进了与国际艺术社区的深入合作②。新加坡双年展艺术总监 Patrick D. Flores（2019）阐述通过艺术来创新并重新定义世界的新方法不仅是展现当代新风貌，更是对当下社会的审视与介入（Patrick，2019）③。展览不局限于单个场地，而是将不同场地串联，让观众探索地理的特色过程中获得深入的体验与思考。展览期间的公共教育项目，如艺术讲座、工作坊及社区日创造了公众参与当代艺术的机会，丰富了新加坡的艺术和文化领域，并提升了它作为一个充满活力的城市的国际形象。

4. 泰国

自 2002 年起，泰国文化部当代艺术与文化办公室（OCAC）开始注重泰国当代艺术与文化在国内外的发展和推广，希望促进旅游业和推动“创意经济”，增加艺术与文化资源的内在和经济价值，并提高公众对艺术和文化价值的认识④。因此，两年一届的泰国双年展（Thailand Biennale Korat）诞生了。该双年展旨在挑战当代艺术领域，鼓励不同国家的艺术家来到当地社区，结合历史、艺术和文化创造新的艺术形式与项目。展后活动和公教项目在吸引公众参与到使用艺术建造社会的共创中以外，也激发了他们对物质及非物质文化的关注。

5. 印度尼西亚（以下简称印尼）

雅加达艺术节（Art Jakarta）与上述双年展不同之处在于它是一个当代艺术博览会，并已成为东南亚最重要的艺术博览会之一。自 2009 年以来，该博览会

---

① Lukang Arts Festival，2019，“About”，< https：//tkfl. tw/2019festival/（accessed 09 May 2022）.

② “Singapore Biennale”，Biennial Foundation，< https：//biennialfoundation. org/biennials/singapore-biennale/（accessed 09 May 2022）.

③ 农创部落．艺术带动地域振兴的国际峰会 | 第二届濑户内亚洲论坛成功举行，今日头条，2019.

④ Thailand Biennale，2021，“ABOUT US：Thailand Biennale Korat”，< https：//www. thailandbiennale. org/2020（accessed 09 May 2022）.

由时尚生活杂志《时尚芭莎》印尼版主办，每年在雅加达举行[①]。艺术节期间，来自世界各地的艺术家、画廊、收藏家和艺术评论家都会来到印尼。在2019年第二届濑户内亚洲论坛上，印尼Ruangrupa艺术团体的项目负责人Leonhard Bartolomeus分享了印尼艺术家的集体实践（Leonhard，2019）[②]，从住宅内的小型工作坊到国际性艺术项目，印尼艺术家积极寻找可持续发展的艺术路径，探讨集体艺术实践对于可持续发展项目在经济、政治和社会价值方面的影响。

（三）地域型艺术节的可能性

2004年，联合国世界旅游组织（UNWTO）成立了国际可持续旅游观察组（INSTO），观察文化旅游对当地区域经济、环境和社会层面的影响[③]。在其2015年建立的“2030年可持续发展议程”中[④]，可持续性旅游是一个非常重要的命题。旅游业具有直接或间接促进所有目标的潜力，如可持续性经济增长、可持续性消费和生产、海洋资源的可持续利用等目标。全球旅游发展数据的分析展现了文化旅游发展的可行性，旅游业作为给人们带来幸福的产业，是国际贸易的纽带，也是许多国家的主要产业。因此，联合国也在逐年致力于文化观光旅游的发展，给予文化及环境可持续发展旅游项目支持，并从中考量旅游如何再生地球社会、建立不同国家及地区跨文化交流的桥梁，从而达到世界和平的目标。地域型艺术节模式的诞生（以越后妻有大地艺术节为代表）恰好成为吻合该命题展开的社会实践，联合国世界旅游组织（UNWTO）也因而将“越后妻有大地艺术节”列为世界范围内的示范。地域型艺术节是建立跨地域文化交流的途径，也是振兴地域经济、复兴文化传承、发展文化旅游、创建社会联系的有效模式。利用艺术为引擎而建立的新型产业链，有助于提高当地居民的生活质量，也将他们与更广阔的社区、地域乃至国际社会联系起来。由此可见，地域型艺术节模式已经超越其开展地域本身、所在的国家和地区，在全球视野

---

① Art Jakarta Garden，2021，“Art Jakarta”，<https：//artjakarta. com/2022/（accessed 09 May 2022）.

② 农创部落．艺术带动地域振兴的国际峰会丨第二届濑户内亚洲论坛成功举行，今日头条，2019.

③ UNWTO，2004，“Unwto International Network of Sustainable Tourism Observatories”，<https：//www. unwto. org/sustainable-development/unwto-international-network-of-sustainable-tourism-observatories（accessed 09 May 2022）.

④ UNWTO，“Tourism in The 2030 Agenda”，< https：//www. unwto. org/tourism-in-2030-agenda（accessed 09 May 2022）.

中呈现其作为世界公共知识、人类共同价值的可能性。

三、大地艺术节中国项目的缘起

（一）交流与学习的窗口——CHINA HOUSE“华园”—越后妻有中国艺术基地

越后妻有大地艺术节从2015年的第6届开始，逐渐进入中国人的视野，那一年是中国提出美丽乡村建设的第十年。从最初的乡村环境整治到全面振兴乡村的新课题，全社会都表现出对观念创新、行动创新的迫切需要，人们开始把目光投向全球范围寻求助力乡村振兴的成功案例和经验。

大地艺术节中国项目发起人、瀚和文化创始人孙倩在当时多次访问越后妻有，以其敏锐的直觉，发现大地艺术节这种非城市艺术形式的创造性和社会性，对于中国艺术行业，特别是年轻艺术家群体，具有不同的意义。2016年8月，由孙倩发起，在北川富朗的支持下，CHINA HOUSE“华园”中国艺术基地在越后妻有十日町市的室野村正式创办，并得到中国驻日使领馆的认可与支持，成为推介中国文化艺术的公益性平台、中日文化交流的阵地与窗口。

对于“华园”的创办，孙倩认为：“在艺术创作被都市化、市场化过度影响的当下，以‘为爷爷奶奶们脸上有笑容’这种单纯动机而举办的越后妻有大地艺术节，提供了全新的视野与经验，可以为中国的艺术家，尤其是年轻艺术家提供一种完全不同的创作可能性，而‘华园’应该成为这样一个平台和窗口，创造交流与学习的机会。”

从2016年到现在，“华园”先后举办了十余场中国艺术展览和综合文化活动；推荐二十余位艺术家参加北川富朗主持的日本地域型艺术节；组织数十次中国各界考察团赴越后妻有参观学习。大量的展览、活动、学习和考察，也促成了大量的信息交织、资源的聚集和机构的参与，衍生出无限的可能。同时，孙倩和团队一起，经由“华园”所创造的契机，充分参与到了越后妻有大地艺术节的策展、组织实施、在地运营等工作当中，积累了大量的经验，这也成为了日后大地艺术节中国项目计划发起的缘起。

“华园”的设立，因其对跨国文化交流的突出贡献，赢得了越后妻有大地艺术节举办地十日町政府的高度认可，并获有市长关口芳史向孙倩颁发的感谢状。正如北川富朗在2016年“华园”成立仪式上所说：“‘华园’将日本的一个小村庄与中国连接在一起，感谢提供了这个场所的村民们，也感谢选择了这里的中国朋友们，从此我们可以通过这里和中国朋友、特别是年轻的艺术家们展开交流，将来自这片大地的信息传递给世界各地。”

多年来，作为越后妻有大地艺术节正式组成部分的“华园”，在开展工作中，始终遵循大地艺术节所提倡的“以土地和人为本，向自然和乡土学习”的创作理念，将中国艺术家带到越后妻有、带到“华园”，通过驻留体验和创作，激发出与这片地域息息相关的创作灵感和热情。“华园”在运作中积累的经验与工作方法，主要包括：第一，尊重，尊重当地的居民、尊重文化与风俗、尊重当地的规则、尊重艺术节组委会；第二，学习，深切学习理解艺术节的主张、地域发现与研究、艺术的选择与创作方法、运营细节与技巧，以及向艺术之外的当地智慧学习。“华园”艺术项目的实施过程，基本等于一个微缩版的大地艺术节实施过程。这些宝贵的经验和方法，也在大地艺术节中国项目的实施中发挥了重要作用。

时至今日，“华园”在越后妻有和中国项目的举办地，以同期联动的方式持续开展，包括培育年轻艺术家的驻留计划、引进和输出优秀的文化内容与艺术展览、促进地域型艺术节的学习和地域创生教育在内的多条工作线索，并始终保持积极活跃运作状态。

（二）大地艺术节中国项目计划

瀚和文化基于专业能力、学习态度、事业精神与实际贡献，于 2016 年底取得由北川富朗正式许可的在中国开展大地艺术节项目的授权，并于 2018 年 5 月 30 日，在北京举行“大地艺术节中国项目启动”新闻发布会。大地艺术节中国项目计划由瀚和文化创始人孙倩与北川富朗联合发起。

大地艺术节中国项目不是简单的移植照搬，而是基于中国国情和社会发展需求的全新探索，结合国际经验，立足本土创新，围绕“艺术创生”核心体系，用当代艺术的语言，讲述中国故事，助力乡村振兴。

自 2018 年起，大地艺术节中国团队应邀考察调研了 30 多个城市、区县乡镇的数百个村庄，包括北京、天津、上海、安徽、四川、福建、广东、山东、浙江、河南、江苏、深圳、云南、江西、湖北、湖南等地，为大地艺术节中国项目选址做准备。其中，截至 2022 年 5 月，落地实施项目 1 个，落地筹备项目 1 个，暂停项目 1 个，意向合作地 4 个。未来，团队还将继续深入广大乡村拓展大地艺术节的中国之路。

2018年11月，瀚和文化作为大地艺术节中国代表，应邀参加首届中国进口博览会。桐庐大地艺术节成为“服务贸易文化板块”中的代表性项目，以及杭州市推荐项目。在上海市委书记的见证下，桐庐县与瀚和文化、北川富朗于进博会上签署战略协议。新冠肺炎疫情暴发以来，桐庐大地艺术节的筹备工作深受影响，现处于暂停状态。

2020年11月，瀚和文化与浮梁县政府就“艺术在浮梁2021”项目正式签约，2021年5月，春季展正式开幕，同年10月举行秋季展。在当时处于疫情平缓期的国内文化旅游市场中，“艺术在浮梁”项目以其独特的形式、高水准的艺术作品赢得广泛赞誉，大获成功。“艺术在浮梁”的举办，也标志着“地域型艺术节”模式在中国的成功落地。

2022年1月，瀚和文化与佛山市南海区政府签署协议，正式开始“广东南海大地艺术节”的筹备工作，2022年3月29日，“广东南海大地艺术节”启动发布仪式在南海区西樵镇樵山文化中心举行。“广东南海大地艺术节”计划于2022年秋冬季开幕，首届将以西樵镇为主场，围绕8个片区开展全域型艺术项目落地实施。“广东南海大地艺术节”的举办，或将成为真正意义上的中国首个标准版的大地艺术节项目。

大地艺术节中国项目计划坚持探索创新，坚持社会化价值与商业化价值并重，坚持高水准艺术呈现，坚持地域创生理念，重点拓展对地方产业的拉动、与城市和国际间的连接，注重本地人与年轻人的参与，注重教育与人才培养，强调知识产权保护，走品牌化发展道路，致力于发展创造地域型艺术节的中国模式，探索当代中国艺术乡建的全新途径，本着扎实务实的行动准则，做一个成一个的事业发展态度，聚焦精力聚合资源，与项目落地方共同成就。

（三）地域型艺术节在中国发展的思维演进

在北川富朗创立并提出的大地艺术节（地域型艺术节）理念和方法论的基础上，大地艺术节中国项目发起人、瀚和文化创始人孙倩于2017年提出地域型艺术节实质上是一项长期性的“以文化艺术带动地域振兴系统工程”的观点主张。

中国自身的社会制度、国家战略、文化特质，与国外有着不同之处，在坚守地域型艺术节核心理念的同时，绕不开也必须着眼于本土创新。这决定了地域型艺术节在中国的发展之路，应当坚持从中国国情出发，围绕中国社会发展过程中，尤其是乡村振兴中面临的问题，提出基于本土文化、符合本地思维、匹配我国社会与市场规律的全新方案。

“城乡差异化、人口流失+老龄化+出生率下降”共同构成的乡村空心化、地域文化有待激活、乡村经济亟待拉升等问题，固然在中国也相对存在，但国外与中国不同，国内的不同省市间也有很大不同，地域型艺术节应该针对不同项目落地方的具体情况作出不同的应对，以发挥文化引领性与艺术创造性的智慧优势。

系统工程的核心在于系统组织和长期心理。系统组织需要以相对科学和稳定的公式结构，来搭建一个由政府主导、专业机构实施执行、社会资源协同参与的良性组合。这其中包含政策支持、法律保障、资本模型、工作方法标准化、社会共建平台等要素。同时，既然是工程，就不是一朝一夕可以完成的，长期心理至关重要。政府端应给予政策的连续性保障、专业机构应具备深耕能力和心态、社会资源应通过共建机制获得参与通道。

在系统工程的框架下，进而形成一个全新的，以艺术为牵引的文化生态产业体系，才是解决这一课题的有效途径。体系大致包括“地域型艺术节核心理念+系统工程的架构建设+中国国情的实际需求+商业运作的高度匹配”四位一体的构架层级，以乡村价值、乡村利益、乡村发展为第一性，实现“文化+产业”的组合态势。这一体系，是文化与商业的结合、是政策与市场的结合、是供给与需求的结合。同时，它是服务于产业的，但文化必须是核心，是先决条件。以文化连接一切，形成生态场，从而实现对产业的赋能输出。

乡村建设是一项长期工作，更是一个科学与学科，它确实需要情怀的支撑，但单凭情怀是无法持续的，必须要把有效转化为商业价值作为指标，摒弃文人思维，不能单纯强调文化的权威和艺术的纯粹而忽略商业模式的落地。与地方发展需求相匹配，与乡村居民的切身利益相匹配，才是符合国情的务实之举，才能真正开出中国的大地艺术节之花。

上述观点，在大地艺术节中国首个成功实施的落地项目“艺术在浮梁”以及正在筹备中的“广东南海大地艺术节”前期工作中，均有所付诸实践。带着这些思考展开工作，会得到一手的反馈和实效的印证，也会对“地域型艺术节中国模式”理念的成熟给予重要的裨益。

四、“艺术在浮梁”的实践与思考

（一）“艺术在浮梁”的实践

1. 项目简况

“艺术在浮梁”全称为“艺术在浮梁2021——村落计划”，是由大地艺术节中国团队（北京瀚和文化传播有限公司）遵循“大地艺术节”理念和工作方法，结合中国实际情况，从本土文化出发，探索创新实践而实施的大地艺术节中国项目计划的首个落地项目。项目由浮梁县政府主办，浮梁旅游发展集团与瀚和文化联合承办。政府提供政策性支持，浮梁旅游发展集团作为当地国有企业提供资金支持，瀚和文化作为项目实施单位，承担策划研究、艺术策展、创作制作，以及包括传播营销在内的整体运营等工作。“艺术在浮梁”项目作为浮梁县“乡村特派员”制度的首个重要工作试点，成为以文化艺术为切入，应对浮梁县乡村振兴、全域旅游等发展课题，带动乡村全面发展的区域性样板项目。

“艺术在浮梁”在浮梁县臧湾乡寒溪村史子园村（组）举行，分为春季和秋季展期，春季展期为2021年5月1日至6月1日，为期32天，来自五个国家的26位艺术家创作了22个艺术项目（作品），其间举办了5场艺术活动，共有来自全国各地的3万多名观众（游客）在展期内造访。秋季展期为10月15日至11月15日，共31天，新增了五组艺术家和所创作的六件艺术作品，其间举办了11场艺术活动。除了春秋两季的正展，“艺术在浮梁”还在夏季和冬季举办了日常展，提供以专场预约、组团导览方式接待观众的参观。2021年，受到疫情的影响，中间曾数度临时关闭展览，全年接待观众总数仍然将近8万人。“艺术在浮梁”的举办，使原本默默无闻的寒溪村，一跃成为整个景德镇市新增的文化旅游热点。

“艺术在浮梁”采取线上售票和现场售票两种方式，参观票证为打卡式“艺术护照”，即观众每观看一个作品之后，可以盖章打卡。这一方式与越后妻有大地艺术节相同，可以说是地域型艺术节重要的特色模式之一。运营方为观众到访做了较为充分的接待准备，包括开设艺术会客厅（游客接待中心）、建立停车场、在全村范围内设置清晰边界的导引指示牌，并引进咖啡、餐饮等商业合作为观众提供服务。不同于都市艺术展览的呈现方式，在这个“没有屋顶的乡村美术馆”里，观众需要在村落内自行游走，客观拉长了停留时间，展期内多数观众基本可以在村落中待上一整天。

“艺术在浮梁”项目的艺术作品形式丰富，除了室内和户外项目，还注重加强交互类艺术活动、营造夜间观赏氛围、融入现场表演、艺术工作坊、手工体验等活动形式，为观众提供了较多参与艺术活动的机会和较好的观展体验。

运营方组织本地村民组成公益服务的志愿者团队“萤火虫队”是项目的亮点，村民大姐现身说法担任的导览员，讲述村落历史、生产生活风俗等艺术作品背后的故事，在外来观众面前展现本地村民自发拥抱在家乡举办艺术活动的热情。

“艺术在浮梁”开幕后，获得各界如潮好评。展览吸引了大批艺术爱好者、时尚青年、自媒体、KOL、网红达人来到寒溪村打卡，在网上发布短讯、长文、美图、视频等形式内容，传播边际覆盖微信公众号、微信短视频、抖音、小红书、bilibili、微博、绿洲、穷游网等社交平台和垂直社群，自发式主动传播效果突出。包括主流官媒、新闻财经、人文社科、文化艺术、生活方式等类别在内的媒体也给予了大量报道。除社会观众外，“艺术在浮梁”还吸引了大量乡村振兴、文旅产业领域的专业观众前来考察。根据展期后统计，“艺术在浮梁”在百度词条搜索数达到573万次，寒溪村的名字因此被更多人所熟知。

2. 项目的由来

“艺术在浮梁2021——村落计划”是大地艺术节中国团队继首个签约项目“桐庐大地艺术节”暂停之后的首次落地实践。大地艺术节中国团队于2018年11月在上海举办的中国国际进口博览会上与桐庐县人民政府就签署实施桐庐大地艺术节的合作协议，其后虽积极筹备，但因计划规模较大，在新冠肺炎疫情防控期间开展受限，终因疫情影响而暂停。

2020年，国务院在景德镇设立了国家陶瓷文化传承创新试验区，千年瓷都迎来了历史机遇，开启了瓷都对话世界的崭新篇章。为了加快试验区的建设，时任景德镇市委书记的钟志生希望引入国际级的文化IP，带动当地文化创新的突破。2020年7月，大地艺术节中国团队接受景德镇市委书记的邀请，前往调研考察，探讨艺术节在景德镇市范围内落地的可能。

考察研究之后，艺术节团队与当地政府均认为项目可以落位于景德镇市浮梁县。浮梁县是景德镇市唯一下辖县，从历史文化渊源上，属于景德镇的根与魂。浮梁县是红茶的重要产地，也是滋润景德镇陶瓷文化生息繁衍的母体土壤，有着良好的生态优势和深厚的文化底蕴，被誉为“瓷之源、茶之乡、林之海、镇之初”，更是海上丝绸之路瓷与茶两件重要商品的发源地和输出地。

浮梁县政府对大地艺术节中国项目非常重视，表达出强烈的合作愿望，希望在2021年5月景德镇市举办江西省旅游发展大会之前，完成项目实施并呈现成果，并对项目实施提出明确目标，即提升浮梁对外影响力、促进浮梁乡村振兴、助力景德镇国家陶瓷文化传承创新试验区建设、助推全域旅游发展。

大地艺术节中国团队在孙倩带领下，经过反复考察、充分研究之后，结合政府提出的时间要求和目标要求，并针对新冠肺炎疫情存在的变数作出判断，决定暂时放弃大而全的、以县域全覆盖的为目标的标准大地艺术节模式，进而选择以“小、快、美”为原则，以单村为实施地的村落计划。村落计划相较大地艺术节一贯的“分布式、多区域、多村落、全覆盖”的模式而言，规模明显缩小，但其实施标准则沿袭大地艺术节一贯的理念和方法，并充分融入本地思考、本土创新，在确保质量的同时，提高了效率加快了时间。2021年9月至11月，艺术节团队经过前期策划，并与浮梁县政府正式签约，开始了为期约半年的策展、制作和运营筹备。按照“先导性、小规模、精致化、实验版”标准而实施的大地艺术节中国项目计划首个落地项目“艺术在浮梁”正式启动。

3. 为什么是寒溪村——发现乡村独特的文化价值

“为什么选择寒溪村？”这是“艺术在浮梁”开幕后，媒体采访中问及最多的一个问题。选择寒溪村，主要由地域型艺术节独特的策展工作方式所决定。在城市里选择举办艺术展览或活动的场地，主要考量的要素包括室内外空间可利用的功能性、经济性、通达性等。而地域型艺术节举办地的选择，其思路和标准是看选择地是否具有发掘出特殊地域文化的可能，并以此寻找艺术与当地历史、人文、风俗、自然等各方面的链接，用丰富的在地资源，为艺术家的创作提供滋养，之后再通过艺术家创作的艺术作品，来讲述本地的故事，引起观众的共情和共鸣，最终形成具有鲜明本地特色的文化感知与反馈。

大地艺术节中国团队到达浮梁县后，即带着这样的选址预设开始地域考察。浮梁县政府当前在文旅发展方面的主要任务是着力打造县域东部景瑶观光旅游线路，因此，以解决问题为出发点的艺术节团队，重点考察景瑶公路沿线的王港乡、臧湾乡、鹅湖镇、瑶里镇四个乡镇。考察中一共踏访了12个经县政府推荐的村庄，经过反复比较和研讨，从交通要素的距离和距离感、文化要素的村庄历史和文脉现状、经济要素的当地产业与发展前景、服务要素的周边配套和提升空间、生态要素的自然风貌和景观价值等多个维度作一品判，最后选定了臧湾乡的寒溪村作为“艺术在浮梁 2021——村落计划”的项目实施地。

一般来说，当人们谈及景德镇的时候，都会把陶瓷作为第一文化标签。相比名满天下的景德镇而言，浮梁县虽然历史悠久，但在当今鲜有人知。浮梁县作为景德镇文化的母体与产业的载体，在陶瓷方面自然是优势明显，同时，茶叶也是浮梁县的一大特色。然而，大地艺术节中国团队认为，浮梁县自然生态条件突出，具备在世人心目中理想家园的乡村特质，而世代在这里生息的人们，是这片土地乡土文化的载体和传承者，他们才是艺术节最需要关注的重点，他们的生产生活状态则相比物产符号更具讲述价值和阅读意义。整体考察结束，艺术节团队对寒溪村史子园村民小组的故事印象深刻。

寒溪村史子园村民小组是一个由浙江移民组成的自然村，全部村民均来自浙江省淳安县威坪镇。1966 年 7 月，为了支持新安江水库的建设，村民们响应国家的号召，告别了威坪镇老家祖祖辈辈生活家园，来到了浮梁县臧湾乡。当年这里还是一片荒山野岭，第一代移民充分发扬浙江人勇于吃苦耐劳的精神，依靠自己的双手，从搭建茅草棚开始，重新建起了新的家园。经过五十多年的艰苦奋斗，凭着一锄一镐的开荒，开拓出 470 亩的稻田和 1200 亩的茶园。村民住的房屋也由最初的茅草屋，到传统的土坯房，再升级到砖瓦房，最后升级到混凝土的框架结构楼房。目前，史子园共有 110 户 296 人，是寒溪村全部 11 个自然村中最富裕的村子。从寒溪村史子园的故事里，艺术节团队看到了一种宝贵的、中华民族勇于牺牲、不畏艰难、吃苦耐劳、顽强拼搏、开拓进取的精神，这也正是今天谈到文化复兴、乡村振兴中最应弘扬的精神。因此，项目团队最终选择了寒溪村史子园开始实施“艺术在浮梁 2021——村落计划”项目，让艺术家通过艺术的语言向人们讲述这里的故事，也从这里去逐步放大人们对整个浮梁的印象和期待。

4. 尊重的力量——获取艺术解锁乡村的密码

在“艺术在浮梁”项目中，“尊重”一词不仅指工作的根本态度，也体现在以尊重为前提发展出的行动方式，比如基于尊重而深入了解乡村的情况、基于尊重主动邀请地域主人的参与等。这个章节将从乡村、村民、艺术、观众几个角度，解读“尊重”在实践中发挥的力量。

（1）尊重乡村

第一，以尊重的态度融入乡村的生产和生活节奏。项目团队的经验是，以尊重的姿势介入，才能避免因为对乡村生产生活方式的认知差异、重视程度不同而产生的矛盾。例如，“艺术在浮梁”的开幕式场地选在史子园小组，开幕式是整个活动中很重要的环节，在筹备阶段，团队本想使用村中一个看起来闲置着的巨大广场，但很快了解到这块广场是村中的公共晒茶场，小组居民主要从事茶叶生产加工，开幕式日期前后，茶农们要在广场上晒茶叶。团队本着尊重乡村、不影响不破坏村民生产活动的工作原则，将开幕式地点移到稍微狭窄的一片停车场。开幕式顺利完成，村内生产也没有受到影响，村民们晒茶的忙碌画面更成为观众眼中绝佳的人文风景。

第二，尊重乡村原有的风貌。项目团队作为外来者，并不希望因自己的入驻而破坏乡村原本的风貌和形态。因而，在艺术作品和项目其他内容的落地中，竭力避免大拆大建、避免植入喧宾夺主的不和谐视觉。以空屋改造为例，“艺术在浮梁”改造了部分村中旧民宅，作为作品的承载空间。这些改造大部分是修复，所用的也是与原本的部件质感接近的材料。如果强行用“审美”“设计”的眼光来对它们大动作改造，反而会破坏掉乡村原本和谐的状态，突兀的变化也会让村民感到不适。第一批室内空间的作品布置完成后，村民们看到废弃的空房子没有变得面目全非，只是在熟悉中又增添了新生机，也对团队更加信任了。

（2）尊重村民

项目团队的驻村工作制定了一系列守则，很多条目与尊重村民有关，甚至还包括了见面主动打招呼问好等细节。村落是村民的家，是他们熟悉也需要安全感的生活社区，在这里，有时来一个陌生人，乡亲们都会驻足打量，因为在熟人社区中陌生人的出现是一件非常规的事情。这种场合中，一个主动的招呼和自我介绍，多少能稍微减缓村民的戒备。项目工作开始后，团队开始了大量与村民们沟通，包括需要大家配合和协助等内容。这当中会涉及利益关系，最为重要的经验是，一定要抛开自己的、作为城市人固有的经验，主动在乡村的语境中与对方换位思考，之后再做沟通。“艺术在浮梁”的很多艺术项目的落地，都是邀请本村的施工团队完成的，这也是出于对当地村社区规则的尊重。村民们通过这样合情合理的方式从前期就参与艺术展，进而促进了艺术展与地区的融合。

（3）尊重艺术

“艺术在浮梁”的项目意图是通过艺术带动区域的乡村振兴，但这不代表艺术只是工具角色。选用艺术作为带动乡村振兴的核心力量，是因为艺术具有触及人们感知与思想的魅力和潜力。这要求团队在实际执行中给予艺术家和艺术作品高度的尊重，一是尊重艺术创作的规律，二是尊重艺术作品的呈现效果。团队为每位艺术家准备了相当充足的在地资料，提供充分的现场考察支撑，给予艺术家充分的构思空间和创作时间，在每个环节尽力完成艺术家的要求。作品完成后，工作人员还将按标准、按时间照看和维护。即便是一个曾经普通的箩筐或灯罩，作为作品的一部分，工作人员也会按照艺术作品应有的标准来悉心维护，确保完整性、安全和最佳的呈现效果。

（4）尊重观众

“艺术在浮梁”展览对外开放后，团队对观众寄予了很高的期望，不仅希望人们可以通过购买展票支持项目的长期运行，更希望大家能在观展过程中认识寒溪村、认识浮梁、了解地域型艺术节、认同艺术创生的理念，甚至与这个村子建立起情感上的联结。为了实现这些期待，团队做了大量设计，包括准备游览路线、特别的购票打卡体验、为每件作品配置专门的讲解员、要求所有工作人员以礼貌热情的态度服务观众等，以期为观众提供良好的观览体验。考虑到除了固定受众外，还有不少本地观众并不太了解当代艺术或大地艺术节，团队也为本地观众准备了市民票和更为体贴的讲解路线，将内容尽可能传达给更多观众，以最大限度发挥项目的社会价值。

5. 创生的平台——社会力量的共建

“艺术在浮梁”项目从筹备阶段起，一直受到各界社会力量的关注和支持，项目的平台角色也逐步显现。在这些对话和互动中，具有创造力和革新力的内容不断被碰撞出来。

（1）表达的平台。在“艺术在浮梁”开展的一年中，与不少认同艺术节理念与价值的商业伙伴展开了合作，形式包括驻村快闪门店、物资和宣传赞助、内容拍摄等。在这个以艺术振兴乡村的项目中，商业伙伴除了作为“助力方”提供一定赞助，也能借助“艺术在浮梁”的传播度讲好自己的品牌故事，更重要的是实现企业社会责任的表达。2021 年 8 月，“艺术在浮梁”与本土原创时装品牌“ICICLE 之禾”联合摄制了国内第一部以“新农村”为主题的时装大片，引起了不少讨论。这次合作正是基于双方理念的契合：希望将中国乡村的新面貌用艺术化的方式展示给外界。团队在与商业伙伴的接触中感受到，企业在发展中越发重视社会责任的表达，“艺术在浮梁”所搭建的正是让“社会责任”与“社会”各自发挥优势，促进品牌与品牌、企业与地域资源有机融合的平台。

（2）对话的平台。得益于各界的关注，围绕“艺术在浮梁”的讨论从多个角度展开。媒体和相关从业者的讨论不仅提升了项目的影响力，更重要的是将项目带入各类议题：艺术带动乡村振兴的方式与可能性、移民文化的挖掘和传承、村民的参与方式或乡村志愿者实践、艺术与文化旅游、有关建筑设计与乡村风貌的讨论等。对团队来说，希望“艺术在浮梁”的特殊性得到关注，但只有项目进入更多的公共议题，才能引发更具社会价值的对话，也终将拓展出更多可能性。基于这样的认识，“艺术在浮梁”不仅是作为反馈的接收者，团队成员也主动参与了许多艺术、乡创、环保、教育、设计等领域的对话，将自身的经验分享出来，因此收获了各个领域的宝贵经验，甚至吸引不少共识之士来到浮梁，参与新领域的探索共创。

（3）共创的平台。表面上看，“艺术在浮梁”的核心是艺术内容，实际上，使它具备成为综合性乡村振兴项目素质的核心是极高的开放度和吸收能力。艺术不是一道门槛，它可以建构跳出常识的视角，将常规的思维模式打开，进行各种全新探索。“艺术在浮梁”在秋季展中吸纳了公共艺术项目“美好的书”，将场景体验带入乡村社区，主理人的努力让许多几乎不认字的村民感受到书给社会带来的美好；“耕种剧场”的加入使项目在儿童教育方面迈出一大步，不同于传统教育的肢体戏剧教育解放了当地孩子们的感知能力，大家走出校园，重新认识了家乡，也认识到自己的全新一面。仅凭“艺术在浮梁”内部团队，很难在这些领域独自拓展。这些外部团队也已经在自己的领域积累了许多实践，正需要一个地域协调能力和包容力，或者说理解力的平台来承接他们的探索。这些共创伙伴的加入，有两种共同点，一是都因为艺术而建立联结，二是都对乡村社区抱有浓厚的热忱。在实践过程中，团队会在社区关系和效果呈现方面适度把控，其余方面尽力配合，确保共创伙伴在拥有较高的自由度的情况下发挥潜力，带来更有创新价值的成果。

6. 打造好口碑——网络时代品牌传播的核心驱动力

“艺术在浮梁”自开幕以来，收获了很好的口碑。无论是专业观众还是大众游客，都对这里留下了不错的印象，很多观众还会主动在社交网络上发布优质的图文内容，这种主动传播泛起的涟漪，对项目的传播和口碑的积累起了很好的推动作用。

“艺术在浮梁”的传播要素主要有三类：一是美丽的乡村和茶园风光，二是艺术作品的展览，三是与地域密切接触的体验。本章节将从品牌传播的基础内容、延展内容和核心内容几个方面对传播经验进行梳理。

（1）艺术内容——优质的展览内容与视觉元素。“艺术在浮梁”首届展出的艺术内容质量很高，获得了行业内外的正面评价。马岩松作品《大地之灯》将一座普通的茶山山头变成了浮梁热门地标；向阳作品《进化中的尘埃——史子园村的记忆》展示了艺术家为发掘本地记忆付出的极大心血；青年艺术家刘宇恒用互动的声音装置让观众切身体验移民搬迁的感受。首届展览内容的特点可概括为几点：在地性，指作品从创意到创作过程与地域的紧密关联；国际化，即中国艺术家与其他 4 国艺术家的共同参展，展览的内容风格更加多样；多样性，指作品的表达和接收维度不仅限于视觉和听觉，也包括触觉、嗅觉和不少互动类作品。此外，团队基于展览风格和地区的主色调，对地域的真实风景进行提炼和升级，打造了一系列以绿色为主的、简洁清爽的视觉设计。优质的作品带来精彩的观展体验，视觉设计简洁明确，让人迅速捕捉到浮梁的印象，这些成果成为推动品牌传播的基础和直接因素。

（2）延展内容——游览体验的维护与提升。“艺术在浮梁”非常注重作品的讲解。在实践中，团队发现在地创作和展出的特点是，如果缺少作品与观众间的媒介，观展体验将大打折扣。这是因为尽管当代艺术的解读因人而异，不设限制，但从观众的反馈来看，使作品生动的，常常是作品与村庄、村民相联系的部分。在展览前期，观众很多是关注大地艺术节的人，也可以说是专业游客，这部分客人依靠文字介绍便能很好地理解作品内容。但伴随时间推进、品牌传播，许多不了解当代艺术和地域型艺术节的客人也会来观展，为了使这部分内容被更好地传达，团队发动所有本地志愿者贡献出与作品有关的村庄故事和记忆，让讲解员互相分享学习。早前的游览线路以艺术作品为主，最近，村史馆、有风景和故事的小道也被纳入导览路线，使观众在游览中与村子产生更多联结点。

（3）核心内容——唤起观众与地域的联结感。观览“艺术在浮梁”的过程，也是认识寒溪村、认识浮梁的过程。在这当中，作品对村中人文和地理进行了艺术化转述。不被注意的风景，通过艺术家的表达从而引起注意；村中流传的故事听起来日常，经过艺术家的拆解建构，可以有直击人心的力量。观众接触到的早已超越了传统景区的风景、娱乐，可以说是特定的土地和社区，作品存在于社区空间，作品的主角生活在村中，本地人亲口讲解村庄的记忆。观展过程就像将观众邀请进入这个鲜活的社区，唤起观众对地域社区的关心，即便是侧面旁观，也能感到人文的温度。一些和村民发生交流的观众还会与地域建立更深的联结。有些与村民交换了微信，成为朋友，逢年过节互相问候；有些观众会再次回来，拜访这个小村庄；不少观众因为这段体验，开始持续关注寒溪村的新鲜事。团队在收集反馈时发现，观众对村子留下的最深印象，常常是本地的志愿者大姐和其他热心村民，与本地人交流获得的满足感甚至超越观赏展览本身。在乡村社区中，艺术伴随村民们健康快乐生活、丰富人的心灵与感知，这个过程有潜力塑造社区的理想样本，契合了更多人对人际关系、理想的居住环境和社区生活的理想追求，这也成为"艺术在浮梁"品牌传播的核心部分。

（二）"艺术在浮梁"的思考

1. 政府的角色

（1）决策过程中的主角。地域型艺术节作为艺术带动乡村振兴的文化项目，能够落地实施，在项目决策阶段，政府起到关键性主导作用。由于这类项目一般都是采取政府采购服务方式来实施，这就对政府相关部门对文化类项目的甄别能力提出了很高的要求，尤其是对当地的主要领导的眼光、勇气和格局是重大的考验。地域型艺术节以其独特方法，能够很好地发挥文化艺术的力量，带动地域经济和文化的振兴，但是该项目模式虽在日本已有 20 多年的成功经验，在国内却尚无先例，这就非常考验决策者的勇气和担当。景德镇市委书记能够发现大地艺术节中国项目，并主动邀请实施团队来景德镇考察，商议项目落地实施事宜，项目在决策阶段就成功了一半。此后项目团队与浮梁县委书记沟通后，更进一步得到县委书记的高度认同和支持，并积极推动项目的调研和方案的研讨，项目决策就成功了八成。

2020 年 7 月，大地艺术节中国团队首次赴景德镇考察，10 月，"艺术在浮梁"村落计划的策划案得到政府确认，11 月完成招投标及签约等法律流程。四个月完成一个创新的文化项目落地。实施团队要完成在地考察调研，反复沟通和确认政府的需求，量身定制，由全域型大地艺术节到能够快速实施的村落艺术计划，不断校准和调整实施策略，最终形成双方满意的策划案，并完成商务谈判和必要的采购流程，签署相关的合作协议。这个过程能够如此高效，无疑是政府发挥的主导作用使然。

（2）实施过程中的配角。地域型艺术节作为文化艺术类项目确定后，实施的过程应该交由专业团队来主导，政府在实施过程中应转换为配合的角色，起到协调和保障的作用。“艺术在浮梁”项目从签约到2021年5月1日正式开幕，留给项目的筹备期只有五个月，其间还有新年和春节，实际有效工作时间只有四个月。实施团队要完成大量的专业性工作，其中包括深度的在地调研、艺术项目实施空间选择、艺术家的甄选邀请、接待艺术家进村考察、艺术家提案的审查与沟通修改、艺术项目制作与安装、整个项目的宣传与推广、项目的运营实施等。时间紧任务重，县领导表示不干预全部艺术创作过程，给予项目团队最大的信任和最大的创作空间，同时允诺做好相应的保障工作。项目实施过程中，县政府相关负责部门、乡政府和村委各级干部都给予积极的配合工作，努力协助实施团队快速解决筹备工作中碰到的各种困难。由于有了政府很好保障，才使得“艺术在浮梁”项目得以顺利实施，同时又保障了项目的整体品质，尤其是在艺术方面具备了很高的专业水准。

所以说，政府自身角色在决策期和实施期的正确定位是项目成功的关键。

2. 乡村生态资源的再造

“艺术在浮梁”的乡村资源再造逻辑，首先是梳理已有的资源及其内在关联，规划本地资源的发展方向，在此基础上将外界资源通过平台合理导入，与地域结合。

（1）乡村生态资源的梳理。以寒溪村为例，团队对村中的生态资源做了如下梳理。

显性部分，一是农、林业资源，包括：两千余亩茶园分布在全村，连片的茶山是村民的支柱产业依托，也是寒溪村的最主要景观；村中田地，根据时节交替种植油菜和稻田；竹林、杉树林各处分布；二是村庄的生产生活景象，如村民的社区环境、可用的空置房屋、道路动线；三是村庄的人文积累，比如村史馆、文化纪念牌和口口相传的故事等。

隐性部分，指那些难以被肉眼第一时间捕捉，但构成乡村发展脉络的内容，比如：国家建设新安江水库和移民搬迁的时代背景构成村子的起源；白手起家的生活史塑造的村民勤劳刻苦的性格；伴随节气的农作节奏构成了村里变化的劳动图景；本地的气候与地形特殊性带来的不同时刻的景观和身体感受变化；多样化的生态带来持续变动的环境音和气味，如鸟鸣、蛙鸣、稻田和竹林被风吹拂的声音与味道等。

显性、直观的部分与隐性、感受性的部分之间有着复杂的链接，这些内容的综合，构成寒溪村场域的独特性。

（2）乡村生态资源的转化过程。一是文本、图片视频的输出，用语言描述、图片视频的记录和编辑等传统方式，向外界传达寒溪村。团队在进村后，收集整理了大量的文字与影像材料，精心筛选编辑，提高观众接收到的乡村信息的质量。

二是通过艺术方式转化。村中的闲置危房、自然景观、村史故事等，先经由艺术家赋予艺术魅力，再通过展览期的集中举办，将艺术所扎根的乡村高质量地曝光。这些艺术作品本身就是珍贵资源，更是为寒溪村量身打造，观众想要欣赏这些作品，需要亲身来到寒溪村这座“没有屋顶的乡村美术馆”。

三是通过体验方式转化。体验的中心环节是观展，在观众阅读艺术的过程中，对村子的了解、理解和感情共鸣不断叠加，形成外来人与寒溪村的联结；与此同时，观展的过程也是观众与乡村社区交流的过程，乡村社区由此途径接收到外界的信息和反馈，带来的受益也是持续的，例如对家乡的自豪感、文明素质的提高、眼界的开拓等。

此外，还有劳动方式体验、居住体验等。以劳动方式为例，许多村民种茶种菜，商品附加值很低。团队将村民们的菜地茶山、劳作工具和加工厂房、种植经验技能、成品的链条等做了整体梳理，开发了茶田和农田工作坊，将上述乡村日常生活的环节转化为可以体验的内容。

四是通过思考转化。“艺术在浮梁”自带公共议题：通过文化艺术，如何带动乡村地区的全面振兴。观众在游览过程中能够感受到团队和艺术家们希望为乡村带来的变化，但项目本身是探索性的，没有指定答案，议题也在不断增加：村民如何更好地参与艺术节，在村级小学关闭的趋势中如何发展乡村教育等。通过在乡村的体验带来公众思考，有些进入提案和实践。

“艺术在浮梁”的经验是乡村生态资源的再造，首先需要对资源本身有更全面的认识：地域风土和日常生活经验本身就是宝贵资源，可以通过陌生化的转化，让人们重新发现和感受乡村的魅力。而除了梳理历史，整理当下，生态资源再造中重要的一环在未来，其前瞻性、可持续性需要公众共同参与和探讨，由此，项目将乡村资源的转化带入更具社会价值的层次。

3. 如何才能可持续发展

以文化艺术带动乡村全面振兴，是一个需要社会各环节持续投入与合作的长期过程。“艺术在浮梁”的项目发展中的重要的主体如下：各级政府及公共事业部门、农村基层自治组织与集体经济组织、“艺术在浮梁”项目执行团队、其他社会力量、观众。如何确保这些主体目标一致，协作顺利，输出集合效果，是团队在过程中持续思考的关键问题。发展架构的搭建是一个开放的过程，由最初的政府主导扶持，强化村民参与，逐步引入更多社会资本和资源，开发产业板块，朝着探索文化艺术为主导的乡村幸福社区的样板不断前进。

架构梳理的首要工作是明确主体，确保各个主体在架构中都有合适的位置，能够发挥主体的优势。在发展的大方向与主要资源的调动上，政府部门、执行团队和村集体在项目筹备阶段首先达成了共识，密切配合，活动筹划、资金规划、村内地理资源和人力资源协调等工作在这一阶段得以顺利实施。随着项目落地，本地社区以固定会议、单独沟通等方式与执行团队沟通，村民们的空置房屋和产业产品进入项目开发范畴。同时，团队邀请了各行业中志同道合的社会伙伴加入，包括餐饮、住宿、艺术体验等方面，这些品牌通过在村中开办快闪店或线上合作的方式，为艺术展开办提供了很大助力。

在运行架构的雏形逐步明确后，团队开始在现有基础上进行梳理升级，明确各主体在当下和未来的分工协作模式。艺术展的持续运营和迭代不断提升地域吸引力，在这个过程中，通过有选择地导入配套业态，同时向村民开放参与和入股渠道，将乡村产业链打造得更加完善的同时，向共同富裕的目标努力。在此之外，公益性的、学术性的社会资源通过艺术节平台进入，在乡村社区进行实践探索，赋予乡村更大的样本价值。

“艺术在浮梁”项目始于对艺术和乡村发展的关心，探索过程是艰辛的，如果没有情怀和团队价值观的支撑，很难坚持下来。但项目的可持续性要求科学的、良性发展的模式作为支撑，也只有探索出这样的路径，才能赋予这个项目真正的社会价值。

4. 乡村文化振兴的道路

（1）从文化发掘到文化自信。“艺术在浮梁”项目的实施始于寒溪村史子园的文化发掘，移民村有其独特的精神气质，一是牺牲精神，20 世纪 60 年代，为了国家新安江水库的建设，村民舍弃了祖辈生活的家园，这种勇于为大“家”舍小“家”的精神，融入了他们的血脉。二是艰苦创业、勤劳致富的精神，50 年移民村的成长历史，史子园今天美好的家园，几代移民人付出了艰辛的努力。这些优秀的基因，正是我们倡导的社会主义核心价值观。

艺术节把这些村民习以为常的精神气质提炼出来，再用艺术的方式进行表现，并吸纳村民参与艺术展览的接待工作。一方面，通过培训和一次次给观众的讲述，加深对自己村庄独特文化的认同；另一方面，从观众欣赏和赞叹的言语和目光中收获自豪和自信。

每一个村民都是乡村的主人，艺术节的举办丰富和改变了他们的生活，面对艺术节来自全国各地的观众，他们的行为举止也在悄然改变，通过基于文化艺术的城乡交流，重塑了乡村的文明、和谐、敬业、友善的精神风貌。

（2）从艺术创生到文化传承。地域型艺术节不仅仅是一个设置在乡村的艺术展览，同时会基于本土文化展开丰富多彩的艺术创生活动。“艺术在浮梁”除了拥有高水准的艺术展览，同时多样化艺术创生活动，从“天堂电影院”到“美好的书”，从“茶章四梦”的儿童戏剧体验表演到“茶田落日音乐会”专业呈现，从精美的啤酒、咖啡、美食的快闪店到“拾八方”乡村文旅持续运营公司，艺术节给寒溪村注入了强大的活力，同时为众多年轻人返乡创业和就业提供了宝贵的机会，也为乡村文化建设和传承培养了必要的人才。

地域型艺术节介入乡村的过程，还对是对农民进行潜移默化的美学教育的过程，尤其是对乡村儿童的教育和成长产生了积极的影响。可以说，艺术节为孩子们打开了一扇认识多彩世界的全新窗户。以前，本村读书的孩子都很羡慕能被家里送到县城去读书的孩子，艺术节的到来，让留在村里的孩子有更多的机会参与各项活动，接触更多外来的艺术家和高素质的观众，还可以与一线城市来的孩子一起参加研学活动。孩子们的视野被打开，孩子们的生活也变得更加充实，现在，在城里读书的孩子，周末都要争着回到村里，感受艺术节给村子带来的文化氛围。青年和儿童是祖国的未来，也是乡村未来的希望，只有让更多的年轻人和孩子们真正热爱乡村，愿意回到乡村，中国的乡村文化才能得到很好的传承。地域型艺术节在中国乡村的实践，正是力图寻找一条乡村文化振兴的正确道路。

五、地域型艺术节在中国的展望

（一）地域型艺术节实现可持续仍面对诸多课题

地域型艺术节在中国的发展，是否具有可持续性，是否对乡村发展创造出实际价值是根本性的评价指标。实现可持续这一愿景，需要在政策性支持、良性的资本结构、知识产权保护、专业人才的培育、社会共建机制这五个主要方面实现突破。

第一，政策性支持。地域型艺术节因其公益性、社会性的主旨，决定了项目必须由地方政府主导。如前文所述，政府能否在决策阶段、实施阶段扮演好主角与配角至为关键。如类似浮梁县“乡村特派员”制度或更近一步、更具体的相关地方政策甚至国家级政策的推出，为地域型艺术节以文化艺术赋能乡村、助力乡村振兴政策依据和制度保障，开辟绿色通道、提供持续性护航。让政策可持续。

第二，良性的资本结构。地域型艺术节的实施往往依赖于政府的财政投入，无论是文旅口还是农业口，始终依靠政府资金，终究不是长久之计，更不符合艺术节可持续理念。在保持政府主导性的前提下，适时、适度科学地引入社会资本，设计好商业模型与利益边界是一个重要课题。此外也应探索开辟捐助、赞助路径以及设立公益性基金会的可行性，同时加强地域型艺术节的自我造血能力。让资金可持续。

第三，知识产权保护。文化、艺术、设计、创意在当今中国的社会发展阶段，依旧是知识产权侵权的重灾区，地域型艺术节的良性发展绕不开这个课题。地域型艺术节所沉淀的艺术作品、文化创生成果及其影响力和品牌，均属于举办地的文化财产。如何从知识产权层面对文化财产予以保护，政府要重视，知识产权机构、法律机构要参与，促成以地方政策、法律法规的方式予以保护，是对举办地文化资产的最大保护，同时也是深度开发、持续收益的根本保障。让知识可持续。

第四，专业人才的培育。地域型艺术节虽然以艺术为核心，也生发于艺术领域，但因其系统性、社会性、商业性等多维度特性，需要大量多学科、跨学科人才的加入，其中涉及艺术管理、文化研究、传播推广、营建设计、在地运营、活动组织、商业经营等诸多类别。与传统专业人才不同的是，地域型艺术节需要更多跨领域人才，尤其是需要加入乡村工作、在地工作的经验，这些都需要知识重组和再学习的过程。通过在职教育和短期培训或可解决一定的人才需求，但由教育机构开展课题研究，甚至设立专门的专业学科则更具长远意义。让人才可持续。

第五，社会共建机制。开放性是地域型艺术节的生命力之一，与更广泛的社会资源展开合作，发挥各自能力、实现彼此的价值是艺术节的期望。不论是本地资源，如手工艺人、创意青年、工艺作坊、酒店与餐厅、工程与制作单位等；还是来自都市的资源，如商业品牌、设计创意团队、文化机构、优势媒体和流量平台等。在这些林林总总、类型各异的资源线索中，地域型艺术节将扮演共建共生共创平台的角色，让各自发挥专业能力、付出社会责任、实现文化抱负，并分享声誉和流量，以交流的活力创造无限的可能。这些线索的连接，需要一个具体的机制，包括准入制度，包括协同的方法和技巧，包括共建共生共创的规则，包括法律性约束等方面。让资源可持续。

上述五点，是地域型艺术节未来可持续发展必须面对的课题，但不是全部问题，只有一个一个地解决，艺术节的在地生长才能蒂落花开，并不断迎接更多挑战。对于可持续的考虑，不仅是大地艺术节中国团队开展工作中需要解决的问题，更是所有基于地域型艺术节理念开展项目实践的人们必须面对并解决的。所以，这既是一项单体思考，也是一个公共课题。

（二）乡村振兴中对文化与艺术需求巨大发展前景可期

乡村振兴战略的持续推进，在中国是一项长期任务。围绕乡村振兴诸多任务需求而展开的乡村建设工作，基本离不开文化和艺术的参与，当大型城市发展面临瓶颈，尤其是超级城市发展放缓之时，大量的先进理念、超前视野、专业人才、优质资源势必寻找新的用武之地，广阔且极具成长性的乡村将承接这部分知识和资源的外溢。

地域型艺术节或及类似形式将在大量需求下应运而生，且大致会以两种形态存在，一类是从概念和模式角度采取模仿或借鉴的项目，在这类项目中，既不能否认基于坚持深耕与自主创新的优质项目和优秀团队的存在及其价值，也不能忽视草率描摹和移植照搬手法的短期行为混杂其中。另一类则是基于知识产权、品牌培育和系统资源导入，按照科学方法，遵循系统工程建设逻辑而开展的地域型艺术节项目，如通过正式授权与本土创新相结合的大地艺术节中国项目。此类项目由于地域型艺术节理念所决定，并不具备快速复制、大量复制的可能，因此在社会、市场和行业中呈现较低的占比。

无论如何，地域型艺术节将逐步聚合成为一种新的跨学科专业行动与产业形态，并沉淀为一种新的行业。在此起彼伏和良莠不齐中产生大量“内卷”，“内卷”促生进步并非坏事，而优质、专业、高标准、系统性、科学性、尊重乡村、尊重发展规律的项目最终将以其可持续性价值接受检阅。短期、拼凑、无视乡村文化实质与乡村发展真实需求的项目也将在强大的社会鉴别力前面临淘汰。

大地艺术节中国团队将以持续传播地域型艺术节理念、真切投入中国乡村振兴事业为使命，笃行不辍，以自身的点滴实践为地域型艺术节在中国的普及，为中国艺术乡建拓展、升级和完善贡献微薄的力量。

第四篇　异质同构的空间

——2020 年后民营美术馆的某些转向

尤　洋①

美术馆或艺术博物馆承担着博物馆的基础功能：典藏、教育、公共论坛等，同时在实践中侧重体现特定城市场域的社会学和文化学意义。东西方的美术馆在起源、基础设施条件、受众群体等因素不可一概而论，因此工作方法与产出会有所不同，但同样受到行业环境变化带来的影响，某些时刻会呈现出趋同的转向，例如科技发展促进美术馆的展示陈列方式。2020 年初开始席卷全球的新冠肺炎疫情因不同国家和地区的政府采用两极化的对应政策，也使文化事业政策环境出现了差异。经济增速下降期间，政府倾向将税收更多用于生存性支出而非文化扶植资金。在一些共有的趋势下，因各个地区的具体环境因素的动态强度不同，当设定美术馆相应的地缘范畴后，呈现出不同结构特征。自 2020 年至今，从事当代艺术的美术馆呈现出异质同构的转向特征，可从策划和输出内容、运营策略和制度以及对美术馆空间属性三个维度加以分析和认识。

据统计，截至 2020 年 11 月，我国在册登记为文化类民办非企业的美术馆为 920 家②，相较于 2019 年的 854 家③，增长率约为 8%，略高于 2018 年至 2019 年的同比增长率 7%④，相较于其他国家，我国民营美术馆在增长数量和增长率上保持着领先地位。但美术馆如雨后春笋在各城市设立的同时，一些遗留

---

① 尤洋，UCCA 艺术中心副馆长，广州美术学院新美术馆学研究中心研究员。潘姿甸亦为本文案例信息收集作出贡献。

② 前瞻产业研究院 . 2020 年中国私人美术馆行业发展现状分析［EB/OL］.［2020-11-09］. https：//www. sohu. com/a/430540325_473133.

③ 雅昌艺术市场监测中心（AMMA）. 数读中国私人美术馆运营之维［J］. 中国民营美术馆运营及筹建研究，2020.

④ 雅昌艺术市场监测中心（AMMA）. 数读中国私人美术馆运营之维［J］. 中国民营美术馆运营及筹建研究，2020.

问题并没有明显的改善，如专业理论的建设发展，美术馆运营资金的不稳定状态，以及专业美术馆人才团队的培养等。特别是自2020年初至今，在新冠肺炎疫情等环境因素的影响下，缺漏成为更为显性的问题，同时也看到美术馆管理团队尝试进行策略调整以应对，这就形成了这一阶段的具体转向。虽然我国登记为民营美术馆的机构数量众多，但其中从事当代艺术或当代视觉文化内容的机构数量占比并不高，如2019年此类美术馆为68家①，仅占全国民营美术馆数量的8%。从当下观众的兴趣导向、呈现内容丰富度和获取的社会影响力来看，从事当代艺术的美术馆虽然占比有限，但依然是民营美术馆范畴中最为值得关注和研究的对象。

本部分试图通过阐释美术馆类文化机构工作的环境因素，结合博物馆学、商业管理学、市场营销学、文化政策、社会事件等变量，通过理论与思维逻辑推导、案例分析总结，借以讨论后疫情时代的美术馆工作中的一些倾向。

在内容分析中，结合美术馆与公众的关系，美术馆作为公共领域的属性，当下突出的宣传营销方式，美术馆运营制度的变化趋势，以及展览展示行业的新倾向等进行梳理。案例和数据应用涉及美术馆与政府合作项目、企业合作项目、跨领域合作项目等，呈现平台涉及美术馆内艺术展览、城市公共艺术展览、网络艺术项目等。这些项目在三个方面相互联动：美术馆机构筹款、扩大影响力和品牌输出、探讨艺术形态发展，每个方面均涉及美术馆类文化机构的知识生产、运营效率、品牌成长、工作机制等环节。

一、变化影响与展览的转向

1. 最为显著的影响

自2020年以来，对于中国的民营美术馆，在财政收入和观众数量两端受到的影响最为显著。

美术馆财务收入的主要来源为运营收入、社会赞助、政府拨款、企业合作等模式。相较于国有（公立）美术馆，民营美术馆所获取的政府拨款收入比例较低，更多依靠自身拓展的各收入渠道，以及来自美术馆发起方的持续投入。虽然中国大部分在册登记为文化类民办非企业的美术馆尚未按照文化部和民政

① 雅昌艺术市场监测中心（AMMA）．数读中国私人美术馆运营之维［J］．中国民营美术馆运营及筹建研究，2020.

部要求①，对社会公开财务信息，但亦可通过对美术馆收入模型的分析得出具备参考意义的判断。

自2014年以上海K11购物中心CHI艺术空间举办的“莫奈特展”为节点，热门展览吸引到的海量观众（超过35万人）贡献了可观的门票收入（常规门票为100元/张）和展览纪念品收入（达到3960万元）②。北京展览市场有滞后性。但从北京今日美术馆发布的年度财务数据中可以得知，2017年门票收入达到947万元，占年度总收入的25%，相比较2016年同比占总收入的2%，增长约为12倍。③ 同年北京798艺术区举办的“Teamlab：花舞森林与未来游乐园”展览观众亦超过30万人，2018年北京红砖美术馆举办的“奥拉维尔·埃利亚松：道隐无名”，2019年尤伦斯美术馆举办的“毕加索：一位天才的诞生”等展览均吸引了大量购票观众，成为城市热点文化事件，美术馆据此获得的财务收益也成为行业内外猜想的热点议题。到2020年，与观众数量有着线性关联的门票收入和纪念品收入已成为部分民营美术馆重点依靠的收入渠道，并形成了国内美术馆策划明星艺术家的所谓“IP大展”的热潮。但随着新冠肺炎疫情的暴发，美术馆随所在城市防疫政策减少营业时间，或观众因为疫情防控期间的入场政策降低参观兴趣，使原计划内的运营收入锐减。虽然各民营美术馆鲜有公布2020年至今的年报，但根据媒体统计的全球博物馆观展人数数量，疫情防控期间减少聚集或文化空间关闭，以及国内不少民营美术馆将原先发布的IP大展取消或延期的情况看，基本可以推断出中国民营美术馆的观众数量亦经历了断崖式的变化。

根据《艺术新闻》统计，2020年全球观众最多的100座博物馆和美术馆观众数量为5400万人，2019年为2.3亿人，减少了76%。2021年全球观众增长为7100万人，但与2019年相比依然减少69%。其中2021年防疫政策较为严格的城市如巴黎、纽约、伦敦的代表机构观众锐减，相对于2019年观众数量，如巴黎卢浮宫博物馆减少71%，纽约大都会博物馆减少68%，伦敦泰特现代美术馆减少81%；防疫政策相对宽松的城市观众减少数量变化则不明显，如华沙皇

---

① 《文化类民办非企业单位登记审查管理暂行办法》（文人发〔2000〕60号），第十七条。

② 东方网. 购物中心文化艺术成热点　K11莫奈展衍生品收入3960万［EB/OL］.［2011-07-31］. http：//news. winshang. com/html/050/8862. html.

③ 今日美术馆. 2017年年报［R］. 今日美术馆官网，2017.

家城堡博物馆减少 7%，圣彼得堡俄罗斯国立博物馆减少 6%。① 相较之下，结合中国的防疫政策力度，巴黎、纽约、伦敦的数据对中国民营美术馆观众数量的变化更有参考意义。

从 2020 年初新冠肺炎疫情暴发至今，已经超过两年，中国民营美术馆或改变筹款模式，或通过裁员、取消部分项目等措施用于节流。另外，这些变化也不完全是被动的应对疫情，其中也蕴含着部分寻求变革的能动性，疫情的到来恰恰加速了这些进程。

2. 展览的部分转向

首先，“财务状况—观众数量”供需关系的变化，导致中国民营美术馆纷纷延期了商业收入为导向的 IP 式展览。部分美术馆决策者将原有的展厅档期、策展功能的员工、宣传广告从资源配置角度调整为更加侧重学术导向的展览和艺术项目。中国的民营美术馆行业从发展初期就具备“先天不足”的特征，如专业人才和运营资金有限，或者面对公众观众的宣传营销经验较少。这就造成了一种认识视角：一旦认为 IP 展览得以相对轻松提高收入，同时又规避学术研究策划能力的短板，进而可获取原先属于文化娱乐范畴的各界的主动关注，那么就在整体内容输出、美术馆品牌定位、团队人力资源上更多侧重为对 IP 展览进行类似与主题乐园式的文化企业导向营销。比如，将黄金档期用于展示 IP 展览，直接采购国外美术馆或艺术公司的展品租借和策展服务，将自身美术馆的研究人员岗位改为对接商业展览的项目经理岗位和营销岗位等。在争夺消费者的过程中，甚至出现了某些 IP 展览在临近时间内，在相同的城市中屡次举办的情况。这种现象造成了消费者的分流或困惑，也使国外艺术产业发达地区的美术馆对中国美术馆事业的专业性产生了一定的误区，同时并不利于美术馆核心的知识生产的长期构建。

在过去的几年中，一方面 IP 式展览在各地美术馆被大量引入，另一方面本地观众对优质文化内容的期待也在不断提高，观众不再满足于美术馆空间所提供的文化仪式般的感受，而更加寻求能够促进自身成长的内容。从社交媒体端的反应来看，在各美术馆的留言中，不乏观众对动辄上百元票价的 IP 展览提出的质疑。例如，国际艺术大师展览的策划导向更多注重拍照点位，而忽略其文化传播和教育功能；一些国外策展人不断同义反复地强调他者文化的优越性，

---

① 艺术新闻. 后疫情时代“博物馆的力量”在复苏，哪些博物馆参观人数在 2021 年位于全球前列？[EB/OL].［2022-05-18］. https：//mp. weixin. qq. com/s/8N01BUoJOQ9xalWN7Lg5bA.

却遗忘或不屑于进行展览主题与本地文化相关的研究；个别美术馆甚至有意营造一种文化快餐的氛围：购票—拍照—离场。这多少引起了观众、至少部分观众的不满，而网络社交媒体平台又使观众的声音得以传播。

将美术馆的功能按照内外部分来区分。内部是指美术馆最为核心的知识生产职能。基于美术馆平台的全部文化艺术内容，需要时刻考虑构成知识的意义，并且通过各类学术研究（如展览策划、研讨会、写作和出版、文献研究）等去推动专业知识的发展。在内部功能的受众层面，链接的是文化艺术专业人士。对于外部的美术馆，是去讨论美术馆的城市公共文化设施属性。美术馆何以成为一种社会关系的节点，并激发进一步的社会活动，成为维系社区或者各类人群的文化闲暇与文化教育导向的平台。从这个层面看，美术馆对于激发公众群体的有机潜力，去讨论和排演各样的社会文化关系亦是美术馆存在的重要前提。美术馆功能的内部外部是一体双面的关系，一方面这两者均体现了美术馆的文化责任与使命，另一方面这两个层面的实践工作在策略与微观实施中相互影响，构成了美术馆的综合型的意义与功能。

美术馆从本质上来说，总要面对“内—外”的问题。作为知识生产主体的美术馆，在实践过程中，如何在坚持其学术自觉与文化使命的前提下，与动态的社会环境因素协作，实现功能层面的有效和联动各领域的文化资源，则是一个长期需要被讨论、修订理论与工作方法论的问题。

一些民营美术馆从业人员对上述现象与美术馆文化职能之间的偏差，自 IP 展览模式初期就已产生警醒，但迫于决策管理制度或美术馆运营资金的实际问题，未能在美术馆的内容呈现中进行有效的权重调整。后疫情时代，美术馆的观众数量和观众属性呈现了明显的变化，那么如何做到美术馆内容如何有效连接所谓“内—外”观众群体，并且在内容输出权重上更回归于美术馆的文化职能，首要任务是对当下的观众群体进行分析，这样恰恰是美术馆运营理论中，总被屡次提及但并未深入讨论的议题。

从链接公众的角度和解决机构筹款的角度出发，IP 类展览的购买引入和呈现，在美术馆领域中具备其合法性。但需要进行两方面的优化：一方面是从公众观众的体验角度提高服务水平，包括展览展示的用户视角的建立，对美术馆以外那些已经具备大量观众的文化设施进行调研和思维意识的引入；另一方面是针对引入的 IP 展览进行结合针对本地观众文化情境的二次策展，提高内容的文化信息与美术馆自身学术定位的关联，引导观众从中在获得愉悦的同时，加强对美术馆品牌的文化认知。因此在面对这一类展览项目时，需要美术馆策划团队具备更加综合的知识能力，包括跨文化策展、营销理论和服务意识等。而针对更侧重于面向专业群体的展览项目，策划团队也需要有意识建立公众观众视角，调整美术馆作为文化权力机构的姿态，以与观众进行文化共构的角度增强共情，从这一点来说，则需要策展团队在专业内容的选题上更多关联公众观众自身的文化情境（见案例1）。在学术领域，无论是对于引入的IP展览还是美术馆自身策划的展览内容，是与观众产生联觉进行异质同构，还是进行单向的信息输出或过分侧重商业回报意图，这是自20世纪70年代以来的机构批判理论均涉及的文化机构道德和文化霸权等问题。

案例1："马克·夏加尔（Marc Chagall：Love and Hope）"西南首展，2021年4月10日至7月11日，A4美术馆，成都

现代主义大师马克·夏加尔在中国西南地区的首次展览于2021年4月10日在成都麓湖·A4美术馆正式开幕。通过对夏加尔艺术生涯的系统梳理和精心策划以及空间设计，美术馆团队选择从7个篇章呈现了夏加尔不同时期共155件非常具有代表性及艺术价值、创作时间跨越60年的经典原作。据统计，本次展览线下观众流量约4万人次，线上观众流量超过了420万人次。

本次展览中的特别策划——"我与夏加尔"公众作品展览，让公众有机会呈现基于马克·夏加尔或其作品产生的灵感，完成一次艺术审美、自我探索和自我表达的艺术体验，活动共获得超过120万人次的线上关注量，收到来自全国各年龄段参与者投递的近3000份作品，提高了本场IP展览中公众参与的深度与广度，与本地观众共构"我与夏加尔"的解读。

A4美术馆团队还面向不同类型观众精心策划了包含展期导览、专题讲座、艺术课程、互动体验在内的四大体验方案、七种深度内容。团队策划并开展了6次"非常导览"，分别邀请了包含A4美术馆馆长、本次展览策展人之一孙莉，以及书坊主理人、青年艺术家、人类学家、艺术治疗师、独立音乐人、社群组织者等身份在内的各类文化、教育领域意见领袖们，从不同的角度出发，带领并陪伴公众走进夏加尔的世界。还邀请到了权威的教授、学者从时代背景、绘画、视觉的不同维度切入，带来了三场高质量学术讲座。

除了“小小导览员”项目，儿童艺术馆还推出了戏剧、版画、即到即做体验系列工作坊。A4美术馆团队还开放与yà青年创造社群，和与品牌伙伴共创的“A4奇妙夜”，以及与大学、中小学、幼儿园的馆校合作项目，社区日项目等，更与一汽红旗、字节跳动携手推出了“马克·夏加尔”线上展厅。这些特别策划都让公众能从更多维度、更加深度地解读大师的艺术，优化了观众的展览体验。

二、观众走入美术馆的动机

“公众只走进那些价值观可以代表自身利益和符号系统的博物馆。”①

对于公众，美术馆和博物馆是让人们了解自身和异域的文化，知晓地理和遥远时空的地方，从缪斯神庙的起源来看，自始也是提供给公众审美愉悦的地方，因此自然带有链接公众的基因。艺术基于自身的发展，经历了前卫运动、概念艺术运动、波普艺术运动后，已经成为一种基于日常生活的“一般性的艺术”②，和每个人所经历的生活息息相关。按照景观社会的观点：“在生产的现代条件占据优势的社会中，生活的一切将自身呈现为奇观（景观）的无限积累，所有与直接经历过的事物都离去而成为一种再现。商品就是一切可以看到的事情，我们看到的世界就是商品的世界。”③ 以此推演，城市生活的另一大型公共空间——商场内，人们看到的是可以买的商品；在美术馆里，看到的则是无法购买的东西。“人与人之间的关系，发展为物与物之间的关系。”④这样看起来似乎人们应该天然地走入美术馆，去思考日常生活的意义，去唤起自身的有机意识，去成为更完整的人从而面对世界。

然而，事与愿违。相比较今天的各类大众文化场所，比如电影院，商场、音乐节、电视、剧场等，由于艺术语境与生活的异常相位，使得艺术往往对于

---

① ［美］詹姆斯·库诺．谁的缪斯：美术馆与公信力［M］．张婷，译，北京：中国青年出版社，2013.

② ［法］雅克·朗西埃．图像的命运［M］．张一兵，译，南京：南京大学出版社，2014.

③ ［法］居伊·德波．景观社会［M］．张新木，译，南京：南京大学出版社，2017.

④ ［法］让·波德里亚．消费社会［M］．刘成福，全志刚，译，南京：南京大学出版社，2014.

公众会过于抽象。特别是美术馆的氛围（空间、接待服务、视觉和文字等），又加强了公众对于艺术的隔阂感。在文化产品更为丰富的时候，公众往往会自动分流到那些更适合去产生闲暇愉悦感的场所。因此，对于大部分观众，在美术馆里看到的“艺术”，本质上和日常生活中所见的物品没有什么不同；但氛围的营造使观众即使购买了门票，在艺术展览中进行了体验，却很有可能不仅没有通过艺术链接起文化—日常—思考的体验系统，反而会增加内心的不安与愧疚。从这一点看，艺术和观众实际上进一步断裂了。

除了休闲文化导向和教育导向，博物馆和美术馆与民众之间还有另一个核心的供需关系——“艺术机构试图提供新的崇拜物，填补民众的情感空白，成为国民/城市/社区等共同身份的象征。”①但这个属性同样不是美术馆的特权。在今天，一个特色书店、超级商场、公园、短视频网站、网络兴趣小组等均可体现类似的功能，就像 20 世纪 60 年代英国城镇的社区酒吧或 90 年代的东京街道那些历史悠久的杂货店铺一样。

2020 年以来，一些美术馆尝试用文化节类活动，试图增强美术馆的社区属性或者吸引特定文化兴趣的青年观众群体，如成都 A4 美术馆自 2014 年每年举办的 iSTART 儿童艺术节，2020 年 11 月大悦城联合晓岛书店和 UCCA 举办的活页青年艺术节，2021 年 7 月北京今日美术馆引入的 abC 艺术书展，上海油罐艺术中心在 2021 年 9 月国庆假期举办的玩家节等，均属于此类活动，在短期内获得了强度较高的社会关注度。

根据国际博物馆协会（ICOM）正在修订中的最新博物馆定义，最显性的修改是在原有定义中“博物馆为公众提供教育、学习、娱乐”改为“为公众提供教育、娱乐、思考和知识分享。”② 也就是说，在美术馆知识生产核心的部分中，进一步强调观众所参与的共构，观众在过程中带来多元的视角，逐步形成展览内容动态化的异质同构（见案例 2）。

---

① 徐坚．名山——作为思想史的早期中国博物馆史［M］．北京：科学出版社，2016.

② ICOM（International Council of Museums）．*The ICOM Advisory Council selects the museum definition proposal to be voted in Prague*，［EB/OL］．［2022-05-20］．https：//icom.museum/en/news/the-icom-advisory-council-selects-the-museum-definition-proposal-to-be-voted-in-prague/.

案例2：“叱咤于街中”，2022年3月12日至5月15日，广东时代美术馆，广州

位于广州的时代美术馆2022年初推出的“叱咤于街中”展览，讨论和展示了20世纪90年代至“千禧”年初阳江及其周边的艺术实践和自我组织项目。并邀请艺术家设计展览空间：空间由一条跨越半个阳江城区的街道构成，建筑实体嵌入展厅，观众得以在街道、巷子、自建房之间游走和驻留。除了呈现出“千禧”年之交广东青年的街头生活，也勾勒出一个个相互交缠且具行动力的网络。在展览期间，本地观众可参与一系列关于本地文化发展的讨论会和城市行走项目。

因此，如何激发美术馆及其所呈现项目的文化产品属性，并从观众需求的角度预设链接观众，则是美术馆管理团队需要格外在意的问题。这一问题又涉及针对每个项目的特定观众群体需求进行细分，以及对内容呈现的方式——媒介的考量判断。

三、内容呈现的方式、媒介与营销

1. 方式与媒介

相比较经典的美术馆使用白色展厅烘托出宗教仪式氛围的展览方式，今天艺术项目的呈现方式与媒介更为多元。一方面，艺术家和策展人努力探索丰富的内容形式——表演艺术、空间沉浸装置艺术、声音、气味、算法与人工智能、基于生物科技的更细微的感官艺术，甚至原本是辅助介绍艺术的演讲和写作，自身也可以成为艺术；另一方面，艺术项目出现的地点似乎无处不在。美术馆外社会空间的在地项目、电台或电视台项目、行动的身体展示项目，特别是由于疫情近期被格外讨论的网络艺术项目等（见案例3）。这两个层面的发展变化，使美术馆迫切地需要相应更新的工作方式，从而避免采用后卫陈旧的方式，消解和损害艺术文化内容的效能。

例如，在新冠肺炎疫情期间，一些美术馆、画廊等艺术机构推出网络艺术项目。但工作方式仅是把无法开放的实体展览以图片、视频或者人工讲解的方式在网络上传播，对于呈现的质量、观众体验、网络平台的媒介属性缺乏把控

和考量，无法结合网络媒介的特性去激发艺术内容层面的更新，也因为图像质量、屏幕尺寸或拍摄角度的局限，无法传递出文化产品的内涵和引发观众的共情或满足感。因此，这类项目的属性应该更多列为艺术项目的网络宣传行为，而并非实质上的网络艺术项目。从对文化兴趣导向的网络观众而言，也未必就能够产生足够的吸引力，对于已被各类丰富的视觉信息裹挟的观众来说，反而降低了对艺术机构的期待。

案例3："UCCA园音'良乐'线上音乐会"，2022年2月29日，直播平台：快手

UCCA联合快手直播平台推出了"良乐"线上音乐会，邀请到九位风格迥异的音乐家进行了一场跨时空接力音乐会。其中6位参与者来自UCCA因疫情而停滞的展览和表演项目——"园音"。此项目强调即兴演奏，音乐家们以多元乐风全方位展现当下中国音乐的创造力。而"良乐"将"园音"原定的线下音乐会转移到线上，持续印证了艺术随时随地突破时空限制的活力，并且成功实现了艺术破圈，大规模提高了品牌曝光：快手平台直播当天累积观看人数300万人，峰值同时在线人数10万人，点赞100万次以上，累积回看人数607.4万人。UCCA、快手以及首席赞助上海滩三大平台共同宣传，总触达率超9.2亿人，其中三个热点话题阅读量达1.56亿人，更有单话题在直播后冲上微博热搜第19位，阅读数超过4600万人次。虽然UCCA尤伦斯当代艺术中心因疫情原因暂时停止"园音"线下展览与系列活动，但策展团队反应极快，选择突破以往的项目模式，率先尝试网络艺术形式——"良乐"线上音乐会。此次活动实现了美术馆项目由线下到线上呈现的创新，重新思考了打破美术馆空间局限，艺术在线上的新的表达方式。

2. 营销与文化本体

为了有效链接观众，需要引入营销学的理念与方式。但作为学术机构的美术馆，在本质上与大众流行文化工业产品不同，因此在营销宣传方式上要有维护和发展文化本体、谨记文化自律的考量。

"艺术机构首先关心的是产品（内容）的创造，其次是寻找合适的客户。"[①] 这就与那些先通过营销调研去了解消费者，通过营销广告去制造消费者，生产目标只是为了获得最大经济利益去满足消费者的文化公司有着本质上的不同。

但在实际工作中，这两类机构的逻辑区分也并非绝对的二元论，而是在不同层级逻辑的相互交融中展开。譬如纽约所罗门古根海姆美术馆或伦敦泰特现代艺术馆，在近 10 年来的展览策划评估权重中，门票与周边商品售卖的考量比重大幅上涨。全球范围内美术馆强调的"机构化"在运营逻辑上几乎可以更换为"企业化"。反之，提供大众流行文化产品的平台如快手抖音、电影电视节目等，为了增加自身产品的符号价值或为了吸引文化消费需求较高层次的消费者，也逐步开始生产出有更多文化含量的内容，同时在企业具备充足社会资金与各领域知识资源的条件下，这些内容的生产速度、内容品类的多元性、形式的更迭速度，均值得美术馆机构关注和研究。

从提高营销效果和增强艺术策划能力角度看，美术馆之间的联动合作也成为一种趋势。比如，国内几所从事影像门类的美术馆，包括长沙谢子龙美术馆、成都当代影像艺术馆、上海摄影艺术中心、北京三影堂摄影艺术中心在 2021 年发布了联动计划[②]，包括展览策划、巡展、联合营销、学术论坛和出版等内容。深圳设计互联美术馆与北京今日美术馆合作了著名设计师加埃塔诺·佩谢大型展览"人无完人"，并于双城举办（见案例 4 和案例 5）。

这一趋势可以归纳为三点主要的动因：（1）在运营财务压力下，试图提高展览的投资回报。比如巡展或联合制作展览均可在财务模型上降低边际成本，同时在多地举办展览亦可提高门票收入总额。（2）一方面，我国美术馆基数已经达到相当数量，另一方面，各地美术馆发展速度、区域密度和策划能力有着明显不同，少量城市有着大量丰富的当代艺术产品资源，各美术馆不得不提高宣传成本竞争周末的同城观众资源。在更多的城市，观众对当代艺术有着更为强烈的兴趣但本地当代艺术内容相对有限，这就促进了艺术内容资源的流动。（3）不同于一般性的商业艺术公司，美术馆团队天然期待自己所输出的内容能够链接更多的观众。上述动因要求美术馆进一步提高自身运营能力，如异

---

① ［加］费朗索瓦·科尔伯特．文化艺术营销管理学［M］．林一，译，北京：北京大学出版社，2017.

② 《推动中国影像艺术的价值：从私人收藏到全球美术馆》，澎湃新闻，2021 年 4 月 7 日，https：//baijiahao. baidu. com/s？ id＝1696352713841505135&wfr＝spider&for＝pc.

地策划和举办展览的能力、各地市场的调研和营销能力、合作项目中对彼此价值观的理解和沟通能力等。

除去展览，美术馆每年呈现大量讲座、对话等公共文化活动，基于疫情带来的不确定性，一些活动改为在网络上举办，这也为不同美术馆之间联合举办活动，共享策划人、讲者资源和广泛观众提供了空间，进一步突出美术馆的公共性和作为文化链接点的职能。

案例4："不完美·加埃塔诺·佩谢"，2021年10月1日至2022年2月27日，设计互联，深圳；"加埃塔诺·佩谢：人无完人"，2022年3月20日至6月30日，今日美术馆，北京

深圳设计互联美术馆与北京今日美术馆合作了著名设计师加埃塔诺·佩谢的亚洲首展——"人无完人"，于2021年、2022年分别在深圳、北京呈现，展览包括佩谢先生跨越半个多世纪、近100件独特作品，囊括了品类丰富的家具、产品设计、建筑模型、树脂画、装置和影像复刻、文献资料。

深圳站——"不完美·加埃塔诺·佩谢"展览——通过一系列线上活动对展览进行了预热，邀请到了佩谢先生本人进行了一场线上直播专访，观看人数达3万余人。该展览及佩谢先生还应邀请参加了751国际设计节的论坛活动，围绕其创作，探讨了当代艺术与设计之间的模糊界限。在公教活动方面，深圳站组织了4场"非常规炼金室"工作坊，邀请4名青年艺术家分别以陶、玻璃、纸箱、蜡为主题开展了工作坊。北京站——"加埃塔诺·佩谢：人无完人"展览——则举办了2场论坛、1场工作坊、1场518国际博物馆日线上云观展，以及一场Vogue专场活动。以正在展出的佩谢作品为原点，今日美术馆联合意大利驻华大使馆和意大利使馆文化处共同举办了以"沿着艺术与设计间的微妙界限"为主题的圆桌对谈，向艺术与设计之间的流动性这一主题扩展。携手《居上LIFENESS》共同举办"做个另类思考者"主题论坛，邀请来自建筑、艺术、收藏、设计与媒体等领域的5位"另类思考者"进行深度探讨。还推出了"人无完人"展中系列材料工作坊，制作佩谢展览专属图案的簇绒作品。

本次合作展览获得了广大观众的喜爱，深圳站在9月25日至9月30日为嘉宾预览期间共计有6000位观众参观，正式展览期间共计4.3万人参观。北京站线上云观展观看人数2328人次，点赞13803次，线下展览自3月开幕以来，虽然受到了新冠肺炎疫情影响，截至5月25日累计参观人数仍达1.5万多人。

案例5："UCCA Lab与苏州尹山湖美术馆'生活之内Insight&Vision'苏州特展"，2021年4月28日至7月10日，苏州尹山湖美术馆，苏州

UCCA Lab与苏州尹山湖美术馆于2021年联袂呈现了艺术展览"生活之内Insight&Vision苏州特展"，讨论复杂的都市社会生活中的符号语言与符号价值，也探讨古今历史、生活内外、艺术与日常等中的链接之径。其中三位创作者的作品来自原在UCCA Lab展出的"生活之内——Jya艺术项目2019"，通过艺术装置、家具设计和声音的元素，描绘对于生活内外的感受，从各自的实践视角揭示生活内部的精神，照亮现实生活。特别单元"径"中邀请了五位青年艺术家对苏州地区、特别是园林闹市的文化风貌进行了不同角度的调研后进行创作，延续了中国艺术现当代转换的路径特征，试图链接古今苏州城市文化与当代艺术创作。在空间设计方面，艺术家、策展人与设计师共同讨论、规划了作品之间的关系路径，呈现出展厅中内容与视角均丰富的动态现场，激活了不同层次的展览体验。展览期间参观人流共计约11.2万人次，总触达率超1亿人次，其中微博、微信、小红书等社交媒体曝光量近4000万次，观众自发在社交媒体平台为展览传播自然流量。

四、作为公共领域和机构化的美术馆

1. 美术馆的公共性

每个美术馆的所在社会阶段、内容生产定位、诞生的动机不同，也就造就了其意识形态与机构文化形象上的独特性。但无论各种形态的美术馆，均承担着社会公共空间的职能。

按照哈贝马斯对于公共领域的观点："任何人都有权利对美术馆的展览进行评判，审美价值应该通过自有的讨论来确定。"① 然而对于今天的美术馆，我们可以看到观众的发言权依然有限。虽然一些美术馆沿用了留言簿、沟通邮箱、社交媒体账号留言等渠道，但今天公众（特别是城市和年轻公众）参与公共生活的讨论，早已经有了更为普遍流行的形式：短视频弹幕和评论留言、朋友圈、追随意见领袖的媒体渠道等。因此，美术策划的内容以及这些内容所在的场域如何去引导公众产生有机的讨论，就需要尝试采用更符合用户习惯的方式和渠道。

随后有一个更为深层的问题出现了。名义上作为公共领域的机构，从意识层面或许要思考自身是否真正地希望公众参与到内容层面的讨论。美术馆管理人员善于认可很多艺术家的精英文化意识，理解其创作的目的并非使得公众观众发生兴趣。在很多展览的组织和传播过程中，我们可以明确地感受到美术馆与艺术家牢牢站在了一起，去捍卫和保护艺术家的核心价值观。但美术馆或许不应该是艺术家完全意义的同盟者，而是应该站在艺术家与公众之间。

因此，且不讨论美术馆是否有能力去运用新的技术和渠道去链接观众，对于一些美术馆来说，虽然是公众象征性地付费购票就可以进入的场所，但依然不是真正的公共领域。与之相对的是，在一些消费性主导的流行文化领域，如短视频平台、摇滚流行音乐、体育比赛等，由于沟通和评论的便利，当用户到达了一定的量级，就相对容易引发不同知识结构储备的公众产生不同观点的交流和辩论，传播出大量没有结论，但具备潜力的讨论。作为面对公众与未来的美术馆，这一点在深层的意识层面，也是值得审视与修订的。

2. 机构化的美术馆

如果说强调美术馆所强调的机构化，在运营制度上已经接近企业的形态，那么与商业企业为追求投入效率所主张的规章制度优先于个体创造的方式，依然与美术馆有着本质不同。美术馆在本质上，自身的运营和内容生产也是一个创造性的过程。那么如何协调这两者的差异，就要首先意识到机构化的背景与动力。

---

① ［德］尤尔根·哈贝马斯. 公共领域的结构转型［M］. 曹卫东，译. 上海：上海学林出版社，1999.

比如，来自政府和私人基金会的财政拨款减少，与之对比是艺术展览的制作费用和获取观众的成本上升。那么对于美术馆团队在拓展筹款（如门票营销、展览衍生产品、品牌合作等）、供应商议价（甚至也包括指导艺术家议价）、以协作方式获取观众和宣传资源等方面的能力要求就更高了，以及对于美术馆内带有不同工作目标、不同价值观的各团队的协作效率，也随之需要进阶。

对于企业的某些工作方式，明显适用于美术馆机构的文化艺术项目，可以直接引入使用。比如，在策划和实施过程中，从政治环境、经济水平、社会风俗、科技发展、环境条件、法务政策因素评估展览和其他类型文化项目的内容策划、财务收支、宣传推广、实施质量、观众互动等方面工作，会明显增强投入产出的把控力。同时在每个项目的内容策划的学术和各专业领域上，则尊重知识人才的专业意见，并尝试拓展不同工作团队的知识广度和工作视野，提高认知结构从而改善沟通效率。

从经济环境角度看，近年来经济增长速度变缓，美术馆获得的来自企业的赞助款项相应减少。对于企业而言，削减了用于直接支持艺术发展的赞助费用，但同时增加了企业内容生产的预算费用。这些内容导向往往与营销、获客、提升品牌文化符号价值、梳理企业自身文化相关。当谨慎建立起恰当的合作模式后，艺术机构的介入，一方面可使企业项目在内容上更加专业，同时也为美术馆获取筹款、使用企业宣传资源扩大影响力，和结合企业专业领域进行艺术实践三个层面上有所突破。在过去的十余年中，中国民营美术馆与企业合作已经有了大量经验，各地美术馆的筹款构成中，有相当高的比例来自企业合作费用。

另一方面，政府文化部门与民营美术馆之间的合作项目近年来呈现出上升趋势，这体现了民营美术馆机构化工作方式的成熟、双向的开放度和国家对于民间文化事业的重视，呈现出“同构”文化现场的趋势。比如尤伦斯美术馆受798艺术区管委会委派策划的798艺术节、组织雄安新区举办的当代艺术展，大理自治州举办的“影像中的共和国进程”展览（见案例6），参与深圳市政府主办的深港城市建筑双年展策划等①。

① UCCA尤伦斯当代艺术中心官网：www. ucca. org. cn.

案例6：“影像中的共和国进程——798艺术节主题展大理双廊站”，2020年9月22日，云南省双廊镇南诏风情岛码头艺术中心，云南双廊

UCCA与北京798艺术区管理委员会、大理市双廊古镇景区党工委、大理市双廊古镇景区管理委员会于2020年在云南双廊镇联合主办了“影像中的共和国进程——798艺术节主题展大理双廊站”展览，通过回顾中国电影发展历程中的精彩片段和集锦，立体化呈现新中国取得的辉煌成就以及社会各方面发生的巨大变化，让观众重温珍贵的历史细节并从中看到中国电影技术和观念前进的足迹。影像资料与文献的共时性是展览特点之一，本次展览不仅有根据五个阶段划分的中国电影史、文献与设备展示、容城石国增收藏的幻灯片展映、电影中的艺术、阅读区等内容单元，还深入结合了云南当地的文化艺术，通过梳理云南电影发展历程，展示云南大理的文化风貌、文化特色和独特的地缘性对于云南电影的影响，激发当地观众与展览的共鸣。本次艺术与美景的结合是北京798艺术区与双廊的首次“握手”，也是探索文化艺术与旅游融合发展模式的良好开端。

五、美术馆的“新”与观众的“新”

“美术馆产生‘新’也需要‘新’。美术馆是展示‘新’的机器，生产今日本身的机器。”①

从人类社会自20世纪70年代进入后工业时代以来（中国则是2000年后加速发展，目前中国的大多主要城市已进入这一时期），在生产模式和经济模式的双重作用下，消费商业文化已经嵌入各个地区、各个社会阶层、各个文化领域中。作为一种表征，原有的一些差异消失了。比如当文化生产成为文化工业生产，那么从葛兰西时代被提出、布尔迪厄时代加之理论化的，文化产品消费选择体现了阶层差异的系统似乎也不复存在了，那么高雅和大众文化的产品符号价值上的差异也消失了。但实质上，这不过是这种差异从二元论发展到了新的阶段，比如从消费文化产品的多样性程度上，依然可以体现出不同群体的差异——较高阶层的人可消费大众文化产品，也需要更多审美知识储备的产品；

① ［德］鲍里斯·格洛伊斯. 艺术力［M］. 杜可柯，胡新宇，译. 长春：吉林出版社，2016.

但较低阶层的人只能欣赏大众文化产品。对此，一些美术馆为了链接尽可能多元的观众群体，也在尝试输出大众文化产品。

于是某些时候我们看到了一种矛盾：美术馆团队习惯性地强调自己在知识、美学见识和阅历上高于普通观众，去捍卫某种过时的社会阶层价值观，但又不得已通过各方面的设施和活动改革，去吸引和容纳更多的观众走入美术馆以完成工作目标。更值得留意的是另一种矛盾：为了揣摩和迎合公众的需求，美术馆的特别展览和建筑变得越来越昂贵，获得高展览票房的同时却忽略学术建设，导致专业观众群体的逐渐离去，也会使专业知识资源枯萎，从而使美术馆的发展趋势偏向于呈现展览产品的文化产业公司。

需要指出的是，虽然美术馆期待观众的学习动机，同时顾及文化休闲导向，但也需要留意不同群体观众的标准化和差异化动机。今天的文化产品消费者不仅仅是被动的受众，他们期待是消费体验的共创者。一些观众积极参与到展览的志愿者工作，在网络艺术项目中积极评论并期待被关注，遇到策展人时的交流意愿，均是这一动机的直接体现。因此，对于很多观众而言，展览不是中立的存在。美术馆提供了一个舞台背景，需要在一定程度上邀请观众去上演某种表演。“即现代博物馆权威的、教谕的和制式的沟通风格、转变为商量式的、建构的、非制式的后现代博物馆沟通风格。”①

自 2020 年以来，部分民营美术馆已经专门组建团队对此进行实施，如上海昊美术馆的 How Plus 项目，北京尤伦斯美术馆的 UCCA Lab 项目，北京木木美术馆的木木社区项目等。这类项目在其美术馆的提高财务收入、扩大影响力和实验新形态项目中，均取得了显著的成效。我们也可以乐观的想象，如果这一措施可以持续有效，相对于体制更为坚固的公立美术馆而言，将会有更多的民营美术馆加入此行列。

更为宏观地看，自 2007 年以来，中国民营美术馆从建馆数量、面积规模和观众来访等数据均高速成长②，但美术馆理论并未随之有效发展，面对展现出新形态、新内容的美术馆现场，也需要总结和应用相应新的理论和工作方法。

如中国各地的新美术馆不约而同地侧重建筑设计的艺术性，鉴于中国各地的美术馆兴建热潮，政府部门也开始明显加大对美术馆事业的政策扶植力度，同步主导提高美术馆评估标准。2007 年举办的全国美术馆工作会议上，文化部

---

① 张子康，罗怡．艺术博物馆：理论与实务［M］．北京：文化艺术出版社，2017．

② 根据民政部中国社会组织公共服务平台统计数据。

提出未来计划规范美术馆的建筑标准，以及对现有（公立）美术馆进行专业评估，加强美术馆硬件建设的同时提高公共文化服务水平，保障人民群众的文化需求。①

相对于公立美术馆而言，民营美术馆实践更多依赖核心管理团队或核心人员的个人经验与知识结构层面，在美术馆的战略制定和运营，尚无系统性的分析框架与分析方法，同时缺少有效的理论支持。这造成了民营美术馆发展的一定困境，这些困境均可视为对“美术馆作为异质同构空间”的认知的不足。

第一，对于美术馆作为整体性的“空间”表征认知不足。如随着核心人员变更，民营美术馆在经营方针和文化研究等重要使命上无法长期持续，具备强烈的不确定性与不稳定性，使近数十年来美术馆工作无法呈现有效的学术突破和知识生产，美术馆有成为一般性的城市文化休闲设施的趋势，各个地区各个规模的美术馆从功能到内容呈现出同质化倾向，也使观众对于美术馆行业的认识产生了偏差与误读。

第二，对于美术馆硬件空间与软件空间的认知不足。美术馆管理团队或对美术馆运营实施影响的外部人员缺少系统性的分析视角，无法从美术馆的综合功能和旨意深入实施美术馆在各维度的文化潜力，并且一定程度上造成了管理团队对于自身工作的困惑和价值观的飘摆，同时反向加强了团队的不稳定性，导致行业人才流失。特别是近年来，随着民间资本和政府扶植政策的持续加大投入，部分新晋美术馆在场地设施上已经逐步达到世界一流水平，管理团队越发对传统博物馆学、美术馆学中对于运营标准和技术分析已经具备了相应的认知和实施能力，但对于如何结合社会学、文化研究等领域的最新成果，把握当下动态的行业环境与观众需求，挑战美术馆运营中出现的体制僵化和面对多元观众时所展现的霸权态度，亦则相应不足。

第三，对于美术馆空间的动态特征认知不足。在民营美术馆长期所面临的资金来源不稳定或有限的情境下，管理团队无法有效洞悉观众需求变化与跨文化、跨知识领域的研究方法的动态发展，缺少对自身工作成果的多维度评估，因此对于资金、人员、场地等美术馆资源配置未能达到优化，同时会滋长个人主义与利益输送的空间，影响美术馆作为学术公正平台的功能与社会形象。

在追求创新的过程中，不同于一般意义的商业艺术公司，美术馆在面对新

---

① 王璜生．国际美术馆发展策略研讨会发言与讨论纪要（摘自中国美术馆馆长范迪安发言）［J］．大学与美术馆：作为知识生产与文明体制的美术馆（总第1期），2010.

业务（也是开创新形态空间）需要着重把握内容的专业性和学理问题。比如从2020年起，在媒体环境和市场层面热议的“区块链数字作品”或“数字藏品”交易话题，2022年起热议的“元宇宙”话题，由于本质上是出于商业拓展需求，寻找更为优质的视觉形象资源，尝试与美术馆博物馆建立商务合作，同时艺术机构期待从中扩大影响力或获取更多筹款资源，也对此充满期待。但此类项目目前往往遭受两极化的评议，也是值得关注的一个现象。在评议端持保留态度的主要观点，大多是对于数字作品艺术质量与期待之间依然有着显著偏差。在笔者的调研中亦感受到，部分艺术机构策展人和艺术家对区块链平台的创作展示，相较于2020年已有了更为清晰的判断和思想方法，但显性的问题如下。

1. 市场政策环境与海外不尽相同

作为结果体现在二级市场交易形式、作品单体市场价值和定义话术上。目前美术馆类机构整体而言对此领域的应用比较谨慎，需要在严格遵守我国相关法律框架下展开摸索。

2. 数字藏品平台技术端口相对单一

目前国内主流平台展示的作品形态基本为电子图片和CG视频两类。对于一些形态更为丰富的数字艺术，缺少相应的平台技术端口对接。虽然我国在数字应用技术上发展迅速，但恰恰是由于简单内容形态的数字作品销售良好，平台方因此尚未产生整体技术升级的内在动力。

3. 专业领域人才储备不足

数字藏品领域团队的专业能力较上一代美术馆从业人员有着明显不同，一方面需要具备包括数字艺术、区块链思维、相应理论的艺术和技术知识；另一方面需要具备数字平台的运营和销售经验。部分美术馆针对此领域，已经有意识地根据业务能力组建专项团队，这亦可看作在2020年后，美术馆行政制度和人力资源层面的一种转向。

数字技术、仿真空间、未来的美术馆空间形态，自20世纪70年代以来在社会学、新博物馆理论等知识体系中已经产生过大量讨论，但在国内美术馆领域，目前对此进行的理论研究相对不足，这就造成了一方面数字藏品项目往往是由更具备商业导向的团队所主导的局面，另一方面也对公众造成了一些认知上的偏差。如数字藏品的范畴中数字艺术藏品只是其中的类别之一，但往往将数字藏品等同于数字艺术藏品范畴；或将使用艺术家授权的视觉形象作为设计元素的数字藏品认为是数字艺术藏品；或者一些美术馆或艺术家只是把数字作品作为展览项目的辅助型筹款工具或者招揽观众的宣传素材，忽略了其中蕴含的艺术潜力，以及作为异质同构空间的可能性。

作为另一种近年来被美术馆广泛应用的平台，直播、短视频成为自2021年起较为突出的一个方面，如请“网红”介绍展览、举办论坛讲座活动等。同时在商业资本推动下的新兴企业，包括短视频、电商、自媒体、科技企业等，由于竞争和追逐商业利润的驱动使然，自身运营和厂牌的更迭速度相对很快，这在某种程度上亦带动了观众群体的审美习惯的变化，比如图像的生产—展示—传播方式、参与互动和评论的方式等。对于艺术机构而言，也需要对这些展示和传播平台进行关注，通过自身的不断更迭继续前行，成为今天当代生活的一部分后，去展示“新”和生产“新”。

哲学家丹托认为后艺术史时期，艺术会非美术馆化，会和生活更紧密①。在未来，生活越发快速，人们越希望把握过去（今天也更容易成为过去），因此博物馆美术馆类的文化机构就可能会越受到观众的欢迎。同时更加注重建筑外形与内容的美术馆与民众之间，也可能会在成为社区膜拜物的供需关系上逐步加强。

六、结束语

“但愿此博物馆向其观众揭示一种有关我们自身的普遍之美。”②

现代美术馆的兴盛与同时代的工业繁荣并驾齐驱，在今天社会整体的快速转型中，美术馆需要把握时代机遇，对社会发展、行业环境、观众渠道、内容生产等领域进行梳理、总结与预判，据此发展和完善工作方法。在2020年以来的疫情影响下，艺术机构项目在网络平台的应用格外引人注目。并根据目前的信息，有大量的此类项目目前尚在策划筹备阶段，未来或许会成为后疫情时代的一种新常态。按照笔者观点，网络应用无疑是今天时代技术特征不可忽视的一种艺术项目的创作和展示传播媒介，但实体的内容也不可能被网络或拟像形态来取代。当环境外部因素的作用变强时，就更需要美术馆从机构本体、特别是文化的自律上来进行判断与回应，以避免出现上一个时期的一些现象——一些美术馆一味地跟风所谓“网红展”，竭力打造仅为了票房收入但缺少深入研

---

① ［美］阿瑟·丹托．艺术的终结［M］．欧阳英，译，南京：江苏人民出版社，2005.

② ［美］大卫·卡里尔．博物馆怀疑论［M］．丁宁，译，南京：江苏美术出版社，2014.

究的流水线展览产品。从长期看这类不谨慎的做法，对于美术馆机构形象或品牌价值的损耗是不可逆且严重的。

美术馆对于公众观众和业内观众（也包括美术馆团队人员自身），既提供了直接性的知识（感性的），也提供了描述性的知识（历史性和文字梳理性的），以“认知模式（结构模式）”① 的方式进行表述。知识的研究、组织、阐释、呈现、传递、反馈则需要结合新时代的各个特征，包括观众、技术、展陈方式等因素进行考量，判断行业环境与文化逻辑的发展趋势，从而展示知识结构性的多样性和丰富性。

出于业务转向和对工作方法的讨论需求，2020 年后各民营美术馆之间的交流明显增多，不同城市的机构团队分享和探讨美术馆在时代转向中的定位与经验，试图更为全面地梳理今天民营美术馆所承担的社会角色与功能。

另外作为美术馆工作的软件——专业理论来看，自 2020 年以来也呈现出积极趋势——青年学者从事此领域研究的热情明显增多，特别是对于“异质同构”的美术馆空间视域的关注。总体而言，空间理论和各学科视域下的空间学自半世纪前建立以来，发展较快。与之相对的是，空间理论虽然近年来在我国市政规划领域和新闻传播领域得到了一定重视和应用，但结合博物馆美术馆领域的理论拓展，相对不足，目前在海内外学术期刊网站中鲜见相关研究。结合当下中国民营美术馆的发展现状的理论讨论，更未获得相应的重视。

自 20 世纪 70 年代以来，基于博物馆学的美术馆学在欧洲和美国已经有了较为清晰的规范和逻辑。然而，中国的美术馆所在的时空与社会地缘情境不同，因此对于中国美术馆和从事理论工作的人员来讲，所面对的是基于地缘性的新问题和新探索。当下部分学者已经有意识地从社会学、人类学、建筑学等学科中汲取思想，结合所在现实尝试拓展出新的研究方法和学科理论。比如在“新美术馆学”的研究视域下，已涌现一些直接和间接讨论至美术馆异质同构空间问题的专著付梓。如刘希言在《建构与思辨：艺术博物馆陈列方法论研究》（2021）一书中梳理了艺术作品的陈列模式以及其背后的动因逻辑、陈列方法与空间意义的关联②。苏典娜在《缪斯的双重性：论精英化与大众化在艺术博物馆的博弈》（2021）中指出，空间结构在此研究课题下是一种“神殿、百科宫

① 王璜生．作为知识生产的美术馆［M］．北京：中央编译出版社，2012.

② 刘希言．构思与思辨：艺术博物馆方法论研究［M］．桂林：广西师范大学出版社，2021.

殿与剧场”的集合体[①]。博物馆和艺术史学者李军与巫鸿等，均以空间化的视角进行艺术史研究，如《可视的艺术史：从教堂到博物馆》（2016），《“空间”的美术史等》（2018），提出20世纪后期，对“空间的关注”得益于空间理论在20世纪中期的蓬勃发展，在美术史研究呈现出“空间转向”的表征。

作为知识生产的美术馆，一方面的意义在于总结；另一方面也是指通过对环境的观察，对知识本身，对自身的工作本身进行批评与修正，形成再生产。[②]同时，作为公共领域的美术馆需要成为一个真正鼓励讨论和思辨的场所，邀请公众在实体空间和网络平台谈及和引述各自的知识，将他们在生活中的阅读、观看、聆听，成为自身身份构建的通道。在今天，作为中国美术馆事业中不可或缺的民营美术馆，任重道远。

① 苏典娜．缪斯的双重性：论精英化与大众化在艺术博物馆的博弈［M］．石家庄：河北教育出版社，2021.

② 朱青生．作为知识生产的美术馆［M］．北京：中央编译出版社，2012.

金融发展

艺术精品由于其历史文化价值和独特性、稀缺性，具有较高的经济价值和金融属性。同时，艺术品异质性较强，收藏投资专业门槛较高，信息不够透明，流动性不足，这给艺术品金融服务带来一定困难。最近20年，随着中国艺术品市场快速发展，中国艺术品金融市场成为全球探索创新较为活跃的区域。本模块讨论艺术品租赁、艺术品贷款和艺术品保险等模式以及问题，为艺术品金融发展提供启示和借鉴。

第五篇　艺术品租赁业务探索

——以北文艺术为例

吴　桐[①]

艺术品租赁是文化艺术机构先购买本土年轻艺术家作品，再将其租赁给公共部门、公司等的业务。本部分探讨的艺术品租赁模式基于以艺术品租赁为主营业务在探索艺术品数字化、金融化等商业性模式的创新混合型模式。

一、艺术品租赁的产生与发展

西方一些国家和地区，如加拿大、澳大利亚、英国、德国、瑞士和挪威等国都有艺术品租赁业务。在亚洲，韩国艺术品租赁业务发展已经初具规模。这些国家和地区的艺术品租赁业务具有以下特点：第一，既有政府主导，也有民间商业机构运作。其中政府主导的艺术品租赁业务的宗旨是扶持本土有潜质的年轻艺术家，推动本土原创艺术品市场的发展，倡导美学教育，让艺术品走进日常生活。而民间机构其业务更多与商业性经营相关。第二，对复合型人才的培养与需求。艺术品租赁业务需要很强的市场营销和创造收益能力，其人员少而精，大多是艺术、市场和技术方面的复合型专业人才，运营专业高效。第三，多样化盈利模式。其业务包含艺术品租赁、艺术品授权、艺术品衍生品销售等，同时也有一些展览与展示的业务。

虽然欧美国家艺术品租赁盈利之路漫长且艰辛，但在经营上都取得了不错的成绩，这在某种程度上可归因于欧美国家的美术教育、艺术品消费习惯与规范的艺术品资产评估体系等环境优势。在欧美国家，艺术品美育深入人心。在加拿大，近四分之一的青年人会在闲暇时间通过观览艺术品开展消遣活动。艺

① 吴桐，北文投北文数字（北京）文化科技有限公司总经理，艺术品金融资深从业者。

术品租赁业务较为成熟，但并不能因此认为单一的艺术品租赁业务的模式在商业上已经成熟。欧美学者在广泛调查中得出的结论是，商业的艺术品租赁只在很有限的范围内存在，和汽车、房子的租赁相比，其具有市场小、租赁作品价格低廉等特点。在欧洲，艺术品租赁项目大多接受补贴，且租金低于应有的市场价格。①

近年来，互联网的发展推动了艺术品租赁市场发展，艺术品展示、推广的效率大幅提高，经营艺术品租赁的商业机构不断涌现。例如，有机构租赁版画或衍生品，在不影响原作的情况下以租代售的模式使艺术家在市场得以推广并取得收入。与实体艺术品销售相比，电商租赁服务不仅下单、送货、换货更加方便快捷，而且重视客户的体验。同时，利用科技手段将现实与虚拟结合，打造多业态的艺术品体验场景，为租赁业务增加了新的附加收入。

例如，世界上规模最大的机构收藏者之一——德意志银行，其艺术品业务主要由四个部分组成：第一部分是网络化的收藏体系规划，借助多年艺术收藏运作的经验与国际化网络平台，为客户寻找高质量且保值的艺术品，并以网络为基础，为客户规避交易风险。第二部分是价值保存规划，为客户提供全功能、全链条且包含价值评估、艺术资产修复、运输等服务。第三部分是未来规划，业务主要内容为遗产继承。通过巩固遗产所得、遗产拆分达到价值最大化等方式提供可行的建议。第四部分是收藏管理，借助专家管理，为客户确立收藏观念，提供艺术品交易建议与信息，并提供代理操作等服务。摩根大通银行则以丰富的当代艺术品收藏为基础，针对收藏品与珠宝、航空器、船只、古董、汽车等非传统收藏品与传统收藏品，提供专业的财产管理与增值、财产转移与保护等服务，扩展了艺术品租赁的业务范围。

二、北文艺术艺术品租赁业务创新

北京是中华人民共和国的首都，是全国政治、文化、国际交往、科技创新的中心，在城市建设方面飞速发展，已经成为世界级的国际大都市。2014 年 2 月，中共中央总书记习近平考察北京时对北京的核心功能作出过明确的城市战略定位，即坚持和强化北京作为全国政治中心、文化中心、国际交往中心、科

---

① 黄隽．艺术品金融——从微观到宏观［M］．北京：中国金融出版社，2015.

技创新中心的核心功能，这为北京市的发展指明了方向。根据世界城市研究权威机构全球化与世界城市研究网络在2018年的排名，北京在世界一线城市中位列第四，这为文化艺术市场的转型升级奠定了坚实基础。

北京文投集团艺术品租赁业务（以下简称北文艺术）正是在国家文化产业大发展、大繁荣时期和北京“四大功能”当中加强“文化功能”建设的战略定位下孕育而生的。北文艺术隶属于北文投集团，在北京市宣传部领导下，以艺术品租赁、艺术品交易、艺术品投资为核心业务内容，实现艺术品全产业链的构建及艺术资源的整合，提升文化软实力，践行文化建设的创新发展。

艺术品租赁业务的第一个大型项目落地在长安街沿线的某保险大厦总部。络绎不绝的参观民众惊喜地发现一系列当代优秀艺术家的作品——以“天书”系列闻名的艺术家徐冰利用环保材料制作的大型装置《富春山居图》、央美教授苏新平的大幅油画作品《风景》、著名雕塑家隋建国的不锈钢喷漆作品《长沙的沙》等。金融机构的空间拘谨而严肃的印象被突破，观众直观地感受到了艺术带来的人文关怀和情感连接，文化承载于有形的建筑，更是一种无形的精神气质，高品质的展览与艺术呈现。

北文艺术团队通过在公共空间精心策划和组织红色主题展览等弘扬社会主旋律，满足企业和机构对于艺术品位提升的需求，为群众提供高品质的精神文化生活。以整体展览为艺术品租赁标的，结合红色主题与企业内部的党建活动相结合的形式，同步起到党员学习、员工教育、客户精神文化熏陶培养等多方面作用。展览现场气势宏大，感染力强，将新中国成立以来波澜壮阔的历史以直观的形式展现在企业的空间内部，得到了企业员工及客户的一致好评。

城市艺化率指在城市公共建设中公共艺术品的占比率，城市艺化率可以作为一个城市文化发展的特征体现，也是一个城市现代化程度的文明指标。为提升城市艺化率，我们需要深度挖掘地方文脉特色、提供精品文化服务、打造差异化多元化的公共文化空间，为城市公共空间艺术氛围的提升与老旧街区改造等城市更新项目提供丰富且具有专业性的公共艺术内容与服务。

北京市望京商圈核心地段的望京小街为望京乃至朝阳区发展的脉搏，因此在改造中更强调艺术、文化与时尚相结合的元素，强调潮流艺术与尖端技术的结合，我们通过艺术品租赁的方式把具有国际性、科技性的艺术品租摆到街区并定时更换，实现了大件艺术品成本高、更换难等问题。以白塔寺为代表的胡同文化在改造时采用“政府+市场”的创新性模式，对白塔寺文化遗产资源和既有载体进行保护性改造，旨在打造白塔寺独特文化历史品牌，我们为北京特有的胡同文化量身定制，通过和艺术家共同策划实施，让古都有了新的文化生机。

注重服务内容多样化与差异化，服务品质化与品牌化，突出各区独特的文化艺术资源，增加城市公共空间艺术氛围是城市艺化率的重要目标，也是符合我国国情的文化艺术发展途径之一。北文艺术用生动实践贯彻落实了习近平总书记提出的坚持文化自信、艺术扎根人民、满足人民文化需求、推进社会主义文化强国建设的要求与希望。并努力将优秀艺术体验植根于社会，通过建立科学合理的艺术品筛选制度，加强针对性艺术展出等实践，宣扬正能量，加强公众艺术教育。

三、我国艺术品产业发展愿景

（一）国家高度重视文化艺术品发展

国家发展规划提出要实施文化产业数字化战略，加快发展新型文化企业、文化业态、文化消费模式，繁荣发展文化事业和文化产业，提高国家文化软实力。2021 年 11 月，习近平总书记在主持中央全面深化改革委员会会议时强调，要加强文物保护利用和文化遗产保护传承，提高文物研究阐释和展示传播水平，让文物真正活起来。艺术品租赁是传播我国优秀传统文化，塑造崭新社会形象的重要渠道。

《北京市推进全国文化中心建设中长期规划（2019—2035 年）》提到“打造汇聚老城文化精髓的博物馆群”的建设目标，确立了建设“博物馆之城”的战略规划。国家文物局、国家发展改革委、人力资源和社会保障部、商务部、文化和旅游部、市场监管总局六部门联合发布《关于加强民间收藏文物管理促进文物市场有序发展的意见》，提出支持民间文物收藏者开办非国有博物馆。北京市文物局《关于北京市“十四五”时期文物博物馆事业发展规划》中，也鼓励推进社会力量兴办博物馆，推动非国有博物馆高质量、差异化发展。鼓励各方力量发挥各自优势，依托文物遗址、历史建筑、工业遗产、农业遗产、文化景观和非物质文化遗产等设立博物馆。丰富文化体验功能，使人民群众更好感知中轴线遗产、体验中轴线文化。

从中央到地方，各级政府纷纷出台建设民营博物馆的支持政策。北京大力落实首都全国文化中心建设中长期规划，实现好文化艺术对于其他行业的赋能提升作用。作为全国文化中心，北京需要以城市发展政策为动力，以博物馆建设为抓手，提高城市艺化率，满足社会文化发展需求，实现文化大发展、大繁荣。

（二）艺术品金融市场方兴未艾

艺术品投资包含艺术品托管、艺术品抵押融资、艺术品基金与艺术品信托等，艺术品鉴定、艺术品保险与艺术品仓储物流等也是艺术品租赁的业务链条。应当采用多维度手段实现艺术与金融资本的有效结合。通过嫁接金融手段，以资本为运作方式，使艺术品发挥自身的投资功能，建立健全艺术品市场的全产业链条，实现艺术与金融资本的有效结合，增强艺术金融化。

由于艺术品的特殊性质，金融投资难、流动性差等也是国内艺术品市场存在的主要问题之一。变现委托周期长，退市困难等问题也亟须解决。

北文艺术在初期业务基础上，进一步深入艺术品鉴证备案、资产管理及投资等服务，不断累积市场化经营经验，组建和完善专业团队，提高行业竞争力，为客户提供优质服务，吸引更多有实力的合作伙伴参与文化产业建设，推动文化市场全要素发展。依托北文艺术的专业资源与权威度，借助合作银行和保险公司的强大资金实力、客户基础、营销渠道，使艺术品质押这一新模式真正运转起来。

未来中国的艺术品产业将汇集艺术品数据中心、艺术品财富管理中心、艺术品金融中心、艺术创作孵化中心、艺术传媒中心、艺术品拍卖中心和艺术商业中心等多项职能，采用向社会公开征集的方式，通过线上及线下同时选择、征集买入广大收藏者或艺术家手中比较优秀的作品。通过完善的艺术品租赁流通机制，让政府部门、企事业机构都能够通过这一渠道，对各类艺术品进行租赁展出活动，提升艺术品社会曝光率。这不仅能够直接活跃我国艺术品市场的氛围，更能够为我国新生艺术家提供更多的机会。

中国艺术品产业需要建立一个强大且完善的艺术品市场基础数据库，让所有重要的艺术品的交易、流通和收藏都可以在基础数据库里边找到详细信息，配备专业的人员并联合第三方机构，借助专业的数据库为有需要的组织和个人提供权威的评估报告，让鉴定、评估、仓储、变现等问题被解决。

通过将艺术品金融化、资产化、证券化，引导创造新的商业模式。通过制定针对性高、操作性强的运营规则，进行艺术品的收购、收藏与销售，以及艺术品的鉴定、复制、拍卖、信托、保险、交易、授权等服务，搭建艺术家进入艺术市场的管道和桥梁，确保各方的利益，实现双赢甚至多赢。还可以通过收藏、保值、增值各省级、国家级至世界级的优秀国粹，将收藏、展览、拍卖、创意、论坛融为一体，整合全球艺术品的创意力、文化力、品牌力，建成文化艺术产业全球数据库。真正实现引导文化产品的理性消费，推动我国艺术品的资本化、产业化、大众化。

（三）艺术产业数字化前景广阔

2022 年 1 月，国务院印发《“十四五”数字经济发展规划》，明确提出要发挥数据要素作用，加快数据要素市场化流通，并推进产业数字化转型，培育转型支撑服务的良好生态。提升艺术品数字化水平也是目前促进文化产业转型升级，培育文化新产业新业态新模式的重要内容。

我国艺术消费品市场经历近 20 年快速发展，市场规模与发达国家成熟市场相比仍然存在明显的差距。受新冠肺炎疫情影响，艺术品市场有所收缩。行业两极分化严重，线下艺术消费市场几乎停滞，但线上的市场势头正旺。以书画、油画、装饰画、雕塑摆件类为例，三万家行业相关企业中有两万多家处于活跃状态。电商渠道近两年处于逆势上涨的趋势，新平台（如抖音等）也尝试进入，且已有部分企业产生规模效应，艺术市场数字化正在悄然改变人们的文化生活。

目前中国处于高质量发展阶段，这个阶段必然会推进大众消费向高质量生活阶段去迈进。艺术从小众化转为大众化或者艺术品从收藏化走向消费化是大势所趋。艺术消费品属于精神类产品，中国具有庞大的艺术消费品市场基础。

当下，国内艺术品行业发展已经开启了艺术产业数字化未来发展的大幕。在 3~5 年，整个艺术品市场和艺术品产业的发展，正面临艰难的传统业态转型期。传统的线下展览模式正在不断走向直播化、数字虚拟化与区块链化，行业发展联合信息数字媒体技术，不断打造艺术产业领域的“数字+”。

以艺术电商为例，传统的艺术电商关注对客户资料与需求的精准管理，新艺术电商则更加关注客户的征信与信用管理。因为传统交易平台无法给交易客户提供公信力，导致客户无法对交易平台产生信用，从主观层面限制了客户的大额消费。基于数字化的综合性服务平台与丰富的行业经验，未来平台为客户提供的增信等综合服务，让客户敢于、乐于在平台上开展大宗交易，刺激了艺术品市场的快速发展。当征信与信用管理的功能使客户感到有强公信力，客户会选择下单购买高客单的艺术品。在数字化综合性服务平台，艺术品交易可以通过鉴证备案溯源、评估鉴定确权以及集保等综合性的措施，增加交易过程的信用与公信力，加强对交易过程的实时监管，让客户体验到安全交易的环境氛围。数字化综合性服务平台的另一大服务特色是加强针对性，更强调艺术金融服务，为客户的艺术品交易提供金融支持。比如佳士得、嘉德等拍卖服务平台，均提供财务服务。艺术品数字化过程中，加强金融服务是不可缺少的一环，是平台综合性服务实力的体现，而不仅仅满足接洽、沟通方面等服务。平台向数字化的转型给整个综合服务平台提供了越来越强的公信力，而多方面增信能力的提升是综合服务平台总体公信力发展的坚实基础。

数字藏品是一种基于区块链技术的数字化凭证，具有唯一、不可分割和可追溯等特性，可用来标记特定资产的所有权，具有收藏价值和现实资产属性。清华大学新闻与传播学院新媒体研究中心最新发布的《元宇宙发展研究报告2.0版》指出，数字藏品需求驱动因素有四个，分别是价值储藏、人文认同、生产要素配置和社交货币。因此，通过数字加密技术为数字藏品、数字艺术品、数字版权等数字资产提供创作、铸造、收藏、交易、经纪等服务，不仅让消费者能更好地体验到收藏的乐趣，也能让数字藏品 IP 更好地融入人们的现实生活，实现数字艺术品的大众化，满足社会的美育需求。

从文化角度来说，数字藏品是科技赋能与文化 IP 巧妙融合的产物，将文化收藏品数字化并完成上链，成为一种独特的存在。同时它能提供数字文化版权保护并提高其转化效率，还增强了数字文创内容的互动性，更重要的是，它能够对其进行标记生成唯一数字凭证，有效保护发行者版权和消费者权益。在此前提下，形式新颖多样，科技感十足且价格适中的数字藏品必将成为元宇宙“大生态”下的新增长点。在未来将联动更多艺术家持续推出更多独具民族特色、富含传统底蕴的优质作品，用数字手段展现中国文化魅力。

从市场角度来说，我国数字藏品市场现仍处于初期阶段，但前景十分广阔。数据显示，虚拟形象 PFPNFT 的发展已经远远超越了简单的数字藏品，以虚拟形象为主的收藏品成为 2022 年数字资产和元宇宙领域最亮眼的赛道。从明星到企业、数字藏品的数字资产价值及其背后区块链技术的确权价值得到广泛肯定，这些都有利于推动国内数字藏品基础设施走向全面建设。

目前，我国数字藏品企业超过1000家，从产业链可划分为版权方、发行方、底层技术提供方以及交易平台，贯穿数字藏品的铸造、交易与流转完整的生命周期。在现有元宇宙与IP联合运营的热潮下，根据数藏中国数据，对海外现有700万名交易用户规模与我国潜在用户、境外现有平台与我国交易平台进行测算，预计我国数字藏品交易市场将在2~3年达到500亿元到800亿元，潜力巨大。

对艺术产业来讲，科技的赋能无疑是美好的，但适用性与安全性至关重要。科技融合的迅速发展，可能是一把“双刃剑”，既可以促进产业发展进步，也可以带来伤害，如果监管不到位，如金融科技的发展，就可能带来“庞氏骗局”。所以，在发展艺术产业数字化时，要重视科技融合发展带来的正向推动作用，另外，在评价科技融合发展效果方面也要及时，科技监管方面要到位，要大力发展监管技术，防止艺术泡沫出现。

四、发展艺术品租赁的思考

艺术品租赁作为艺术文化市场的一个重要形式和发展趋势，对于发扬本土文化、活络文化市场、满足多元需求等发挥重要的作用。与此同时，我国的艺术品租赁业务的发展仍然处于起步阶段，机遇与挑战并存。

（一）抓住机遇期，活用利好政策

我国艺术产业正处于快速发展阶段，面临着交易的机遇期。当前中国作为世界第二大经济体具有强劲的经济实力，日渐壮大的富裕中产群体有着巨大的消费能力和艺术消费潜力，因此文化艺术品投资市场得以快速成长，整体行业已经初具规模。同时，文化产业作为国家支柱性产业之一，得到了多方面的政策扶持。

《中华人民共和国国民经济和社会发展第十四个五年规划和2035年远景目标纲要》中明确指出，要坚定文化自信，完善文化服务体系，健全现代文化产业体系，大力推动文化消费。随着艺术品金融化、数字化的进程逐步加快，艺术品市场准入门槛的下降使普通民众也能够进入市场，扩大了消费群体，在刺激文化产业消费上拥有巨大潜力。2022年初，北京市文物局发布《北京市“十四五”时期推进国际文物艺术品交易中心建设规划（2021—2025）》，提出要以推动文物艺术品产业高质量发展为主题，以深化供给侧结构性改革为主线，以文化创意、科技创新、产业融合等为新生发展动能，全面推进艺术品交易市场蓬勃发展。目前我国艺术品产业存在监管不到位、制度不完善、体系不健全等问题，深化供给侧结构性改革，加快艺术品产业全产业链运作，联合市场与政府，是重要的发展课题。由国家文物局、国家发展改革委、人力资源和社会保障部、商务部、文化和旅游部、市场监管总局六部门联合出台的《关于加强民间收藏文物管理，促进文物市场有序发展的意见》也提出要聚焦社会文物重点难点和改革发展等问题，为新时代民间文物收藏和市场监管、服务等奠定了工作基调。构建民间藏家博物馆群落，以艺术品租赁这种新兴形式可以充分释放文化艺术产业的势能和动能，更好地调动资本的力量在市场上推广。

（二）直面劣势，缩小市场差距

虽然近年来我国文化产业发展较快，但与欧美等文化消费发达国家相比仍存在较大的差距。文化软竞争力不足，艺术品市场不完善，消费结构不合理，相关的配套设施政策不完善，艺术品市场长久发展基础不牢。艺术品估价与监管困难，相关法律保障缺失，艺术金融专业人才匮乏等一系列的难题亟须解决。我国服务业始终存在大量事前审批与部分行政垄断现象，文化市场综合性服务业存在一定滞后问题。这要求政府部门、艺术协会、金融部门、艺术群体、收藏家、美术机构等协同合作，在借鉴外国先进优良的艺术市场和金融产业管理模式和经验的基础上，结合我国经济社会发展的实际情况，发展出一条适合我国艺术市场发展的路径。

（三）加快创意脚步，多方联动

《“十四五”文化产业发展规划》中提到，要加快发展新兴文化业态，改造提升传统文化业态。艺术品租赁业务自身有着丰富的艺术品典藏价值，应借助媒体渠道与商业模式增强艺术品的商业性价值，将其打造成颇具品牌效应的商业推广点，将艺术品的艺术价值合理转化为经济价值。可以以“上云用数赋智”为行动方针，推动线上艺术品交易综合平台的完善，加快线下与机构、个人收藏家等客户的有效沟通，推动艺术品产业全面转型升级，提高核心竞争力。通过收藏机构与社会性组织机构的跨界合作模式，通过艺术作品所属机构或者艺术家个人的授权模式，结合社会商业营销生产企业，实行产研结合，促进艺术品文化创意化、商品化的模式，加快相关文化产品的生产营销，实现产业化的互利共赢。促进艺术衍生品的创新开发能够提升民众的艺术素养和文化感受，满足民众对不同文化产品的需求，实现服务大众、回归大众、文化大众的当代使命，提升我国城市文艺率，拓展艺术品租赁的品牌价值与社会意义。利用文化产品的金融化，鼓励社会层面各类经济资本流入，促进文化市场经济的繁荣发展。并在此基础上利用“互联网+艺术品”等网络平台与数字艺术产品，释放民众的文化消费潜力，降低艺术投资市场门槛，满足民众对文化艺术品市场的需求。艺术品市场大众化的发展趋势，能够使更多民众接受到艺术熏陶，使艺术品交易市场中个人交易者、收藏家数量呈上涨趋势，刺激我国艺术品市场，乃至文化市场的消费力，加快市场转型升级，构建艺术品创新发展的生态体系。

（四）升级运营模式，产学研联动

作为艺术文化市场的一个重要形式和发展趋势，艺术品租赁业务具有多重经济和社会功能，有助于文化产业的繁荣和发展，因此，我国高度重视这一艺术、经济等多元的特殊集合体。需要整合公益文化基金，联合各类艺术机构，政府机关、科研机构参与共建，吸引文化事业单位、社会文化学者、艺术家共同支持和参与的艺术平台，努力打造产学研多元化的合作模式。同时持续完善艺术品金融业务的监管、审查等制度，避免文化市场泡沫化、大面积平台失信等现象的再次出现。文化艺术市场当中的版权问题也应该在市场运行当中加以重视，由于艺术品具有艺术价值和商业价值的双重价值性，如何在保持其艺术价值的同时开发其商业价值是未来我国艺术品金融行业需要研究的重要课题，因此也要适度加强对此类新兴产权交易的监管力度，提升我国版权方面的软实力，为未来进军国际市场打下坚实的版权基础。《“十四五”数字经济发展规划》中提到，要不断做强做优我国数字经济，为构建数字中国提供有力支撑。文化部、财政部、中国人民银行联合发布的《关于深入推进文化金融合作的意见》指出，鼓励银行、保险、投资、基金等机构联合采取投资企业股权、债券、资产支持计划等多种形式为文化企业提供综合性金融服务。在这些政策红利的推进下，艺术金融化、艺术商业化等趋势也应当快速推进，增强我国文化国际软实力，增强国际竞争力。

（五）提高城市艺化率，促进艺术品金融化

在提升社会美育水平基础上促进消费，加快艺术品金融化的脚步。根据马

斯洛需求理论，人们在满足基本生活需求的基础上会不断追求其他需求，精神追求作为高等级需求会随着社会发展的不断深入而逐渐反映在市场当中。一个城市艺术文化发展的程度能够从侧面反映出城市文化与城市经济，是城市竞争力的软动力，是城市创新力的硬指标。艺术走进生活，深入人民大众的过程就是艺术品与现实社会结合的过程，是传统与现代的结合，是过去与未来的碰撞，有利于提高人民大众的精神境界达到艺术水平。① 艺术品租赁能够以低成本、低投资、低风险的优势帮助客户降低运营风险，提升场所文化氛围。在艺术品被广泛租赁、展出后，机构乃至城市的艺术气息会有明显提升，有助于推动文化产业融入新型城镇化建设，促进区域文化产业的协调发展，有助于提升机构、个人的艺术品消费需求，促进各方资本涌入艺术品市场，在加快艺术品金融化的同时，提高了消费力，又更加促进了城市的艺化率。城市艺术氛围作为一种文化现象，不仅具备文化艺术价值，还具有社会价值，承担相应的社会责任。北京作为我国文化中心，加快艺术品交易市场的建设有助于深入了解北京城市文化的内涵与精华，以更开阔的眼界挖掘北京历史当中的精神，契合城市发展目标。

（六）加速艺术品交易，提升文化软实力

艺术品作为我国文化市场当中重要的一环，其快速发展也能够作为我国文化软实力发展的重要因素。根据联合国教科文组织的审议，北京在 2012 年成功入选全球创意城市网络项目，作为设计之都，在国际上提升了北京乃至我国的文化软实力。2022 年 2 月北京市承办的第 24 届冬季奥林匹克运动会，也为世界对我国文化了解提供了窗口。我国艺术品交易同样能够为国外了解我国优秀的传统文化提供一个内容丰富的平台。以艺术品为文化载体，我国历史悠久的文化底蕴必然也能够传播到世界各地，在收获了骄人的成交额后，也能够受到世界各个组织、机构、个人收藏家的艺术尊重，提升我国文化软实力。

随着我国金融业加大改革力度，对外开放持续深入，艺术品金融的道路也会越来越顺畅。我国经济社会文化等方面的发展、国家政策的鼓励、民间机构的不断探索，使艺术品金融业务在国内已经具备了良好的成长环境。我们相信，在自身努力和社会各界的积极帮助下，通过不断健全法律支撑体系、完善制度保障、拓展业务渠道等手段，一定能够打造出富有中国特色的艺术品金融业务新未来。

---

① 张世英．艺术生活化、生活艺术化［J］．中国文艺评论，2015.

第六篇　艺术品贷款与艺术品保险

马学东①

一、国外艺术品贷款市场

艺术品贷款是从20世纪80年代开始在美国兴起的。最早开展这种业务是美国的私人银行，随后欧洲的私人银行也开始为高净值客户提供此项服务。绝大多数的艺术品收藏家并没有把他们收藏的艺术品视作一种资产，只有极少数的高净值客户有用他们收藏的艺术品来寻求资金流动性的需求。因此，艺术品贷款市场发展得较为缓慢。

21世纪后，随着艺术品市场全球化时代向纵深发展，全球艺术品市场的交易量从2005年的2820万件增长到2021年的3670万件，成交额从2005年的359亿美元增长到2021年的651亿美元。② 超高净值人士逐渐在他们整体的资产投资组合中增加对于有形资产尤其是艺术品的配置比重。与此同时，艺术行业内的画廊和其他艺术品经营者和机构以及超高净值人士对艺术品贷款的需求也有了明显的增长。因为用艺术品贷款可以使画廊、艺术品经营者和收藏家能够利用他们经营和收藏的艺术品获得更多的资金，增强他们资产整体的流动性，同时又可以避免在艺术品市场行情下行周期内被动地出售他们持有的艺术品。因此，画廊、画商以及艺术品收藏家们对于艺术品贷款需求的同步增长使全球艺

---

① 马学东，艺术理论学博士，中央美术学院艺术管理与教育学院外聘教师、中央文化干部管理学院特聘教师，研究方向是艺术管理学、艺术市场学、中国近现代美术史。目前任职于嘉德投资控股有限公司，担任投资部总监。

② 资料来源：《2013欧洲美术基金会艺术品市场报告》（*TEFAF Art Market Report* 2016）第23页，《2021艺术巴塞尔和瑞士银行艺术品市场报告》（*The Art Market* 2021：*An Art Basel& UBS Report*）第25页。

术品贷款市场开始发生质变。

（一）艺术品贷款的机构分类

目前有三类机构在开展艺术品贷款：第一类是私人银行、商业银行以及财富管理公司：例如花旗私人银行（Citi Private Bank）、移民银行艺术金融（Emigrant Bank Fine Art Finance）、德意志银行私人财富管理（Deutsche Bank）、高盛（Goldman Sachs）、J. P. 摩根私人银行（J. P. Morgan Private Bank）、摩根士丹利财富管理公司（Morgan Stanley Wealth Management）、美国信托（U. S. Trust）、美国银行（Bank of American）、北方信托（Northern Trust）和梅隆银行（BNY Mellon Private Bank）等公司。

德勤公司 2012 年开始出版《艺术金融报告》。① 根据 2011 年至 2021 年报告的数据：2016 年这些私人银行的艺术品贷款的规模为 130 亿~150 亿美元，2017 年的规模为 170 亿~200 亿美元，② 2019 年的规模为 180 亿~200 亿美元，2020 年的规模为 189 亿~210 亿美元，2021 年预计的规模为 207 亿~230 亿美元，德勤 2021 年的艺术金融报告预估 2022 年私人银行和财富公司的艺术品贷款规模为 226 亿~251 亿美元（见表 6-1）。③

表 6-1　私人银行和财富公司的艺术品贷款规模　　单位：亿美元

年份	艺术品贷款规模（估算）
2016	130~150
2017	170~200
2019	180~200
2020	189~210
2021	207~230
2022	226~251

① 德勤艺术金融报告下载网址：Art & Finance report-highlights in the art market ｜ Deloitte，目前该报告关于全球艺术品贷款市场规模是从 2016 年开始统计的。该报告已出版 2011 年、2013 年、2014 年、2016 年、2017 年、2019 年和 2021 年，共 7 次报告。另外，该报告并未将中国乃至亚洲的艺术品贷款市场数据计入整体统计。

② 2017 年的数据在《2017 德勤艺术金融报告》（*Art & Finance Report* 2017）没有披露，该报告的 154 页指出美国 2017 年艺术品市场贷款规模是 170 亿~200 亿美元。因此，最终的年度统计没有将 2017 年的数据统计在内，后面的整体规模也未统计 2017 年。

③ 数据整理自《2016 德勤艺术金融报告》《2017 德勤艺术金融报告》《2019 德勤艺术金融报告》《2021 德勤艺术金融报告》。

这些私人银行和财富管理公司向艺术品贷款的客户收取的平均借款利息会在伦敦银行间拆借放款利率（Libor）的基础上增加1%到3%不等。①

第二类是专门做艺术品贷款的融资公司和网站。例如纯美术集团（Fine Art Group）、格里芬艺术伙伴（Griffin Art Partners）、艺术资本集团（Art Captical Group）、雅典娜艺术金融（Athena Art finance）、艺术金融伙伴（Art Finance Partners）、博若奢侈品资本（Borro By Luxury Asset Captial），艺术贷款网站（artlending. com）等公司。

从表6-2中可以看出，2016年这些专门做艺术品贷款的公司和网站的艺术品贷款规模为70万~12亿美元，2019年的规模为10亿~17亿美元，2020年的规模为12亿~21亿美元，2021年预计的规模为14亿~24亿美元，2021年的艺术金融报告预估2022年的规模为17亿~29亿美元。②

表6-2　专门做艺术品贷款的公司和网站的艺术品贷款规模　　单位：亿美元

年份	艺术品贷款规模（估算）
2016	0. 007
2019	10~17
2020	12~21
2021	14~24
2022	17~29

就贷款规模上而言，这些专门做艺术品贷款公司和网站显然无法和全球知名的私人银行和财富管理公司相比，它们的规模只有私人银行和财富管理公司贷款额的十分之一。不过，这些公司和网站收取的艺术品贷款的平均利息要比私人银行高，它们收取的利息通常在伦敦银行间拆借放款利率的基础之上（LIBOR）再增加7%~15%。③

另外，从贷款规模的平均增速来看，2020年专门做艺术品贷款公司的贷款规模的平均增速为21%，而私人银行和财富管理公司的艺术品贷款规模的平均增速仅有5%，④ 这说明在新冠肺炎疫情继续肆虐全球的期间，私人银行和财富

① 《2016德勤艺术金融报告》第81页。

② 数据整理自《2016德勤艺术金融报告》（*Art & Finance Report* 2016）、《2017德勤艺术金融报告》（*Art & Finance Report* 2017）、《2019德勤艺术金融报告》（*Art & Finance Report* 2019）、《2021德勤艺术金融报告》（*Art & Finance Report* 2021）。

③ 《2016德勤艺术金融报告》第81页。

④ 《2021德勤艺术金融报告》第196页。

管理公司收紧了它们的艺术品贷款规模。因此，原属于私人银行和财富管理公司的艺术品贷款需求转移到了专业的艺术品贷款公司。

第三类是全球大型的艺术品拍卖公司，例如苏富比（Sotheby's）、佳士得（Christie's）、美国遗产拍卖（Heritage Auction）、富艺思拍卖（Phillips）、宝龙拍卖（Bonhams）等。

2016 年艺术品拍卖公司的贷款规模为 10 亿 ~ 14 亿美元，2019 年的规模为 13 亿 ~ 19 亿美元，2020 年的规模为 16 亿 ~ 23 亿美元，2021 年的规模为 19 亿 ~ 27 亿美元，德勤 2021 年艺术金融报告预估 2022 年的规模为 23 亿 ~ 33 亿美元（见表 6-3）。[①] 艺术品拍卖公司收取的平均利息是在伦敦银行间拆借放款利率（LIBOR）的基础之上再增加 5% ~ 7%。[②]

表 6-3　艺术品拍卖公司的艺术品贷款规模　　单位：亿美元

年份	艺术品贷款规模（估算）
2016	10 ~ 14
2019	13 ~ 19
2020	16 ~ 23
2021	19 ~ 27
2022	23 ~ 33

根据以上对三类艺术品贷款机构的分类统计，综合来看，2016 年这三类艺术品贷款机构总的艺术品贷款规模合计为 140 亿 ~ 176 亿美元；2019 年的规模合计为 203 亿 ~ 236 亿美元；2020 年的规模合计为 217 亿 ~ 254 亿美元；2021 年的贷款规模合计为 240 亿 ~ 281 亿美元，德勤 2021 年的艺术金融报告预估 2022 年的贷款规模合计为 266 亿 ~ 313 亿美元（见表 6-4）。

表 6-4　2017—2022 年全球艺术品贷款总规模　　单位：亿美元

年份	艺术品贷款总规模（估算）
2016	140 ~ 176
2019	203 ~ 236

① 数据整理自《2016 德勤艺术金融报告》（*Art & Finance Report* 2016）、《2017 德勤艺术金融报告》（*Art & Finance Report* 2017）、《2019 德勤艺术金融报告》（*Art & Finance Report* 2019）、《2021 德勤艺术金融报告》（*Art & Finance Report* 2021）。

② 《2016 德勤艺术金融报告》第 81 页。

续表

年份	艺术品贷款总规模（估算）
2020	217~254
2021	240~281
2022	266~313

（二）借款人分类

这三类艺术品贷款机构的贷款主要流向两类借款人：第一类是私人收藏家，第二类是画廊、画商以及艺术品经营机构。从贷款的规模上私人收藏家的借款规模要远远大于画廊和画商的借款规模。

2019 年私人收藏家的贷款规模达到 183 亿~212 亿美元，占借款机构总贷款额的 89%~90%；2020 年的贷款规模达到 195 亿~228 亿美元，占借款机构总贷款额的 89%；2021 年的贷款规模达到 216 亿~253 亿美元，占借款机构总贷款额的 89%~90%；2022 年的贷款规模预估会达到 239 亿~282 亿美元，占借款机构总贷款额的 89%~90%（见表 6-5）。①

表 6-5　私人收藏家艺术品贷款规模　　单位：亿美元

年份	艺术品贷款规模（估算）
2019	183~212
2020	195~228
2021	216~253
2022	239~282

从表 6-6 中可以看出，2019 年画廊和画商的贷款规模达到 20 亿~24 亿美元，占借款机构总贷款额的 10%；2020 年的规模达到 22 亿~25 亿美元，占借款机构总贷款额的 9%~10%，2021 年的规模达到 24 亿~28 亿美元，占借款机构总贷款额的 10%，2022 年的规模预估会达到 27 亿~31 亿美元，占借款机构总贷款额的 9%~10%。②

① 《2021 德勤艺术金融报告》第 196 页。
② 《2021 德勤艺术金融报告》第 196 页。

表 6-6　画廊和画商的贷款规模　　单位：亿美元

年份	艺术品贷款规模（估算）
2019	20~24
2020	22~25
2021	24~28
2022	27~31

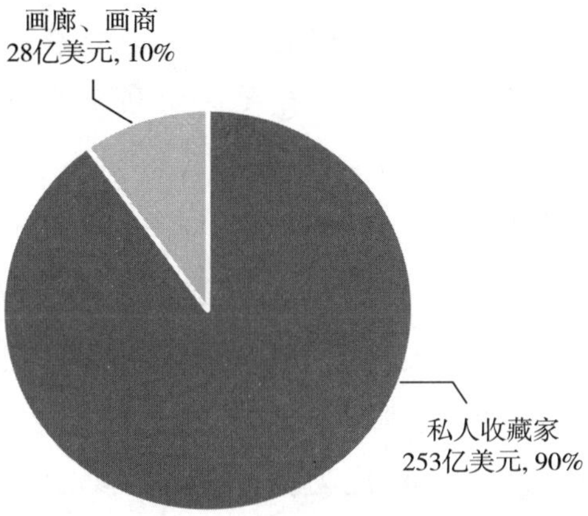

图 6-1　2021 年私人收藏家和画廊、画商艺术品贷款规模比例

（资料来源：《2021 德勤艺术金融报告》）

（三）艺术品贷款的分类

艺术品贷款可以细分成两类：一类是艺术品质押，另一类是艺术品抵押。

艺术品质押贷款是资金需求方以艺术品作为质押物，向金融机构或类金融机构、拍卖公司提供质押担保，从而获得贷款的一种方式。而艺术品质押贷款与艺术品抵押贷款有本质性的区别，这种区别在于是否转移对借款方担保艺术品的占有；质押由质权人负责对艺术品进行保管，涉及艺术品占有权从出质人（借款人）向质权人（贷款人）的转移，而抵押则仍由出质人保管质押艺术品，在艺术品抵押期间，艺术品占有权无须转移给质权人，这种方式并不会影响出质人拿作品去举办展览，或者参与艺术博览会等经营活动。

（四）欧洲和美国艺术品贷款市场

从全球艺术品贷款市场规模来看，美国艺术品贷款市场的规模几乎等同于全球艺术品贷款市场，欧洲和世界其他国家和地区所占的份额很小。美国能够主导全球艺术品贷款市场主要是因为金融市场贷款的低利率和全球艺术品市场的快速发展。此外更得益于美国的《统一商法典》（*Uniform Commercial Code*，UCC）给艺术品贷款提供了非常有吸引力的合法语境。在美国，艺术品质权人可以根据 UCC 在公共登记册上登记其在艺术品中的担保权益，从而使第三方注意到抵押品已设保。登记具有完善出质人担保权益的效果，使出质人的担保权益优先于其他债权人的债权（假设没有其他债权人在担保品上拥有先前有效的担保权益）。正是有了 UCC 的保证，使美国的收藏家、画廊和画商向私人银行或者财富管理公司提出艺术品贷款需求的时候无须将他们收藏或者持有的艺术品质押给私人银行和拍卖公司。因此，在美国开展的艺术品贷款服务几乎大多是艺术品抵押。

2009 年后，美国股市进入牛市的周期，高净值人士的财富继续增长。此外，美国的利率一直处于较低的水平。这些因素共同作用使艺术品市场行情不断增长，也使艺术品收藏家受惠于艺术品价格的增值。艺术品收藏家除了出于审美、智力和社会原因而收藏艺术品，也开始关注艺术品所具有的金融属性，越来越多的艺术品收藏家将艺术品视为他们资产负债表中的一部分，并将艺术品视为新的资本来源。

欧洲私人银行和艺术品拍卖公司开展的艺术品贷款业务的性质则是艺术品质押。尽管有欧盟的存在，但欧洲各国对艺术品贷款的法律规定不尽相同。并且缺乏一个登记质押资产的中央数据库，这个数据库还需要有专门的机构来进行监管。这两个因素极大地制约了欧洲艺术品贷款市场的发展，这也是欧洲艺术品贷款市场的规模比美国规模小很多的根本原因。

（五）存在的问题

国外的艺术品贷款业务存在以下三个问题。

1. 欧美艺术品贷款市场的规模发展不平衡。美国几乎主导了全球艺术品贷款市场的发展，欧洲及其他国家和地区所占的市场份额小到可以忽略不计。主要是因为欧洲没有像美国《统一商法典》这样的贷款保障系统。

2. 目前，欧洲只能开展艺术品质押业务，这就需要借款人将作品转移给贷款人，而很多欧洲收藏家不愿意在借款期间转移拟质押的艺术品，这就抑制了欧洲艺术品贷款规模的扩展。

3. 欧美艺术品贷款的 90%都流向了私人收藏家，而画廊、画商的艺术品贷款的市场份额只有 10%。画廊、画商以及艺术品经营机构在整个艺术品市场的交易结构中扮演着非常重要的基础作用，相比较私人收藏家，它们是小规模公司，因此就更需要从私人银行或者商业银行获得贷款，有充足的资金才能够维持它们的运营和生存。不过它们普遍缺少除了艺术品的抵押物，即使它们向开展艺术品贷款的私人银行申请艺术品贷款，它们的申请往往也很难获得批准。这就会使中小画廊的生存与发展变得很不稳定，这对于艺术品市场整体稳定健康发展是不利的。

虽然目前有不少私人银行和商业银行向客户提供艺术品贷款服务，但根据德勤历年的艺术金融报告显示，仍然有不少的私人银行、商业银行和财富管理公司并未开展这项服务，因为它们有以下几个方面担心。

（1）对艺术品市场风险问题的担心。图 6-2 显示，2012 年 83%的私人银行客户经理认为艺术品市场的风险不可控。2021 年 65%接受调研的私人银行客户经理觉得他们难以评估艺术品市场潜在风险，所以很难向他们的客户提供艺术品质押贷款服务。

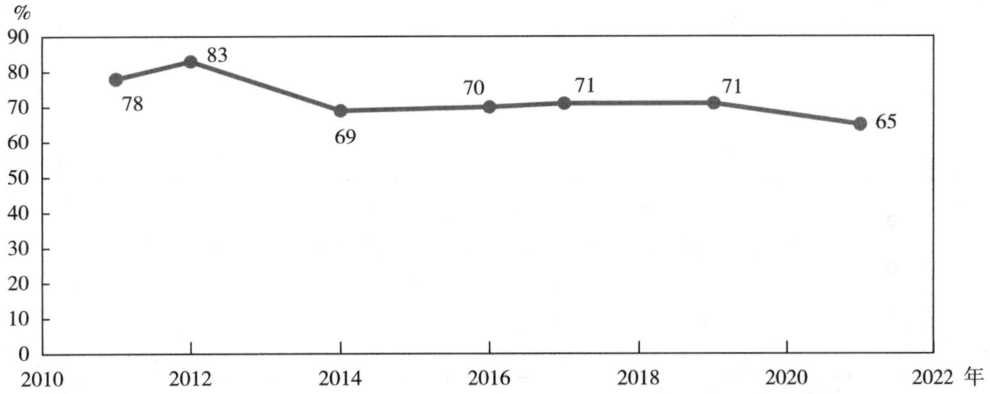

图 6-2　2010—2022 年私人银行客户经理认为难以评估艺术市场风险问题的人数比例变化

（资料来源：《2021 德勤艺术金融报告》）

（2）对于艺术品流动性问题的担心。2021 年接受调研的私人银行客户经理有 73%觉得艺术品市场流动性较差，2012 年这项数据为 83%（见图 6-3）。

（3）对于尽职调查问题的担心。2021 年接受调研的私人银行客户经理有 65%认为对于抵押或者质押的艺术品的尽职调查存在一定风险（见图 6-4）。

（4）对于质押和抵押作品估值问题的担心。2021 年接受调研的私人银行客户经理有 66%认为对质押或者抵押艺术品的估值问题是艺术品贷款业务中的风险（见图 6-5）。

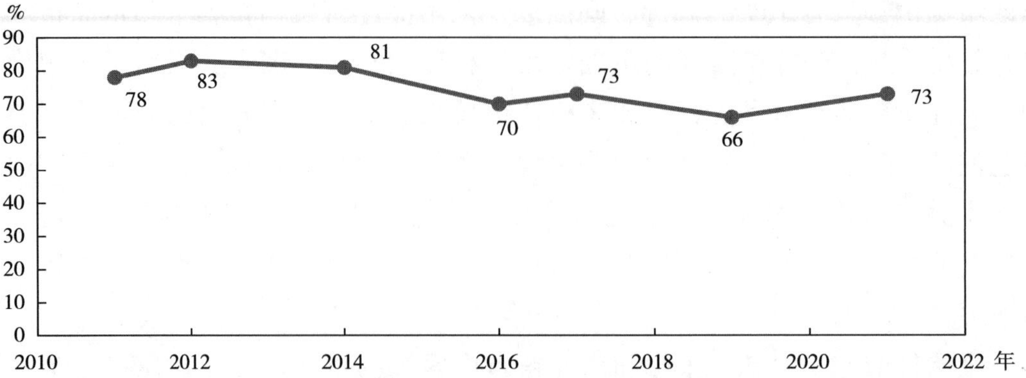

图 6-3　2010—2022 年私人银行客户经理对艺术品市场缺少流动性问题的人数比例变化

（资料来源：《2021 德勤艺术金融报告》）

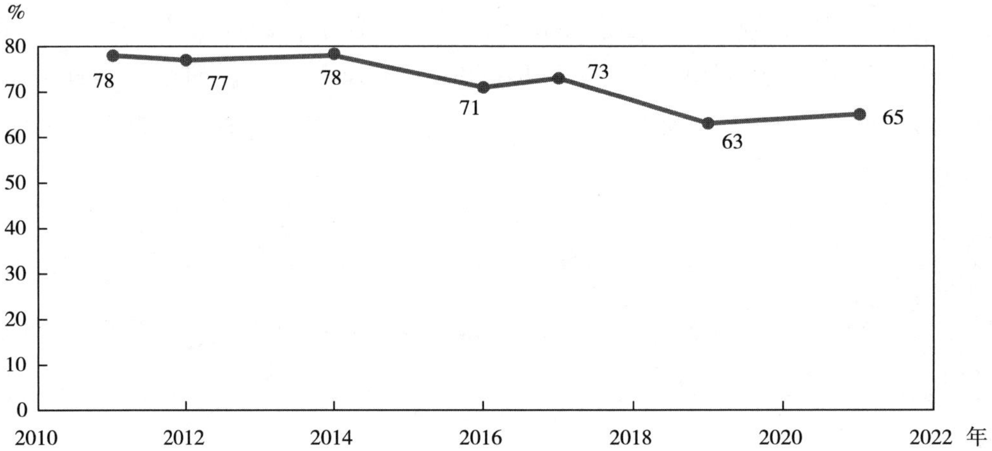

图 6-4　2010—2022 年私人银行客户经理对尽职调查问题的人数比例变化

（资料来源：《2021 德勤艺术金融报告》）

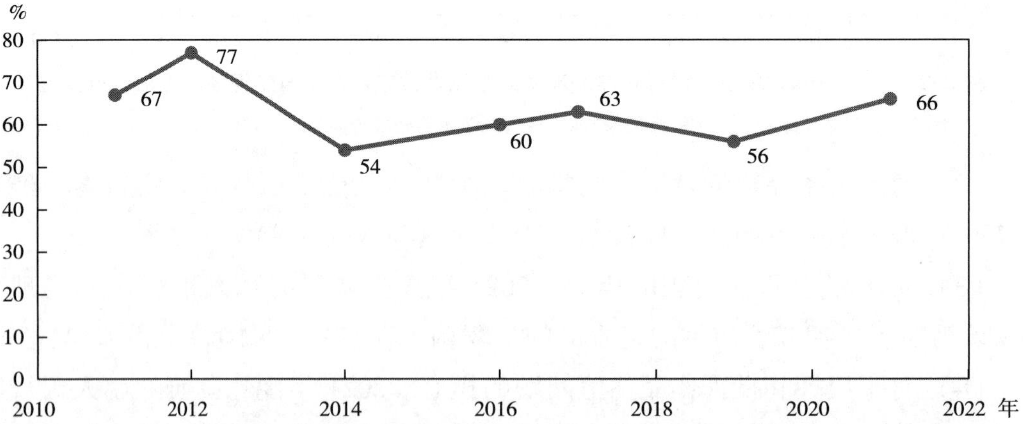

图 6-5　2010—2022 年私人银行客户经理对质押/抵押作品估值问题的人数比例变化

（资料来源：《2021 德勤艺术金融报告》）

（5）对于艺术品市场规范性问题的担心。2021 年接受调研的私人银行客户经理有 70%认为目前艺术品市场的规范度还不够（见图 6-6）。

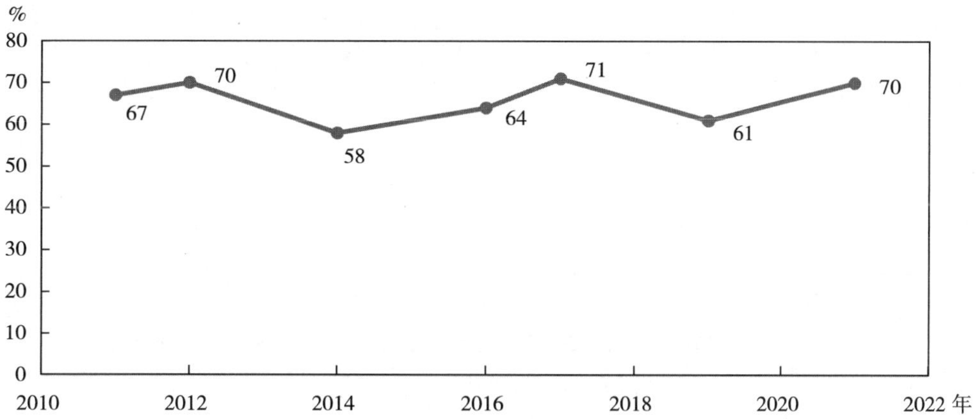

图 6-6　2010—2022 年私人银行客户经理对市场规范性问题的人数比例变化

（资料来源：《2021 德勤艺术金融报告》）

（6）对于艺术品仓储问题的担心。2021 年接受调研的私人银行客户经理有 21%认为目前艺术品仓储会发生风险。不过随着全球艺术品保税库的广泛建立，私人银行的客户经理对于艺术品仓储发生危险的担心程度是最低的（见图 6-7）。

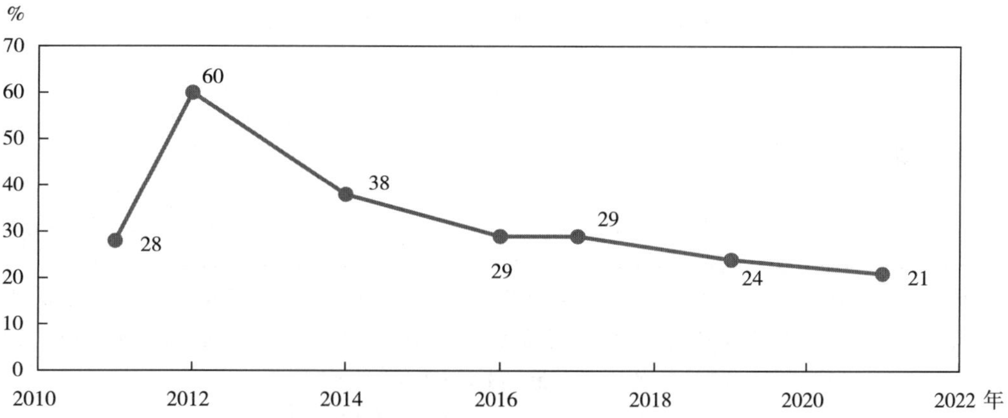

图 6-7　2010—2022 年私人银行客户经理对艺术品仓储问题的人数比例变化

（资料来源：《2021 德勤艺术金融报告》）

（7）对于艺术品贷款合法合规问题的担心。2021 年接受调研的私人银行客户经理有 35%认为这个问题会产生风险（见图 6-8）。随着各国对于艺术品市场的法律法规逐渐健全，私人银行的客户经理对于这个问题产生风险的担心程度也在降低。

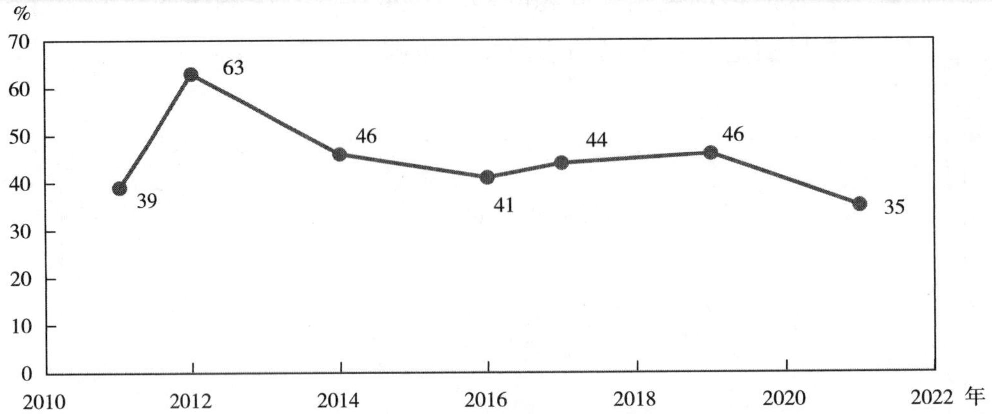

图 6-8　2010—2022 年私人银行客户经理对合法合规问题的人数比例变化

（资料来源：《2021 德勤艺术金融报告》）

（8）对于缺少艺术品市场专业知识的担心。2021 年接受调研的私人银行客户经理有 70%认为这个问题对于他们很重要，因为缺少艺术品市场的专业知识使他们无法开展艺术品贷款业务（见图 6-9）。

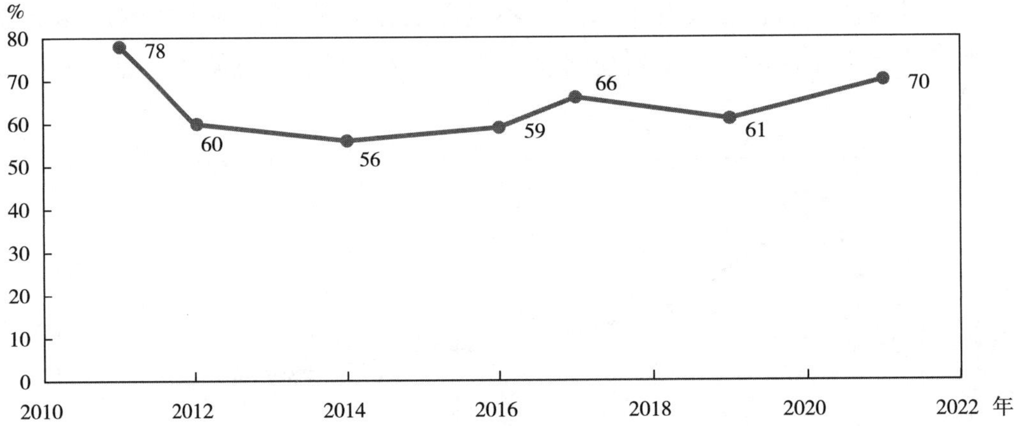

图 6-9　2010—2022 年私人银行客户经理对缺少艺术品市场知识问题的人数比例变化

（资料来源：《2021 德勤艺术金融报告》）

综合来看，私人银行的客户经理觉得缺少艺术品市场知识、艺术品市场规范性和艺术品缺少流动性这三个问题是他们最担心的。这三个主要问题制约了艺术品贷款市场的进一步发展。

（六）发展建议

第一，欧洲各国能够尽快设立登记艺术品资产的中央数据库，此外还需要设立专门的机构对该数据库进行有效的监管。

第二，欧美艺术贷款要更多地向画廊、画商和其他艺术品经营机构倾斜，同时私人银行以及专门做艺术品贷款的公司可以设计给画廊、画商提供小额贷款的创新产品。

第三，促进艺术品市场朝更规范的方向发展，同时私人银行和商业银行要培养具有艺术市场知识的专业人才，这样才能促进艺术品贷款市场的发展。

（七）案例分析

1. 花旗私人银行（Citi Private Bank）

美国花旗银行的艺术咨询服务部门是 1979 年成立的，[①] 该部门的专家向客户提供关于艺术品收藏等咨询服务，同时也开展艺术品抵押融资的服务。花旗银行的艺术品抵押贷款业务会先综合评估拟贷款的画廊、画商以及私人收藏家的信用评级，同时需要借款人以其全部财产作为担保。

花旗银行的艺术品贷款额最低是 500 万美元，抵押的艺术品单件最低价格是 20 万美元，贷款期限为 1 年到 2 年。[②] 花旗银行的资金较为充裕，因此艺术品贷款的质押率为 50%，[③] 借款利率会在伦敦中心银行利率的基础上增加 2.25%~2.5%。[④] 花旗银行还要求借款人为抵押的艺术品购买艺术品保险，并将他们列为保单的受益人之一。

2. 美术基金集团（Fine Art Group）

美术基金集团的前身是纯美术基金公司（Fine Art Fund）。这是一家总部位于英国的公司，创始人是菲利普·霍夫曼（Philip Hoffman）。菲利普·霍夫曼曾在佳士得拍卖公司工作，他于 2001 年创办了美术基金公司，该艺术基金公司迄今发行了多只艺术基金，是存续时间和业绩较好的一家艺术基金公司。2021 年美术基金收购了 Pall Mall Art Advisors 集团，组建成为美术基金集团。截至 2021 年 12 月 31 日，美术基金集团 Fine Art Group 已执行的艺术品交易价值总计

---

① Art advisory & finance | Art banking | Citi Private Bank (citibank. com).

② Edited by McAndrew Clare, 2010, Fine Art and High Finance, Published by Bloomberg Press, p. 124.

③ Edited by McAndrew Clare, 2010, Fine Art and High Finance, Published by Bloomberg Press, p. 124.

④ 徐锦熹. 当代中西方艺术金融发展比较研究［D］. 上海：上海大学博士学位论文，2018：329.

14 亿美元，加权平均内部收益率为 14.2%。[①]

2016 年 10 月，美术基金集团开始提供纯美术品的质押融资服务。他们使用的是自有资金，有自己的专家队伍来对艺术品进行真伪鉴定和价格评估，借款的质押率为 50%。单件作品和一组作品都可以做质押，单一抵押作品的最低价格是 25 万美元，一组作品的价格要达到 2000 万美元。贷款额从 100 万美元到 2 亿美元不等。[②] 借款期是从借款日开始到两年，在借款人借款到期后还可以延长借款时间。其网站上并没有披露具体的借款利率，只说了会向客户提供比较有竞争力的借款利率。

美术基金集团接受质押艺术品的范围是从 1400 年到现在，所有在拍卖市场中可交易的艺术品都可以质押，具体包括印象派、现代艺术、战后及当代艺术以及高价值的珠宝首饰，不接受红酒、手表和汽车作为质押品。纯美术品和珠宝必须曾在二级市场交易过。质押的艺术品将会被存储在伦敦、日内瓦、纽约、香港和新加坡的专业艺术品仓库。美术基金集团有庞大的艺术品评估师团队，因此质押融资项目的执行速度较快，一周之内就能完成，他们的艺术质押融资面向全球的私人收藏家、画廊和机构。

美术基金集团曾向一位瑞士收藏家提供 2500 万美元的贷款，这位藏家的质押融资艺术品包含帕布罗·毕加索、克劳德·莫奈、弗朗西斯·培根和安迪·沃霍尔的作品，质押品存放在瑞士苏黎世。[③] 美术基金集团还曾向一位美国得克萨斯州的收藏家提供资金，该藏家想购买一张让·米歇尔·巴斯奎特的一幅画作，该件作品总价 800 万美元，美术基金集团提供给他 400 万美元的贷款促成了这笔收藏最终成交，这笔贷款在客户提出贷款请求的两周内就完成了。[④]

3. 格里芬艺术伙伴公司（Griffin Art Partners）

格里芬艺术伙伴公司是卢森堡一家可以接受高端纯美术作品作为无追索权质押贷款的公司。该公司在瑞士、比利时、英国、卢森堡等多个欧洲司法管辖区开展业务。

林克管理公司（LINK Management）是格里芬艺术伙伴平台专门负责艺术品投资和艺术品质押的顾问公司，该公司是一家艺术咨询公司，成立于 2009 年。这

---

① https：//www. fineartgroup. com/about/.

② https：//www. fineartgroup. com/services/art-finance/.

③ https：//www. fineartgroup. com/services/art-finance/.

④ https：//www. fineartgroup. com/services/art-finance/.

家公司总部位于卢森堡自由港，主要在德国和法国开展业务。由知名艺术专家，历史学家组成了国际性的专家顾问团队。该公司为客户提供艺术品收藏建议、艺术品收藏管理以及艺术品价格评估等服务。它遵循美国估价师协会的指导方针，是第一家持有 ISO 认证（ISO 9001）进行估值和尽职调查的艺术咨询公司。①

卢森堡的 REYL 私人办公室（REYL Private Office S. àr. l.）是格里芬艺术伙伴的管理代理人，这间私人办公室是瑞士银行集团（REYL & CIE）的附属公司，负责格里芬艺术伙伴平台的管理，并为该平台提供创新结构解决方案的专业知识。②

格里芬艺术伙伴公司艺术品质押贷款的最低额是 120 万欧元，质押的单件艺术品的最低价格是 10 万欧元，贷款期限是 1～3 年，贷款的质押率是 50%，贷款的性质是无追索权（无须个人担保）贷款。可以接受从印象派到当代艺术的作品作为质押，他们一般会在 48 小时内对客户提供的拟质押的作品资格进行反馈。借款利率一般不会超过 10%，很可能是 7%～9%。③

4. 博若奢侈品资本（Borro By Luxury Asset Captial）

成立于 2007 年的博若奢侈品资本公司，将互联网、艺术品和奢侈品鉴定估值、典当行和拍卖业务进行了有机结合。Borro 公司总部位于美国科罗拉多州丹佛市，它们还在纽约市设有销售和客户服务办事处。

Borro 公司是典型的艺术品 P2P（Peer to Peer Lending）公司，决定放款的关键不是借款人的个人信用，而是质押艺术品资产的质量，这一点借鉴了典当行的经营模式。该公司的商业模式是急需用钱的客户通过电话和网站提出典当申请，然后在线下将自己收藏的艺术品、珠宝等物品交给公司作为质押物。他们可以接受的抵押品的品类比较多元，包括但不限于豪华车和老爷车，高级珠宝，钻石，名牌手袋和配饰，豪华手表，贵金属，以及豪华房地产。借款额从 25000 美元到 500 万美元不等。④ 对于艺术品的最低贷款额是 25000 美元。⑤ 贷款质押率一般是 50%，最高可以达到 70%。借款的利率平均为每月 3%～8%，这与其他非银行贷款机构平均每月 10%～25%利率要低了不少。通常 3 天内就可将款项打入客户的银行账户。借款期在 6 个月左右，可办理延期偿还手续。如

---

① https：//www. griffinartpartners. com/about.

② https：//www. griffinartpartners. com/about.

③ https：//www. griffinartpartners. com/financing.

④ https：//borro. com/collateral-loans/.

⑤ https：//borro. com/assets-fine-art/.

果客户没有按时赎回，该公司则会通过自己的拍卖平台将物品以尽可能高的价格卖出，并将拍卖抵押物所得超过差额部分全部返还给客户，他们不从物品售卖环节中获利。

5. 苏富比艺术金融服务（Sotheby's Financial Services，SFS）

苏富比拍卖公司 2021 年的成交额达 73 亿美元，创出苏富比自 1744 年成立以来年度成交额的新纪录，同比增长了 71%。[①] 而苏富比向其客户提供的艺术金融服务始于 1987 年，迄今已经有 35 年的历史。他们的艺术金融部门已经累计向有需求的客户发放了 90 多亿美元的贷款，[②] 平均每年的贷款额有 3 亿美元。

与花旗等私人银行相比，艺术品拍卖公司做艺术品质押和抵押融资业务具有专业上的天然优势，第一个优势是对于拟质押或者拟抵押作品的真伪判断上，这是开展艺术品抵押或者质押业务最重要、也是最根本的前提，苏富比拥有各种艺术品类的鉴定专家，并且他们也掌握全球艺术品鉴定专家的资源，公司内部专家和外部专家可以对拟质押的作品进行真伪的判断。第二个优势是对于质押品的估价，因为其他任何机构都没有他们了解艺术品在拍卖市场上的价格。第三个优势是对于艺术品市场行情走势的判断，苏富比在全球艺术品市场的一线经营。他们对于艺术品拍卖市场行情的走势以及发展趋势的判断要远胜于私人银行。第四个优势是对于拟质押作品的市场，贷款客户如未能按时还款，苏富比就可以直接利用其拍卖平台将质押品直接变现。苏富比还可以利用私人洽购的方式来处理质押的艺术品，私人洽购不受拍卖周期的影响，但在变现的效率上低于一次性上拍处置。如借款客户违约，私人银行不具备直接处置抵押品的渠道，大多还是要通过艺术品拍卖公司进行变现。

私人银行做艺术品抵押融资业务的优势在于其可以出借的资金量要远远高于艺术品拍卖公司，并且他们的资金成本也要明显低于艺术品拍卖公司，因而借款利率较低。对于客户而言，贷款利率的高低是很重要的一个因素。不过，相比较艺术品拍卖公司，一般客户想要通过私人银行做艺术品质押业务先要成为私人银行的客户，显然这个门槛对画廊、画商以及一些私人收藏家而言有些过高。

在 2014 年之前，苏富比艺术金融部门的贷款资金主要来源是该公司收取的佣金提供的现金流，并且通过循环信贷安排的借款来补充现金流。2014 年 1 月以后，为了降低财务部门的资金成本并提高回报率，苏富比为艺术金融部门建

---

① https：//www. sothebys. com/en/press/2021-historic-year-in-review.

② https：//www. sothebys. com/en/about/services/sothebys-financial-services？ locale=en.

立了一个单独的财务结构，通过该结构，客户贷款主要从这个专用循环中来抽取资金为客户提供借款。这种新的安排不仅使苏富比能够用债务为金融部门贷款组合中的重要部分提供资金，而且现金余额还可以根据变化的情况部分用于为金融部门贷款组合提供资金。[①]

苏富比艺术金融部门的借款客户在借款期间，质押品要被苏富比占有。苏富比也可以做抵押，借款客户在借款期间，抵押品可以继续被客户保有。艺术金融部门通常提供两种类型的担保贷款。第一种是以委托的艺术品作担保的预付款，借款人在短期内通过合同承诺艺术品拍卖公司出售担保的艺术品。[②] 这种其实是“委托人拍卖预付款”，通常委托人预付款允许艺术品委托人在寄售艺术品时收到资金，寄售的艺术品可以拍卖，也可以通过私人洽购的方式出售，拍卖或者私人洽购通常会在未来的一年内发生，都有比较短的到期日。第二种是以艺术品担保的普通用途的定期贷款，委托人并不打算目前出售抵押或者质押的艺术品。[③] 定期贷款使苏富比可以加强与借款人之间的互利关系，并有可能会在之后产生拍卖或私下销售质押或者抵押的艺术品。在某些情况下，定期贷款也用于为客户拍卖和私人销售购买产生的应收账款的再融资。定期贷款的初始期限通常长达两年，并且具有可变的市场利率。

苏富比艺术金融服务接受绘画、摄影、珠宝、雕塑、家具和书籍作为贷款的抵押品和质押品。苏富比的借款质押率一般是根据苏富比的专家对拟质押品或抵押品的低估价的40%~60%，大部分执行的是50%的质押率，[④] 超过60%的情况很少。苏富比每年会根据市场情况对质押和抵押的艺术品进行价格再评估。借款的客户需要向苏富比提供有关抵押品的财产的详细信息。具体应包括作品的尺寸、材质和高分辨率的图像，以便苏富比的专家对艺术品进行最全面的初步评估。此外，客户还需要向苏富比提供作为抵押品的艺术品的来源和所有权的相关文件。相关的所有权证明通常以购买发票或销售单的形式出现。如果借款人是公司实体，则需要为此类公司借款人提供证明授权和存在的法律文件。

苏富比不会向客户收取对抵押品的评估费。苏富比艺术金融贷款通常为两年，借款人可以在借款合同到期时续贷。借款人负责为抵押的艺术品投保。苏富比金

---

① 《苏富比 2015 年年报》第 6 页。

② 《苏富比 2015 年年报》第 35 页。

③ 《苏富比 2015 年年报》第 35 页。

④ https：//www. sothebys. com/en/about/services/sothebys-financial-services？ locale=en.

融服务必须被保单指定为额外的被保险人和损失收益人。苏富比艺术金融通常在与客户签订借款合同后的一到两周内向客户提供资金。如果是质押业务，拟质押的艺术品必须在美国、英国、瑞士等地。如果是抵押业务，在某些国家和地区，因为司法的规定不同，苏富比可能会允许客户继续拥有抵押艺术品。

苏富比每笔艺术金融业务的最终确定需要考虑以下五项条件：第一项是该艺术品预期会通过拍卖出售还是私下出售以及进行此类交易的时间。第二项是抵押艺术品的需求和供给，同时还要考虑到当前的艺术品市场状况，以及当前最受收藏家追捧的收藏类别和艺术家的变化趋势。第三项是可以与质押品同一收藏类别/或同类型的艺术家进行比较的作品售价。第四项是全球经济的状况和金融市场的情况。第五项是苏富比持有抵押艺术品的意图和能力，这样才能最大化其可实现的价值。由于对库存艺术品和作为苏富比艺术金融贷款抵押品的可实现价值所涉及的估值带有固有主观性，苏富比对质押品的可变价值的估价，事后证明了与出售时最终实现的金额不同。① 因此，作为苏富比艺术金融贷款抵押品的库存艺术品估价上的变化也会影响苏富比整体的经营业绩。

从图 6-10 来看，苏富比艺术金融部门员工人数在 7 人到 12 人，2007 年和 2008 年增加到 9 人和 10 人，2015 年和 2016 年都是 11 人，2018 年增加到 12 人。2018 年苏富比全球员工总人数 1713 人，艺术金融部门的人员只占苏富比总员工人数的 0.7%。

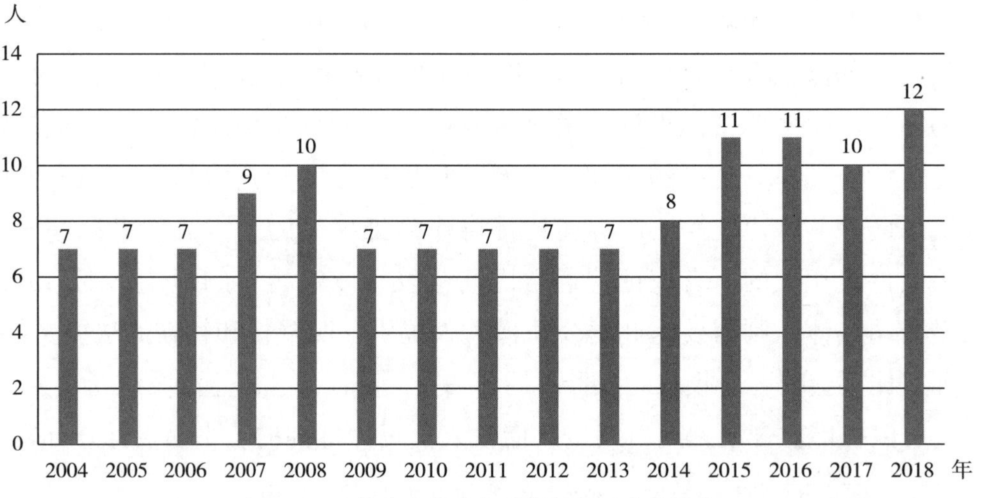

图 6-10　苏富比艺术金融部门员工人数变化

（资料来源：《苏富比 2005—2018 年年报》）

① 《苏富比 2017 年年报》第 14 页。

从图 6-11 来看，苏富比艺术金融的收入从 2004 年至 2019 年整体保持了增长的态势：2004 年至 2007 年收入从 590.7 万美元增长至 1702.5 万元。受美国次贷危机的影响，2009 年和 2010 年苏富比艺术金融的收入连续两年都呈下降的走势，分别只有 907.3 万美元和 968.5 万美元。2011 年之后，全球艺术品市场行情回升。因此，苏富比艺术金融的收入逐渐开始回升，2012 年的收入为 1770.7 万美元，超过 2007 年的收入。2013 年的收入增长到 2127.7 万美元，2014 年达到 3301.3 万美元，2015 年的收入更是首次突破 5000 万美元，达到 5048.9 万美元，2016 年和 2017 年收入仍然维持在 5000 万美元以上，2018 年和 2019 年的收入略为有所下降，分别为 4388.7 万美元和 4481.8 万美元。

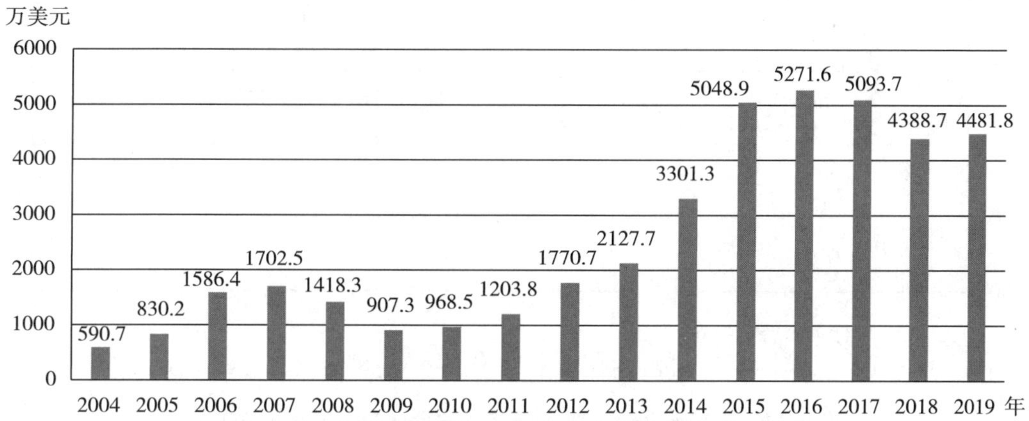

图 6-11　苏富比 2004—2019 年艺术金融收入额增减变化

（资料来源：《苏富比 2005—2018 年年报》）

从苏富比艺术金融 2004 年至 2019 年收入的变化来看，自 2013 年以来，藏家用艺术品质押和抵押从而获得流动性的需求有明显增长，并且这种需求仍然较为旺盛（见图 6-12）。

2005 年比 2004 年的收入增长了 239.5 万美元，同比增长 40.5%；2006 年比 2005 年的收入增长了 756.2 万美元，同比增长 91%；2007 年比 2006 年的收入增长了 116.1 万美元，同比增长 7.3%；2008 年比 2007 年的收入减少了 284.2 万美元，同比降低 16.7%；2009 年比 2008 年的收入减少了 511 万美元，同比降低 36%；2010 年比 2009 年的收入增长了 61.2 万美元，同比增长 6.7%；2011 年比 2010 年的收入增长了 235.3 万美元，同比增长 24.3%；2012 年比 2011 年的收入增长了 566.9 万美元，同比增长 47%；2013 年比 2012 年的收入增长了 357 万美元，同比增长 20.1%；2014 年比 2013 年的收入增长了 1173.6

万美元，同比增长 55.2%；2015 年比 2014 年的收入增长了 1747.6 万美元，同比增长 53%；2016 年比 2015 年的收入增长了 222.7 万美元，同比增长 4.4%；2017 年比 2016 年的收入减少了 177.9 万美元，同比降低 3.3%；2018 年比 2017 年的收入减少了 705 万美元，同比降低 13.8%；2019 年比 2018 年的收入增长了 93.1 万美元，同比增长 2.1%。

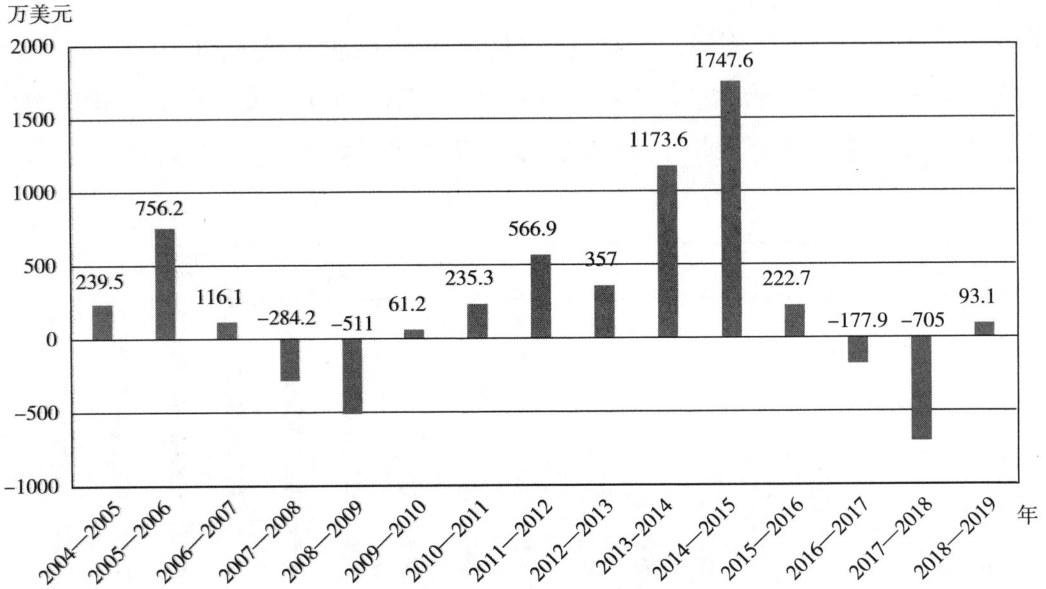

图 6-12　苏富比 2004—2019 年每年艺术金融收入额增减变化

（资料来源：《苏富比 2005—2018 年年报》）

不过，苏富比艺术金融的收入在苏富比整体收入中的占比仍较低。2018 年艺术品金融业务的收入为 4388.7 万美元，占其当年总收入 9.38 亿美元的 4.23%，而 2018 年该公司拍卖佣金的收入高达 8.9 亿美元。[①]

6. 佳士得

目前，佳士得主要在美国、英国、瑞士等地向客户提供艺术品贷款的服务。佳士得艺术品贷款的质押率是要对拟抵押或者质押作品进行价格的评估，质押率是作品低估价的 40%~50%，贷款期限一般是 1~2 年。佳士得的艺术品贷款金额门槛要在 100 万美元以上。[②] 与苏富比不同，佳士得的艺术品贷款业务做的是艺术品质押，绝大多数情况下都需要借款人将艺术品交给佳士得保管。不过，在某些国家和地区，如果该国家和地区的法律框架允许，佳士得也会允许艺术

① 《苏富比 2018 年年报》第 24 页。

② https://www.christies.com.cn/en/services/christies-art-finance/faqs.

品仍归客户所有，这属于艺术品抵押。

因为质押或者抵押的艺术品的所有权是属于私人藏家或者画廊以及画商的，因此，佳士得要求艺术品的所有者需要为拟质押和抵押的艺术品购买保险。佳士得艺术金融被指定为额外的被保险方和第一损失收款人。一旦借款客户与佳士得就借款合同达成一致，佳士得一般可以在几周内向客户提供资金。放款速度要比大多数金融机构快。

二、国内艺术品贷款市场

（一）发展阶段

国内艺术品质押/抵押业务的发展可以分成三个阶段。第一个阶段是2009年到2013年，以潍坊银行开始尝试艺术品质押业务为标志。随后国内的其他银行也向客户提供艺术品质押融资服务。但目前来看，艺术品贷款的业务并没有成为国内的国有银行和民营银行的一项常规业务。第二个阶段是2014年到2018年，这个阶段艺术品贷款发展主要以线上为主，这期间涌现出了一大批艺术品P2P平台，例如艺金所、爱投资、艺融网、玺喜网、柏融投资等多家艺术品P2P网络贷款平台。P2P又称点对点网络借款，是借助互联网、移动互联网技术的网络信贷平台将小额资金聚集起来借贷给有资金需求人群的一种民间小额借贷模式。在这个阶段，P2P存在缺乏监管等一系列的问题。2018年上海玺喜网的创始人夫妇的失联标志着艺术品P2P平台走向终结。2019年9月4日，互联网金融风险专项整治工作领导小组、网贷风险专项整治工作领导小组联合发布《关于加强P2P网贷领域征信体系建设的通知》，支持在营P2P网贷机构接入征信系统。2020年11月中旬，全国实际运营的P2P网络贷款机构完全归零。第三个阶段是2017年至今，这个阶段国内艺术品拍卖公司或者艺术品投资公司开始做艺术品贷款业务。这种模式正在成为国内艺术品贷款业务发展的主流。

（二）案例分析

1. 潍坊银行

潍坊银行股份有限公司成立于1997年8月，2018年完成股权结构优化成为地方国有控股商业银行。目前该银行大股东是潍坊市财政局。2008年潍坊银行作为地方银行在寻求发展的转型，而此时国家也提出将大力发展文化产业，国务院《文化产业振兴规划》（国发〔2009〕30号）、中宣部和中国人民银行等九部门《关于金融支持文化产业振兴和发展繁荣的指导意见》都明确提出金融行业要推动文化产业的发展，要大力创新和开发适合文化企业特点的信贷产品。这种政策面的利好给潍坊银行的业务创新提供了政策导向。潍坊银行顺应国家的文化产业政策，努力寻找文化产业和金融产业能够有机结合的切入点，于是将文化金融作为一个重要的品牌业务和新的业务来对待。山东潍坊的青州是全国最大的当代书画市场，但很多画廊的经营者很难从银行获得贷款，也无法通过不断地收藏作品去扩展他们的业务规模。时任潍坊银行行长的史跃峰看到了当地很多画廊经营者有贷款需求，2009年潍坊银行在国内率先推出了艺术品质押业务。

首笔艺术品质押业务的出质人是潍坊高新区的松石斋画廊（法人杜强，2010年3月成立，2016年11月30日注销），这家画廊是松石斋画廊在潍坊的分部，2009年为了扩展经营，潍坊松石斋决定增加名人字画的储备量，主要用于购藏齐白石、李苦禅、于希宁的作品，但该画廊自有资金不足，决定向潍坊银行申请贷款。画廊向潍坊银行提供了27件于希宁的作品作为质押物。这27件质押的作品经文化部市场发展中心给出的评估价格为432万元，按照46%的质押率计算，贷款额为200万元。潍坊银行对松石斋画廊进行了尽职调查，最终决定给该画廊贷款262万元，借款期限为一年，月利率为6.637‰。[①]

潍坊银行在开展艺术品质押融资业务的一个创新的举措就是为了防止出现借款人在借款到期后无法还款的问题，在整个业务模式中设立了“预收购人机制”。借款人和潍坊银行借款签署贷款合同之前，由预收购人对借款人质押的艺术品的真伪和价格进行评估。潍坊银行会采信预收购人的判断，通常会按照预收购人估价的50%发放贷款。预收购人和借款人之间签订“预收购合约”。这样的设计就使预收购人也要对融资承担一定的责任。这种模式相当于预收购人提前“认购”了借款人的质押品，银行把风险转嫁给了预收购人。如果借款人按时还款，预收购人会收取一定数额的担保费。如果借款人违约不能按时还款，预收购人具有以估值50%的价格强制收购抵押品的权利。预收购人实际上承担了质押艺术品的鉴定机构、评估机构和担保机构以及收购机构的多重角色。第一单艺术品贷款的预收购人是潍坊中仁艺术品发展有限公司。

潍坊银行的艺术品质押融资业务是艺术品金融业务的一种模式创新。艺术

① 刘双舟，刘琛．艺术金融与投资［M］．北京：经济管理出版社，2016：133-134.

品质押融资业务可以面向四类法人主体：第一类是从事艺术品投资与交易的企业法人；第二类是具有一定经营规模和良好资信的美术馆、画廊等专营艺术品的事业法人；第三类是符合法律法规规定、从事艺术品投资与交易的自然人；第四类是具有合法资金需求并期望用合法拥有的艺术品质押贷款的各类主体。①

潍坊银行接受书法、绘画和珠宝以及玉器和瓷器作为抵押品。艺术品质押融资的标准是抵押或者质押的艺术品单件的评估价格下限 10 万元（含）、上限为 1000 万元（含）的艺术品提供贷款。质押贷款单户最低额为 10 万元（含）、最高额为 500 万元（含），贷款期限最长为一年。最高质押率为艺术品评估价值的 50%（含）。在利率上，艺术品质押贷款执行利率原则为同档期流动资金贷款基准利率上浮 30%～50%，利率浮动根据打折比例、贷款期限和客户资信等因素确定。②

2013 年潍坊银行成立了专门的文化金融事业部，2014 年启动了中国艺术金融数据库建设，后续还开展了艺术品仓储和艺术策展等辅助业务。自潍坊银行 2013 年成立文化金融艺术部门以来，已经为 400 多个客户提供了超过 80 亿元人民币的贷款。③ 但是随着史跃峰董事长的离任以及自 2012 年之后青州书画市场和当代书画市场整体行情的走低，潍坊银行的艺术品质押融资业务并没有持续发展下去，该业务也并没有在国内其他银行继续开展。

2. 嘉德投资控股有限公司

2013 年是中国嘉德拍卖公司成立的第 20 年，这一年，嘉德拍卖公司的股东和董事建议嘉德拍卖要向“更加专业化、更加分工明确、资源共享”的集团化分立改制的方向发展。因此，中国嘉德拍卖创始人陈东升及全体股东们决定成立嘉德投资控股有限公司和北京嘉德艺术中心有限公司。2015 年 1 月 29 日，嘉德投资控股有限公司成立，注册资金 10 亿元人民币。该公司成为中国嘉德拍卖的控股公司。同年 4 月 15 日，北京嘉德艺术中心有限公司成立，这家公司是嘉德投资的子公司。该公司主要负责嘉德艺术中心的展览业务以及博览会业务，负责嘉德艺术中心的日常运营。嘉德投资和嘉德艺术中心两个新公司的成立标志着嘉德朝着集团化的发展方向迈进。

---

① 刘双舟，刘琛．艺术金融与投资［M］．北京：经济管理出版社，2016：134.

② 刘双舟，刘琛．艺术金融与投资［M］．北京：经济管理出版社，2016：134.

③《艺术品鉴证（中国艺术金融）》2018 年第 4 期对潍坊银行文化金融事业部总经理高兰梅的采访。

嘉德投资目前涉足的业务包括投资、教育、出版、展览、文创五个业务板块。嘉德投资对外主要做股权投资。已经对外投资的项目包括中国嘉德国际拍卖有限公司、泰康保险集团股份有限公司、中诚信投资集团有限公司、泰康之家（苏州）投资有限公司等。目前，嘉德投资的投资业务更为关注与艺术品拍卖市场的产业链上下游密切相关的投资项目。对内的投资业务主要与嘉德拍卖的业务紧密配合。因为国内的《拍卖法》规定国内的艺术品拍卖公司只能开展艺术品拍卖的中介服务，不能开展其他诸如第三方保底拍卖和艺术品质押融资等业务。因此，这两种类型的业务只能在嘉德投资的层面才能够开展。

保底拍卖的业务本质上是为了拍卖公司能够向拍卖委托人征集到更重量级的拍卖精品所提供的一种保障性服务。拍卖公司引入第三方投资人进行保底，从而使委托人的藏品在拍卖之前已经完成了“售出”。这是苏富比和佳士得早就采用的一种吸引委托人的方式。嘉德投资成立之后，保底拍卖业务变成了投资部的一项常规业务，并且嘉德投资对各个艺术品门类的精品都可以进行保底。这会吸引更多的委托人将精品放到嘉德拍卖的平台上进行拍卖。嘉德投资和嘉德拍卖的这种内部联动也为嘉德拍卖和委托人谈判的过程中增加了砝码。成功的保底拍卖对于嘉德拍卖和嘉德投资无疑是“双赢”的。除了嘉德投资，嘉德拍卖也会根据藏家的需求去寻找除嘉德投资外的第三方作为投资人介入保底业务。

嘉德投资的另一项投资业务是面向有融资需求的艺术品收藏家提供艺术品质押融资服务。与银行相比较，嘉德投资等国内艺术品拍卖公司开展艺术品质押融资业务标志着国内艺术品金融化发展进入了新的阶段。

目前，嘉德投资主要用公司的自有资金开展艺术品质押融资业务。在对艺术品出质人提供质押品的真伪判断上，嘉德拍卖的各个部门的专家和嘉德投资下设的投资部的专业人员共同对出质人拟质押的作品进行真伪的鉴定，嘉德投资和嘉德拍卖的专家共同对拟质押的艺术品进行价格的评估，根据投资部的员工综合专家们的意见，对拟质押作品的价格进行最终的确定。嘉德艺术中心还有专业的艺术品仓储库房可以用于保管拟质押的各种类型的艺术品。因此，质押艺术品的真伪、确权、价格、需求的资金都可以在嘉德内部完成。另外，一旦艺术品出质人无法按时归还借款，嘉德投资就可以将出质人质押的艺术品放到嘉德拍卖的平台上进行上拍。如果出质人按时还款，嘉德拍卖会收取与出质人约定的利息。所以，嘉德投资开展艺术品质押业务的优势在于嘉德拍卖和嘉德投资形成了全产业链的业务闭环。因此，嘉德投资开展艺术品质押业务比银行开展此项业务更有专业性上的优势。另外，从风险控制的角度来看，艺术品质押融资的风险相对安全。

嘉德投资的艺术品质押融资业务规模自2017年以来逐年稳步增长，迄今为止单笔最高借款额接近1亿元。嘉德投资可以接受书画、油画与当代艺术、瓷器杂项各类艺术精品的质押。嘉德投资最低借款额是300万元人民币。嘉德投资的艺术品质押率一般是作品市场价格的30%~40%。

质押品的艺术品如作品曾有拍卖记录，质押作品的价格按照拍品的落槌价格的30%~40%进行计算，如作品不曾在拍卖市场上交易过，嘉德投资的投资部专家会对艺术品进行价格评估，评估价格会参照同类作品的拍卖市场价格，同时也会参照作品在画廊市场的售价进行综合评估。借款利率由借款人和嘉德投资协商确定。借款利率会根据银行的借款利率水平，在此基础之上有一定的上浮。嘉德投资目前的客户主要有机构客户和个人客户两类。嘉德投资艺术品质押业务的处理效率较高，通常借款人从提出借款申请到最终质押业务完成，一般在7天至10天就可以完成。此外，嘉德投资的投资部还会向银行和信托公司的高端客户和企业提供艺术品投资、收藏的专业咨询服务。

国内其他艺术品拍卖公司，如北京保利艺术品拍卖公司和华艺国际艺术品拍卖公司以及2019年重启之后永乐艺术品拍卖公司也开设有艺术品金融的服务。

（三）存在问题

自2010年以来，国内艺术品基金和艺术品信托以及文交所在国内的发展相继沉寂，但国内艺术品贷款市场在经过了近十年的发展后，发展模式日趋成熟，规模越来越大，艺术品贷款正成为艺术品金融化最可行的一种模式和服务。但是在这个过程中，存在以下几个问题。

1. 国内商业银行或者私人银行并没有大规模开展艺术品质押业务。究其原因在于艺术品质押融资业务对于银行而言并不是主要的业务，对于银行而言艺术品贷款是个创新业务，是一种对客户的增值服务。潍坊银行的艺术品质押贷款业务的发展正好与当时青州书画市场的繁荣发展相匹配，但是随着青州书画市场的衰落，融资需求也有明显的减少，并且这种需求很难像其他商业贷款那样有持续性。国内银行还存在的一个普遍问题就是银行的艺术品业务很难具有连续性，更换领导后，银行的业务定位和发展方向就会产生变化，潍坊银行就比较典型，国内其他银行情况也基本相同。

2. 银行开展艺术品质押融资的最大障碍就是专业性的缺失。因为艺术品质押融资需要专业人员对拟质押/抵押的作品进行真伪的鉴定以及评估价格，虽然潍坊银行引入了“预收购人”或者相关鉴定机构对质押的艺术品的真伪和价格进行评估，但预收购人往往是民营的艺术品公司或机构，他们的公信力不足，如果过分倚重这类担保人，看似降低了银行做艺术品贷款的责任，但在这个过程中银行减少了自己的主动性，在这个过程中往往蕴藏了一定的风险。潍坊银行的艺术品贷款业务在艺术圈引起了广泛关注，而在金融圈却鲜有讨论和实践层面的跟进，核心问题还是银行没有专业能力向客户提供艺术品贷款这种特殊类型的服务。

3. 艺术品 P2P 平台的“昙花一现”。2014 年到 2018 年，国内 P2P 和艺术品 P2P 一度发展得非常火爆，艺术品 P2P 平台的确可以解决诸如画廊、画商和中小型艺术品经营机构的日常借款需求，不过艺术品 P2P 平台的贷款利率普遍较高。由于 P2P 平台没有金融牌照，进入的门槛很低，而且缺乏有效的监管，因此，整个行业鱼龙混杂，这也最终导致国家叫停了 P2P 的发展。缺少了这类平台，也造成了艺术品行业内的中小型企业用艺术品融资的渠道变得更为狭窄。

4. 国内没有对个人艺术品收藏以及艺术机构拥有的艺术品资产的登记系统，也没有类似于美国《统一商法典》来优先保障质权人的借款权益。艺术品是一种特殊的实物资产，物权和债权是在艺术品贷款业务中最重要的两种权属种类，一旦借款人质押的艺术品存在权属不清的问题，就会产生借款人和贷款人之间的法律纠纷。这是艺术品贷款业务中需要最先规避的风险。

5. 国内缺少具有公信力的艺术品鉴定机构和艺术品评估机构。艺术品拍卖公司在艺术品鉴定和价格评估方面具有一定的优势，但银行和其他机构就需要依靠有公信力的第三方鉴定机构或者专业的鉴定师对拟质押和拟抵押的艺术品进行真伪鉴定和价格评估。但目前国内没有具有公信力的艺术品鉴定机构和专门的艺术品评估机构，这也造成了艺术品贷款前置环节中的鉴定难和评估难。

6. 艺术品变现难，处置渠道单一。艺术品变现难，流动性差是艺术品作为资产最大的一个弱点。目前，艺术品拍卖公司虽然可以通过拍卖的方式处置艺术品，但在目前经济大环境下，艺术品变现的难度变得更大。虽然可以通过拍卖的方式来处置质押品，但回款速度慢也会影响到借款人的积极性。根据中国拍卖行业协会 2012 年发布的报告显示，国内艺术品拍卖市场年度的付款率一般在 50%左右，从拍卖到收回应得的拍卖款通常会有一个比较长的周期。除了艺术品拍卖，国内艺术品的私人洽购发展得不够充分。因此，国内艺术品的处置渠道就变得非常单一。国外画廊、画商和艺术品拍卖公司的私人洽购交易比较发达，艺术品处置的渠道更多元。

（四）发展建议

第一，如果国内的银行想发展艺术品贷款业务，建议银行和国内一线的艺术品拍卖公司合作。银行的资金充裕，但缺少专业的艺术品鉴定和评估人员。而艺术品拍卖公司资金往往有限，很难将艺术品贷款业务的规模做大。因此，比较理想的模式是银行和艺术品拍卖公司合作艺术品贷款业务。如果艺术品贷款业务只由银行出资，艺术品拍卖公司获得相应的评估、鉴定和保管的服务费。如果艺术品贷款业务由银行和艺术品拍卖公司共同出资，双方按照出资比例获取借款人支付的利息。如果借款人违约，质押的艺术品可以交给艺术品拍卖公司处置。这样双方合作就能够发挥各自的长处。

第二，银行以及艺术品贷款的机构要根据画廊、画商以及艺术品行业内的中小型机构的资产情况推出符合这些机构需求的小额艺术品贷款服务。画廊和画商对于贷款的需求频次较高，贷款金额普遍在几百万元人民币，往往是需要短期的周转。因此，银行或者艺术品贷款机构可以针对画廊等机构的实际需求提供有针对性和灵活的借款服务。为了防止风险，可以将画廊和画商的艺术品借款和还款情况接入个人或者企业的征信系统，防止画廊和画商借款违约的发生。

第三，对于艺术品市场鉴定难的问题，国家已经给出了发展的方向。2021 年 12 月 27 日，国家文物局发布《关于加强民间收藏文物管理促进文物市场有序发展的意见》（以下简称《意见》），《意见》由国家文物局会同国家发展改革委、人力资源和社会保障部、商务部、文化和旅游部、市场监管总局联合出台，共包含 15 条主要措施。针对社会呼声强烈的鉴定和保护等服务问题，鼓励文博机构向社会提供文物鉴定、保管、修复、展示等服务措施，以及向公众普及收藏知识，更好满足公众的收藏需求。这项措施对于解决艺术品鉴定难的问题是重大推进，国家有关机构可以考虑增设艺术品评估的资质，这样也有助于解决艺术品市场评估难的问题。

第四，针对国内艺术品市场渠道的问题，《关于加强民间收藏文物管理促进文物市场有序发展的意见》也给出了方向，针对流通渠道不通畅问题，将会从文物商店提质改革、培育拍卖领军企业、支持文物经营主体经营模式和业态创新等多方位促进市场发展。

第五，《意见》对民间收藏文物以及艺术品登记系统的问题提出具体的措施。2018 年国家文物局在江苏开展民间收藏文物登记交易试点，已经取得了良好成效。这样的尝试为健全文物合法流通交易体制机制探索出了一条切实可行路径。《意见》明确提出了探索建立登记交易制度，这就为未来艺术品交易的登记系统提前做了准备。

2020 年席卷全球的新冠肺炎疫情重创了全球经济，甚至在某种程度上造成了经济全球化的短暂中断。我国也受到国际经济环境变化和新冠肺炎疫情的影响，经济的增速也日渐放缓。这两年国内对于艺术品贷款业务的需求是比较旺盛的。短期看，国内艺术品质押融资的业务是很有增量的。但艺术品贷款机构在看到机遇的同时，更应该注意在各个环节对于风险的控制。因为风险控制是艺术品贷款业务发展的最重要的前提。

三、艺术品保险

艺术品保险是在传统的财产保险和货运保险的基础上演变和发展而来的，它是财产保险的一种，是投保人为避免因发生艺术品被盗、损毁等事故而遭受财产损失，而向保险人支付保险费，在运输、仓储、展览等环节对艺术品进行投保，保险人根据合同约定的可能发生的事故所造成的财产损失赔偿保险金的行为。艺术品保险的标的包括投保人所有或代他人保管或其他人共有而由投保人负责保管、展览、装卸、运输的艺术品。

（一）艺术品保险的起源

20 世纪 60 年代，专业的艺术品保险公司开始出现。艺术品保险公司的鼻祖是安盛艺术品保险公司（AXA Art Insurance Corporation）。安盛艺术品保险公司的前身是北极星保险公司，该公司位于德国柏林，成立于 20 世纪 50 年代，原来是一家火灾保险公司。北极星保险公司的一些高管本身就是艺术品收藏家，他们敏锐意识到私人收藏家有购买艺术品保险的需求。这些高管将保险单设计成类似于内陆水运险的保险，从而将艺术品保险从普通保险中单独隔离出来，艺术品保险就这样应运而生。① 北极星保险公司早期在德国和法国向有需求的客户提供艺术品保险服务，随后业务扩展到西欧、东欧、美国、加拿大、亚洲大部分地区和中东。20 世纪 60 年代，北极星保险公司成为安盛集团的子公司，改名为安盛艺术品保险公司，成为法国安盛集团的隶属成员。经过半个多世纪，安盛艺术品保险公司的客户包括了全球众多知名画廊、艺术品拍卖公司及顶级私人艺术品藏家。作为全球最顶尖的专业艺术品保险公司，该公司不仅是全球各大著名博物馆，如美国大都会博物馆、法国卢浮宫及大英博物馆等的主要承保人，而且还是巴塞尔艺术博览会（Art Basel）、马斯特里赫特欧洲艺术和古董博览会（TEFAF）的主要赞助商。安盛艺术品保险公司占全球艺术品保险市场份额的三分之一，且每年保持 5%~10%的增长率，近年来亚洲区业务增长幅度超过 30%。

（二）全球艺术品保险市场的发展现状

2021 年 Dataintelo 网站发布《全球艺术品保险市场报告》②（2022 年到 2030 年预测），该报告预估到 2030 年全球艺术品保险市场的规模将达到 19 亿美元。该报告认为全球艺术品保险市场的这种增长可归因于以下六个方面。

1. 由于全球超高净值人群数量的增长，他们对高价值的艺术品的需求在不断增长，这也带动了艺术品保险市场规模的增长。

2. 全球画廊数量的增加，画廊对艺术品保险也有天然的需求。

3. 由于不同国家和地区经济的快速发展使无论是个人还是企业可支配的收入都有所增长，这也促进了艺术品保险市场的发展。

4. 私营机构新的商业模式也需要艺术品保险作为发展的支撑。

5. 由于技术的进步使得艺术品市场透明度和真实性都进一步提升。

6. 人们对艺术品的投资的属性认识比以往更加深刻。

（三）国内艺术品保险市场的发展现状

中国的艺术品保险出现的时间是在 20 世纪 90 年代中后期。总体来看，可以分成三个发展阶段。

---

① Edited by McAndrew Clare，2010，Fine Art and High Finance，Published by Bloomberg Press，p. 199.

② https：//dataintelo. com/report/fine-art-insurance-market/#toc.

第一个阶段是1997年到2009年。1997年1月，中国人民财产保险公司为观复博物馆的50件青花瓷器开出总额300万元的保单，成为中国艺术品市场的第一张保单。这张保单开启了中国艺术品保险业务发展的序幕。随着国内艺术品市场行情的快速增长，原来在整个艺术品市场产业链上非常重要、但发展严重滞后的艺术品保险业务开始“补位”。画廊和艺术品拍卖公司以及一些美术馆开始有了购买保险的意识和需求。

第二个阶段是2010年到2011年。第一个标志性事件是中国人民财产保险成为2010年上海世界博览会保险全球合作伙伴。2010年上海世博会保险方案包含法定保险、规定保险和商业保险三项。中国人保独家承保法定保险——综合责任保险。规定保险则设定了财产保险、建筑和安装工程险、展品和艺术品保险三个规定险种，财产费率为0.39%，建工险费率为0.283%，展品和艺术品保险费率最低费率30天为0.2%。三个规定险种将由人保财险、太保财险、平安财险牵头组成三个“共同保险体”，各自承保其中一个规定险种。① 第二个标志性事件是国家层面开始出台金融行业以及保险行业支持文化产业发展的相关政策。2010年3月，中宣部、原文化部、原保监会等联合发布了《关于金融支持文化产业振兴和发展的指导意见》，要求保险机构积极探索符合文化产业发展特点的各项保险业务。同年的12月，原保监会与原文化部曾发布《关于保险业支持文化产业发展有关工作的通知》从而确定了艺术品保险三个试点公司和11个试点险种。通知要求“保险机构要积极推进文化产业保险的创新发展，努力开发适合文化企业特点和文化产业需要的保险产品，逐步建立文化产业保险市场运行机制和制度。在现有传统财产保险业务的基础上，原保监会和文化部将共同组织开发、分批确定文化产业保险险种，并推进有关试点工作，有重点地推动当前文化产业保险市场发展。”第一批文化产业保险试点险种有11种，见表6-7。

表6-7　第一批文化产业保险试点险种

序号	保险种类
1	演艺活动财产保险
2	演艺活动公众责任保险
3	演艺活动取消保险
4	演艺人员意外和健康保险

① http://finance.ce.cn/insurance/scroll-news/200712/27/t20071227_12769238.shtml.

续表

序号	保险种类
5	展览会综合责任保险
6	艺术品综合保险
7	动漫游戏企业关键人员意外和健康保险
8	动漫游戏企业关键人员无法从业保险
9	文化企业信用保证保险
10	文化企业知识产权侵权保险
11	文化活动公共安全综合保险

与艺术品直接相关的两个险种是展览会综合责任险以及艺术品综合保险。三家试点公司是中国人民财产保险股份有限公司、中国太平洋财产保险股份有限公司和中国出口信用保险公司。这份文件的出台对于国内艺术品保险市场发展有极大的促进作用。

第三个阶段是2012年至今。第一个标志性的事件是2012年安盛艺术品保险公司进入国内开展业务，第二个标志性的事件是泰康保险集团公司下设的泰康在线保险公司在2018年开始增设艺术品保险业务。在此阶段，外资和国内的保险公司开始在艺术品保险业务领域进行直接竞争。虽然这几年国内艺术品市场的增长速度有所放缓，但国内公共美术馆和民营美术馆、博物馆以及各种艺术中心兴起了举办展览的热潮，再加上在画廊和商业空间举办展览，观看展览正成为人们的一种新的生活方式，看展经济在促进艺术品市场消费市场崛起的同时，也使美术馆和博物馆等展览机构购买艺术品保险的需求有了显著的增长。

艺术品保险业务的保险公司的增多和充分的竞争对促进艺术品保险行业的发展是极其有益的。在银保监会的网站上，目前有20家保险公司的艺术品保险备案产品在列（见表6-8）。

表6-8　银保监会网站列示的20家保险公司的艺术品保险备案产品①

序号	保险种类
1	安邦财产保险股份有限公司
2	安盛天平财产保险股份有限公司

① http：//www. cbirc. gov. cn/cn/view/pages/ItemList. html？ itemPId = 937&itemId = 942&itemUrl = zaixianfuwu/caichanxian. html&itemName = %E8%B4%A2%E4%BA%A7%E9%99%A9%E5%A4%87%E6%A1%88%E4%BA%A7%E5%93%81%E7%9B%AE%E5%BD%95%E6%9F%A5%E8%AF%A2#1.

续表

序号	保险种类
3	诚泰财产保险股份有限公司
4	富德财产保险股份有限公司
5	国泰财产保险有限责任公司
6	华泰财产保险有限公司
7	黄河财产保险股份有限公司
8	建信财产保险有限公司
9	锦泰财产保险股份有限公司
10	太平财产保险有限公司
11	泰康在线财产保险股份有限公司
12	阳光农业相互保险公司
13	永诚财产保险股份有限公司
14	中国大地财产保险股份有限公司
15	中国平安财产保险股份有限公司
16	中华联合财产保险股份有限公司
17	中国人寿财产保险股份有限公司
18	安华农业保险股份有限公司
19	中华联合财产保险股份有限公司
20	中国人寿财产保险股份有限公司

（四）艺术品保险的种类

艺术品保险公司提供的保险主要有以下四类。

1. 艺术品运输及展览保险，保险保障的时间是根据运输和展览项目的时长来决定，主要保障因意外事故及自然灾害所致的艺术品的损坏或灭失。文物艺术品展览项目的机构可以根据需要购买此类保险。

2. 私人及企业艺术收藏品保险，这种保险的保障时间通常为年度，保障的内容也是因意外事故及自然灾害所致的艺术品的损坏或灭失。个人收藏家或者企业等机构的艺术品收藏可以购买此种保险。

3. 商业性艺术品保险，此种保险的保障时间通常为年度，也可以根据项目确定保障时长。

4. 公众责任险（非艺术品保单，需要单独购买），此种保险同样可以根据项目和年度来进行保障。保障在第三方展览地点内发生的意外事故，博物馆、美术馆或展览主办方可以购买这种保险来以防万一。在国内，艺术品运输及展览保险购买率最高，此种保险占了80%。

（五）艺术品保险的保额和保费

投保艺术品保险有两个核心问题：第一个是如何确定保额，第二个是如何确定保费。保额就是客户准备投保的艺术品定价的总和，如果是展览保险，保险公司会参考借展合同中对作品价值的约定，保险公司会根据艺术品的市场价格范围进行必要的审核。如果是收藏品保险，保险公司会参考藏品来源和客户此前购买作品的记录，如果客户无法提供购买记录，保险公司一般会要求投保人出具公估报告。保费是保额与保险费率相乘得出的，目前国内艺术品保险费率的标准是0.1%~0.3%。具体的保费就需要根据实际情况由保险公司和投保人进行协商。保额较大，费率就越有下调的空间。

（六）存在问题

近年来，国内艺术品保险市场规模有明显增长，但也存在以下一些问题。

1. 参与艺术品市场的各类经营主体的投保观念不强。具体的表现就是画廊、艺术品拍卖公司和艺术品经营机构的投保分布不够均匀。相对而言，艺术品拍卖公司的投保意识要高于画廊和艺术品经营机构，当然也有一些艺术品拍卖公司并未规范地给拍品投保。这就导致艺术品市场中经营主体整体参与投保的比例不高。另外，国内私人收藏家参与投保的比例也远低于全球平均水平，绝大多数国内的艺术品藏家并不会为他们收藏的艺术品投保，只有极少数的藏家选择在国外为其藏品投保。而以上两大类人群在国际市场上却是艺术品保险的投保主体。

2. 国内艺术品市场发展方兴未艾。近年来陆续出现了艺术品基金、文交所、艺术品P2P交易平台、艺术品质押贷款融资，这些新的艺术品经营主体和业务类型也成为艺术品保险投保的新的需求方，这对于艺术品保险公司的专业核保技术、承保能力和配套的赔付制度提出了更高的要求。国内艺术品保险公司出于风险控制的考虑，往往拒绝这些新机构的投保申请。

3. 专业人才的不足。艺术品保险属于保险行业中的特种保险，需要从事艺术品保险业务的人员有很强的专业性和丰富的专业经验。目前国内从事艺术品保险行业的工作人员一部分是从财产保险转过来的，或者兼职销售艺术品保险。

另一部分专业人员拥有美术学院的教育背景，还有一些是曾经在艺术品经营机构工作过。目前，国内开设保险专业的高等院校极少培养从事艺术品保险业务的专业人员。专业人员的缺失和专业能力的不对口制约了艺术品保险行业的发展。

4. 国内艺术品产业链上的配套设施，例如专业的艺术品仓储库的数量以及专业服务的不足和不够完善，这也影响了国内艺术品保险市场的发展。

（七）发展建议

针对以上国内艺术品保险行业存在的问题，提出以下几点发展建议。

第一，各艺术品保险公司需要经常通过各种活动与国内私人藏家进行面对面沟通，增强他们主动购买艺术品保险的意识。这样才能使艺术品保险业务有增量发展的可能。

第二，加强艺术品保险公司对于新业务的关注。艺术品保险公司也要根据目前国内艺术品市场和艺术行业出现的新需求去开发有针对性的产品。

第三，培养专业的后备人才。这样才能保证艺术品保险业务能够持续和高效的开展。

第四，国内艺术品市场产业链上的配套设施要跟上艺术品保险行业的发展。

（八）案例分析

1. 安盛艺术品保险

法国安盛保险集团成立于1817年，距今已经有200多年的历史。2020年位列“全球五百强”第34。业务网络遍及全球57个国家。

安盛于1999年进入中国市场。作为安盛在中国的财险公司，安盛天平前身为成立于2004年12月的创新汽车保险提供商天平汽车保险，以经营车险业务为主。2012年2月，安盛高调宣布进军中国艺术品保险市场。

2014年2月，安盛收购天平汽车保险50%股权，组建合资公司安盛天平，打造多元化业务模式，从此进入了合资阶段。2018年11月，安盛集团宣布收购公司剩余50%的国内股权，并于2019年8月获得监管部门的正式批复。2019年12月，安盛从国内股东手中完成收购安盛天平剩余50%股权，安盛天平自此成为外资全资财险公司。该公司已经在国内20个省份开设了25家分公司及93家支公司。2019 年获中国银保监会“AA”评级。[①]

2013 年 10 月 28 日，今日美术馆与安盛艺术品保险签订战略合作协议，打造国内第一个民营美术馆艺术品安全性规范体系。今日美术馆在安盛艺术品保险的推荐和帮助下，完成了全球风险评估，这对国内的民营美术馆建设进行了有益的探索和实践。2016 年 3 月 24 日，由安盛艺术品保险和青年艺术 100 主办，AMRC 艺术市场研究中心和玄如艺术协办的“2016 亚洲企业收藏高峰论坛”在香港举办。论坛邀请了来自中国各地的企业艺术收藏机构的杰出代表分享他们的艺术收藏策略和最新动态。

安盛艺术品保险对文物（包含但不限于古代书画、青铜器、陶瓷器、玉器、金银器、漆器、珐琅器、纺织品、文献资料等）、近现代与当代艺术品（包含但不限于国画、油画、版画、摄影、装置等）、弦乐器（如小提琴）提供艺术品保险。

安盛艺术品保险亚洲（以下简称安盛亚洲）的总部在香港，此外在北京和上海有工作人员专门开展艺术品保险业务。安盛亚洲在国内的艺术品保险的业务规模逐年扩大，其客户主要是国内的公立博物馆和美术馆，民营美术馆和国内新涌现的艺术机构居多。

2. 泰康在线艺术品保险

泰康艺术保险下设在泰康保险集团的泰康在线财产保险股份有限公司，2018 年开始涉足艺术品保险业务。泰康在线保险公司致力于通过“保险+科技”、“保险+服务”的“双生态”战略，实现保险与科技的深度融合，是科技型和服务型互联网保险公司。

泰康在线的艺术品保险“臻品有约”保险产品主要有以下四类客户：第一类是艺术品拍卖公司，由于嘉德拍卖公司是泰康保险集团的股东之一，中国嘉德国际拍卖有限公司是泰康艺术品保险的首批客户。第二类是国内的一些知名的当代艺术画廊，如星空间、墨斋以及泰康空间都是泰康艺术品保险的客户。第三类是博物馆和美术馆以及艺术机构，如故宫博物院、北京嘉德艺术中心、北京民生现代美术馆、浙江大学考古与艺术博物馆、木木美术馆以及合美术馆。第四类是艺术品专业服务公司，如上海特锐艺术展览服务股份有限公司、Artzhou 上海客喜艺术品服务有限公司等。

① https：//www. axa. cn/about_us/.

泰康艺术品保险还创新性地为私人收藏开发了专门的艺术品保单，目前有个人仓储和个人收藏两种类型。泰康艺术品保险承保业务类型见表 6-9。

表 6-9　泰康艺术品保险承保业务类型

序号	承保类型
1	拍卖行综合保险
2	艺术品展览保险
3	艺术品运输保险
4	艺术品展览运输保险
5	艺术品仓库保险
6	艺术品展陈保险
7	美术馆/画廊综合保险
8	个人收藏保险
9	企业收藏保险
10	博物馆搬迁/清点保险

泰康艺术品保险在 2020 年承保的大型项目，包括 2020 年“故宫博物院藏传佛教法器展”、深圳木星美术馆开馆展，2021 年承保了“朱艳华绮——故宫博物院藏乾隆朝漆器展”、北京民生现代美术馆“绵延 2”等重要展览。

泰康艺术品保险的保费规模逐年增长，从 2018 年的 600 万元增长到 2021 年的 1100 万元。泰康艺术品保险的发展目标就是致力于成为国内最受欢迎的艺术品保险服务商。

综上所述，国内艺术品保险市场经过了 20 多年的发展，规模从无到有，保额从小到大。艺术品保险市场规模增长的第一个推动力得益于中国艺术品市场自 2000 年之后一直保持着增长的势头，艺术品市场的发展倒逼了艺术品保险行业的发展。第二个推动力是参与艺术品市场交易的各类主体保险意识的不断增强，画廊、拍卖、艺术博览会、网络艺术品交易都需要这些交易主体购买艺术品保险来规避潜在的风险。第三个推动力就是随着国家大力倡导发展文化产业，尤其是近年来传统文化和当代艺术的艺术展览的数量和品质都有了质的飞跃，看展经济促进了艺术品消费市场的崛起，而举办展览的每个环节都需要保险的保驾护航。当下，观看艺术展览已经成为很多人的一种生活方式。得益于此，艺术品保险业务不再局限在传统的画廊、拍卖和艺术博览会的行业内部，而是拓展出了新的外延和发展方向。

科技探索

数字产业化与产业数字化是近些年中国经济转型发展的重要趋势，艺术品市场也不例外。从艺术品产业来看，数字技术降低成本、提高效率和消费者福利，增加信息透明度。在数字时代，人人都是市场的供给者和消费者。艺术品作为精神产品，非标准化产品异质性较强，相较于其他行业，产业的数字化发展面临不少挑战。本模块选择艺术品行业直播模式作为研究对象，分析在艺小程序在长尾市场上开拓发展的特征。

第七篇　在艺直播小程序的长尾市场开拓模式

——以在艺为例

怀舒琬　张　辉[①]

2020年开始的席卷全球的新冠肺炎疫情让艺术领域发生了深刻的转变，大量画廊、拍卖行、艺博会等相关机构开启线上推广的渠道，全球在线销售额也有了新的重大突破，文化艺术产业如何更好地走向数字化成为当下发展中十分重要的课题。

本部分选择在艺直播小程序作为研究案例。该平台是依托微信生态的“轻应用”，无须下载并专注于直播功能，聚合了大量的包含艺术机构、艺术家、艺术从业者等相关艺术行业内资源产出专业用户生产内容（Professional User Generated Content，PUGC）类型的内容直播。

据统计，自2020年5月至11月，商家借助在艺云的直播工具进行了3330场直播，月均直播达665场，场均观看1400人次。[②] 这对于小众的艺术领域开拓长尾市场有着很强的示范作用，也探索了一条艺术平台发展“内容经济”的必经之路。

一、艺术直播平台开拓长尾市场的必要性

艺术直播平台作为众多在线艺术品市场平台中的一个细分领域，存在一些独特之处，可以给用户带来新的艺术体验。一方面，直播独特的交互方式加强了“曝光”程度，能帮助艺术行业提升更多的声誉；另一方面，直播所附加的功能较多，它所带来的内容生产增加了对艺术品文化价值的挖掘。

---

① 怀舒琬，中国人民大学艺术学院硕士研究生；张辉，毕业于中央美术学院艺术管理系，目前任职于北京在艺科技有限责任公司，担任副总经理兼运营总监。

② 在艺云，中国人民大学．文化艺术产业数字化发展报告［R］．2020.

当下的网络直播源于自媒体的蓬勃发展。从贴吧、论坛等简单文字图片形式到语音视频直播，用户对信息的实时获取、及时交互的需求日益强烈。网络自媒体平台正在提供给活跃的当代艺术家一个增加声誉和影响力的新渠道，这些渠道不仅通向藏家，也通向数以百万计的普罗大众。哥伦比亚大学法学教授蒂姆·吴将这种现象称为“曝光文化”。他写道：“曝光文化反映了网络的逻辑——一切都是为了引人注意。”①

一位艺术家一生所达到的声誉足以影响其作品的价值、其本人在艺术史中的地位。数字技术发展至此，我们迈进一个空间无限的时代，有天赋的艺术家选择进入数字技术提供的长尾市场，无疑就是为自己提供了更多增长声誉的机会。在数字技术的世界里，他们的边际销售成本正在趋近于零。当艺术直播平台成功开拓长尾市场，技术便赋能于艺术行业，形成更多的传播机会。艺术行业拥有了增长声誉的“新领地”，我们发现艺术的渠道也将变得更加宽广和便利。

二、在艺直播小程序长尾市场开拓模式

“长尾”一词由美国人克里斯·安德森提出，他认为互联网时代掀起了新的渠道革命，大众市场不再统一天下，小众市场也可以崛起（见图 7-1）。

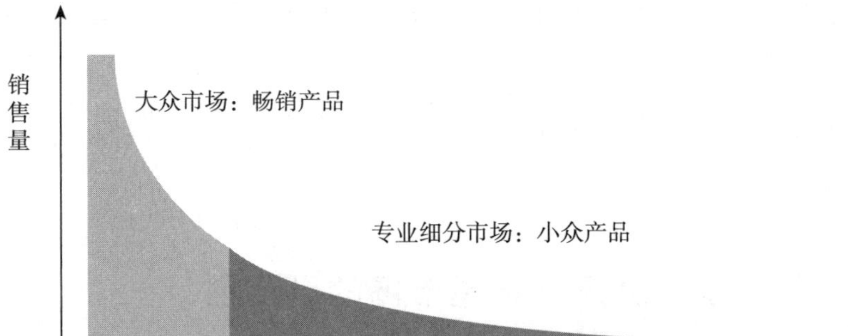

图 7-1　长尾理论模型

（资料来源：克里斯·安德森．长尾理论［M］．乔江涛，译．北京：中信出版集团，2015：80）

安德森用一句话概括了长尾理论：“我们的文化和经济重心正在以更快的速度转移，从需求曲线顶端的少数大热门转变为需求曲线末端的大量利基产品和

① 克里斯·安德森．长尾理论［M］．乔江涛，译，北京：中信出版集团，2015：80.

市场。”也就是说，在互联网传播的过程中，小众市场的地位日渐上升。安德森指出，这种趋势是因为互联网改变了人们的购买行为，消费者不必再去费心寻找他们想要的东西。这主要是因为互联网提供交易的方式可以消除无形的障碍，即货架空间限制和供应瓶颈，针对特定小群体的产品与服务也具有新的经济新引力。

关于长尾理论的运行机制，安德森认为有三种力量导致了长尾的出现（见图7-2）：第一，普及生产工具导致内容更多，长尾更长；第二，通过普及传播工具降低消费成本，获得利基产品的途径越多，长尾才能越扁平化；第三，连接供给与需求，将新产品介绍给消费者，推动需求沿曲线向右移动。

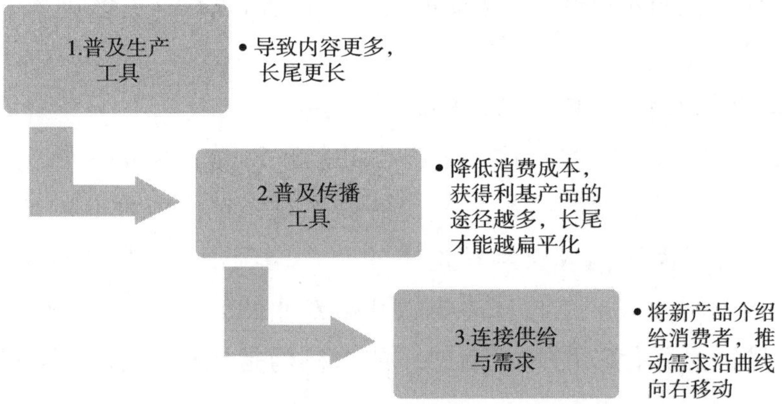

图7-2　长尾理论的运行机制

（资料来源：克里斯·安德森．长尾理论［M］．乔江涛，译．北京：中信出版集团，2015：80）

在这三种力量下，可以对长尾理论运行机制的具体应用操作进行概括：首先，搭建长尾平台，为消费者提供可选择的空间；其次，搜索长尾商品，分为消费者主动搜索和消费者被动推荐两种形式；最后，交易长尾商品，需要构造良好的沟通渠道和交易机制。①

长尾理论的出现虽然受到了一些批判声音，但是在各个行业仍然得到了广泛的研究与应用。特别是艺术品市场属于小众领域，十分契合安德森所探讨的利基文化。近年来行业内逐渐显现出“长尾特征”不断提醒我们应该抓住信息优势。面对当下艺术直播平台行业间存在的壁垒、数字经济中艺术产业的发展模式、相关需求如何推动等问题，长尾理论和长尾的运行机制可以提供一定的理论依据。

① 石蓉蓉．在长尾巴上跳舞——长尾理论运行机制探讨［J］．新闻界，2007（5）：129-130.

（一）开拓长尾市场的基础：聚合艺术领域“重要角色”

长尾的本质是富足经济学，只有规模达到一定程度，长尾才会出现。因此，开拓长尾的基础就是全面开拓利基市场中的细分市场，这样就能给予人们更多的品类选择。这也是安德森所提及的“集合器”概念，每一个集合器都可以降低市场的进入门槛，允许越来越多的产品跨过那道障碍，找到属于自己的顾客群。①

在艺云服务的3000多家企业和个人中，比较典型的商户类型有14种。② 本部分将分别从艺术机构、艺术家、艺术市场的“行家身份”三个方向分别论述艺术直播平台在艺直播小程序是如何让艺术世界的多种角色进入“集合器”，铸造长尾内容市场。

1. 汇集“品牌化”的艺术机构

很多艺术机构在早年间就建立了自己的门户网站，但都仅限于这些机构自身范围内的实践，每个独立的数字平台各自为政，它们所拥有的艺术资源也是独立存在的，自然无法构成长尾理论中的“丰饶经济”，难以形成有着“无限尾巴”的长尾市场。对于在艺直播要想开拓专业的艺术垂直领域直播市场，汇集市面上已经“品牌化”的艺术商户、艺术机构是保障艺术领域内容经济权威性的必经之路。

在艺云官方将商户进行了分类，其中画廊、美术馆和拍卖行既是传统艺术市场的频繁展出和交易场所，也是数字化艺术机构的重中之重。为此，在艺云于2020年统计了这三种机构的数字化现状（见图7-3），数据显示，在艺云数字化的画廊、美术馆和拍卖行数量依次是232家、119家和138家，机构数字化的数量仍不断在上涨中。③

① 克里斯·安德森．长尾理论［M］．乔江涛，译．北京：中信出版集团，2015：101.

② 在艺云，中国人民大学．文化艺术产业数字化发展报告［R］．2020.

③ 在艺云，中国人民大学．文化艺术产业数字化发展报告［R］．2020.

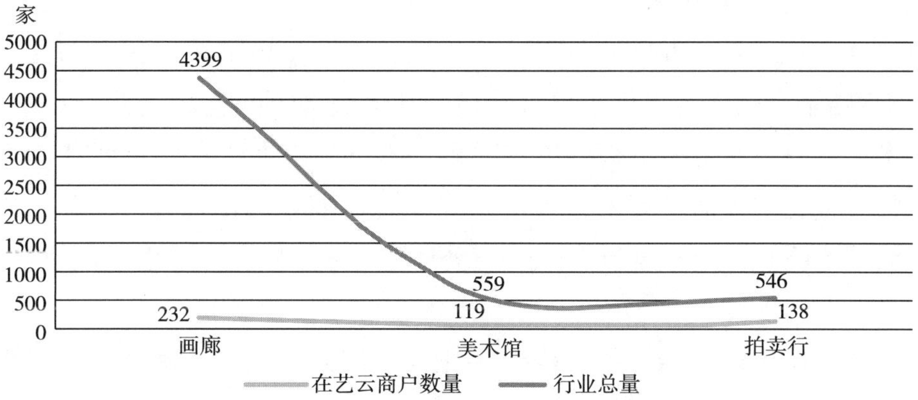

图 7-3　2020 年在艺云机构数字化状况

（资料来源：在艺云）

划分每个种类机构的数字化比例可以发现画廊数字化比例最小，仅为 5%，拍卖行和美术馆则齐驱并进，数字化进程加快，分别达到了 25%和 21%。[①] 尤其是拍卖行，对数字化转型作出了最积极的响应（见图 7-4）。究其原因，第一是因为资金充足，第二是因为拍卖的机制比较吻合在线形成订单的方式，第三是因为拍卖行相比其他机构数字化意识觉醒较早。2017 年的苏富比就在拍卖佣金策略作出了调整，即提高实拍佣金，降低网拍佣金，其目的在于引导买家更多地参加网拍，并吸引更多的初次买家。

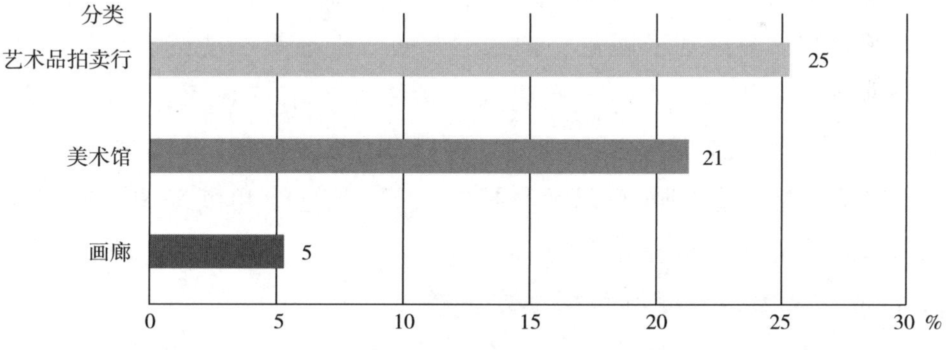

图 7-4　在艺云各种类机构数字化比例

（资料来源：在艺云）

据统计，2019 年 9 月至 2020 年 9 月，在艺云服务的拍卖行共组织线上艺术品拍卖会 2043 场，平均每月 170 场，上拍拍品 74314 件，平均每月 6192 件，共实现线上成交额 6.7 亿元，仅在艺云上的拍卖规模占比达到了 2018 年全国艺术

① 在艺云，中国人民大学．文化艺术产业数字化发展报告［R］．2020.

品线上拍卖规模的 80.92%。[①]

出现这样的现象，直播的贡献功不可没。直播带给了艺术拍卖新的“观赏属性”。直播带来的声誉提供了更多转换为其他经济的可能。

艺术产业中艺术传播机构担负着联系艺术家和广大受众的重要“中介”功能，在整个接受与传播过程中，机构始终体现了强大的话语权，这一点在美术传播领域最为明显。所以对于任何一个想要开拓艺术品长尾市场的平台来说，机构都是首要的。

为了更好地实现这类艺术机构数字化，在艺云究竟做了哪些工作？首先是“限时免费”这一决策。2020 年 2 月至 12 月，在艺云对全国的文化艺术机构免费开通在线展览和网拍系统小程序。[②] 这一决定成功地加快了在艺以小程序为核心的网络数字化布局。此外，在艺云官方微信公众号更是产出了大量针对 B 端指导性文章，为艺术领域数字化的科普宣传也奠定了基础。

在艺云 2020 年提供的《文化艺术产业数字化报告》显示，目前“品牌化”艺术机构开通直播端口的数量并不在少数。其中包括为华辰、中贸圣佳、上海嘉禾、上海工美、宝瑞盈、苏州吴门、敬华、得佳趣、厦门保利、博美、日本上氏、搜挖会、横滨等境内外拍卖行搭建网拍系统，包括限时拍和同步拍、直播拍等功能模式。为中华世纪坛、龙美术馆、上海玻璃博物馆、昊美术馆、四川美术学院美术馆、西安美术馆、炎黄艺术馆、李可染画院、北京民生现代美术馆、知美术馆等提供基于展览、预约、票务、直播等功能的在线数字美术馆系统，为蜂巢当代艺术中心、当代唐人艺术中心、东京画廊、亚洲艺术中心、Hi 小店、仁庐、天线画廊、狮语画廊、VANGUARD 画廊、马凌画廊等搭建在线销售作品等功能的数字画廊以及直播端口。[③] 从这个角度来说，在艺直播小程序的“长尾之路”已经基本走通。

2. 打通艺术家垂直网络直播推广渠道

随着自媒体平台的不断发展，网络给每个人都提供了增加声誉的无限可能。声誉本身对艺术家来说至关重要。数字时代的来临，出现了传统艺术传播机构之外艺术家也能增长声誉的新领地，这种免费的面对面交流对于艺术家来说是

---

① 在艺云，中国人民大学．文化艺术产业数字化发展报告［R］．2020.

② 在艺云．在艺云：免费为文博、艺术和拍卖等行业开通在线展览和网拍系统小程序台［EB/OL］．2021. https：//mp. weixin. qq. com/s/wUGJAYPuUiRiYpTU3l5RaA.

③ 在艺云，中国人民大学．文化艺术产业数字化发展报告［R］．2020.

一种“低成本的营销”。

目前国内活跃的自媒体平台，也确实存在艺术家运营自己的账号以实现自我的艺术推介。以2020年日活用户达6亿人以上的视频平台抖音为例，抖音官方曾于2019年初发布的《2018年抖音大数据报告》，盘点了“2018抖音播放量最高的传统文化类别”。报告显示，最受欢迎的五个传统文化类别分别是书画、传统工艺、戏曲、武术、民乐。[①] 其中书画荣登第一名，其次是传统工艺。艺术品虽然是小众文化，但只要将用户聚集，长尾市场累计的关注度不可忽视。

与抖音这类的娱乐直播平台不同，在艺直播是垂直类网络直播。二者的主要区别源于内容核心侧重点的不同，垂直类网络直播通常围绕一个主题进行直播，在用户内容的基础上配以专业性的内容，网络主播通常是某领域专业人士，或者是经验丰富的行业资深人士。[②] 对于艺术领域，艺术家是创作的主体，其自身的存在以及背后标榜的文化符码是解读艺术时不可或缺的要素。艺术作品解读的方式之一，就是去挖掘艺术家有意识和无意识遗留在作品中的创作意图和创作立场。[③] 因此，在艺直播一直希望有更多的艺术家们进入，其目的是希望艺术垂直网络直播能逐渐成为当下艺术家自我推广的重要渠道。在艺发布的《文化艺术产业数字化报告》显示，在艺云服务的艺术家中，有90%开通了直播和商城功能，通过在艺云的直播工具沉淀粉丝、销售作品及衍生品。[④]

以短视频大热门画家“画语者”邓宇为例，他的短视频内容以分享自己通过色彩创作孙悟空、关公等人物的过程为主要内容，大写意的笔触令人印象深刻，“画语者”是其在网络平台上的ID。截至2021年12月，邓宇在抖音上拥有21万人的粉丝量，获赞共计222.6万次。

分析邓宇90天抖音视频数据（见表7-1），平均点赞7.8万次、平均评论2152条、平均转发3464次，各项指标都比较卓越，其中43.6%的完播率更是超越了97.8%的同类型的达人[⑤]，验证其短视频内容面对大众用户时所具有的普适性。此外，画语者在巨量星图上的短视频报价已达至8000元，说明此位艺术

① 抖音·2018年抖音大数据报告［R］. 2018.

② 张智华，宋斌. 论垂直类网络直播平台的兴起逻辑和圈层传播［J］. 现代传播，2019（9）：89-93.

③ 邹跃进. 艺术导论［M］. 北京：高等教育出版社，2008：151.

④ 在艺云，中国人民大学. 文化艺术产业数字化发展报告［R］. 2020.

⑤ 数据来源，巨量星图官网 https：//www.xingtu.cn/ad/creator/author/douyin/6811248233646391309/1? search_session_id=7038832571693662215.

家已经具备资质享受到网络上声誉经济带来的利好。

表 7-1　画语者邓宇抖音短视频 90 天数据概览

发布作品	平均时长	平均点赞	平均评论	平均转发	报价
3 个	37 秒	7.8 万次	2152 条	3463 次	8000 元
完播率		互动率		播放量中位数	
43.6%		2.7%		10.1 万	

资料来源：巨量星图官网。

邓宇也曾出现在在艺直播中，他参加了平台 2021 年 2 月 1 日至 8 日推出的“寻找最强主播 · 在艺直播狂欢夜”活动，以“青禾画院”作为独家代理 ID 共推出了三场邓宇的直播放送，三场皆采用边画边聊的方式，其中前两场处于直播狂欢夜活动期间，另外一场属于日常直播。作为小众垂直领域直播平台，在艺并不具备抖音娱乐视频平台那样庞大的用户基数，二者用户定位存在根本的不同。垂直类平台因为主题的聚焦性导致用户群体是清晰且特定的，用户数量较小但用户黏性较高。即便如此，邓宇的播放量相对来说依旧可观，三场平均播放量达 734.3 人次[①]（见图 7-5）。参加此活动的艺术家还有彭丕、许峰、杨燕、刘大石、刘墨等。其中很多艺术家都表明愿意尝试直播并看好这种行业趋势。因此，艺术家在垂直直播领域有着较强的活跃意向。

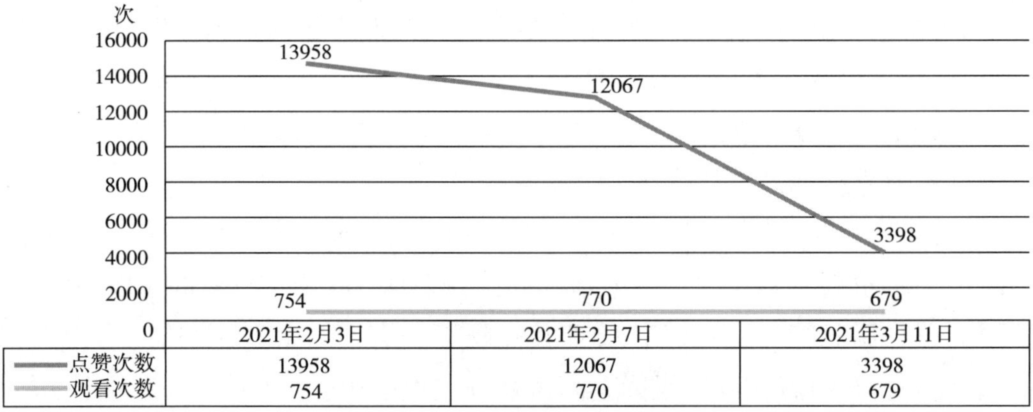

图 7-5　画语者在艺直播数据统计

（资料来源：在艺直播小程序）

画语者张宇是全网多平台运营的代表性艺术家，在这方面他既有经验也具备粉丝基础。但在艺直播开拓长尾市场所需开通直播的艺术家是多样化的，也

① 资料来源：在艺直播小程序。

需要一些以在艺直播平台为主要放送阵地并大获成功的艺术家，例如，艺术家邱志杰的系列直播。邱志杰 11 场在艺直播的点赞和观看数据（见图 7-6），平均观看次数为 1718 次，平均点赞次数为 5060 次。其中，最高观看次数已达 5192 次，点赞次数高达 18504 次①。

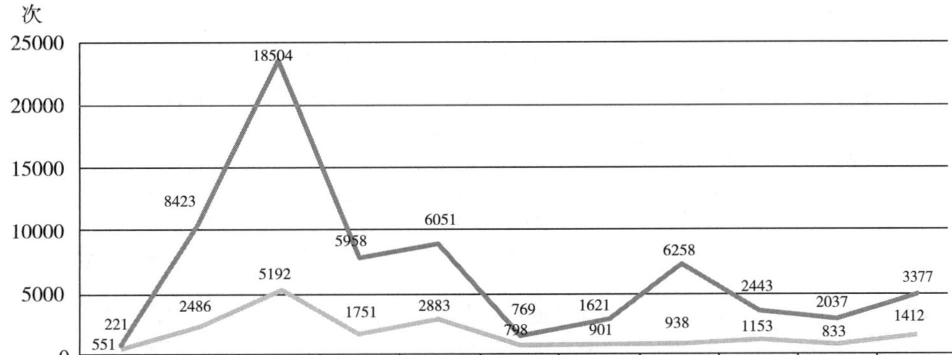

	2020年10月28日	2020年11月01日	2020年11月9日	2020年11月12日	2020年11月15日	2020年11月25日	2020年11月29日	2020年12月5日	2020年12月10日	2020年12月19日	2021年4月11日
点赞次数	221	8.423	18504	5958	6051	769	1621	6258	2443	2037	3377
观看次数	551	2486	5192	1751	2883	798	901	938	1153	833	1412

图 7-6　邱志杰在艺直播数据统计

（资料来源：在艺直播小程序）

此数据在同类艺术家的直播中人气已经很高了，尤其是在小众垂直领域的直播平台，观看者与艺术领域存在强相关性，活跃度较高。为什么会有这么多人爱看邱志杰的直播呢？首先是邱志杰身份资质，作为中央美术学院实验艺术学院的院长，邱志杰在实验艺术方面无论是教学还是实践都具备十足的话语权和优秀的创造力。其次与直播无比契合的是，实验艺术不用拘泥于媒介和形式的限制，创作者的艺术探索过程有着很强的观赏性。最后，多年教学的身份使得邱志杰具备着良好的口才。多种因素汇集到一起，邱志杰深厚的学术性和专业性直播内容不但不使人觉得枯燥乏味，反而使其在艺术垂直直播和平台上大放异彩。

艺术垂直直播需要更多的艺术家加入进来，艺术家邱志杰在在艺的直播也让我们产生更多的思考：专业的艺术和直播的结合是不是还有更多的方式可以被挖掘出来？艺术家们登场的形式潜在各种可能性和不确定性，也正因为如此，艺术直播背后无限的长尾市场带来的多样性和期待让人充满想象和拭目以待。

① 资料来源：在艺直播小程序。

3. 加盟艺术领域中的“行家身份”

艺术垂直类网络直播平台开拓长尾市场的首要基础就是聚合艺术领域内的“重要角色”。除了上述提及艺术领域中的艺术机构、艺术家，在艺直播中还有一种商户类型不能忽视，其中包含专家学者、策展人、艺术批评家、艺术经理人等众多艺术行业内从业者以及艺术在校生。他们对艺术领域的贡献在于为大众接受艺术作品起到了沟通、调节和引导的中介作用，加强了艺术接受的有效性。同时从历史上来看，艺术从业者输出的观点会反作用于艺术创作者，影响了艺术思潮的更新迭代。

长期以来，这类人群在艺术欣赏和艺术批评的领域内占据着举足轻重的地位，是艺术领域的“行家身份”。当然，前两类的艺术机构和艺术家工作室内也出现过许多“行家身份”的身影，但此处讨论主要围绕着代表独立视角的个人，重点在于为艺术垂直直播的长尾市场建设作出了贡献的商户。在艺直播推出的“寻找最强主播 · 在艺直播狂欢夜活动”，包含在上述“行家身份”范畴内的部分知名主播有刘九洲、李文亮、贾廷峰、刘墨、赖海建、大生、殷嫣、曹喜蛙等人；“COLLECT+艺术周”中部分“行家身份”知名主播有康耀仁、赵华、林汶睿等，这类“行家身份”主播同样具备一些艺术资源，对艺术有见解。他们的出现一是为藏家、艺术爱好者们提供了专业的视角和更加便捷的美育渠道；二是也能在艺术领域内起到汇聚的作用，专业领域人士之间的线上交流能更方便的相互学习和相互激发。最重要的是，作为中介角色，专业主播带货艺术品、艺术衍生品也更加游刃有余。

那么，常态化运营下的“行家身份”直播表现如何？以著名学者刘九洲（直播间 ID 宋代主义）为例，作为《宋画全集》的副主编，他直播的内容基本上都与中国古代艺术、古书画收藏相关，主页粉丝数达 1170 万人，2021 年 2 月才开始直播的他却共计直播过 30 次之多。从其全部直播观看次数的数据可以看出，虽然存在波动，但整体趋势是呈不断上升的，最高观看次数达 3046 次，平均观看次数为 1132 次[①]（见图 7-7）。

① 资料来源：在艺直播小程序。

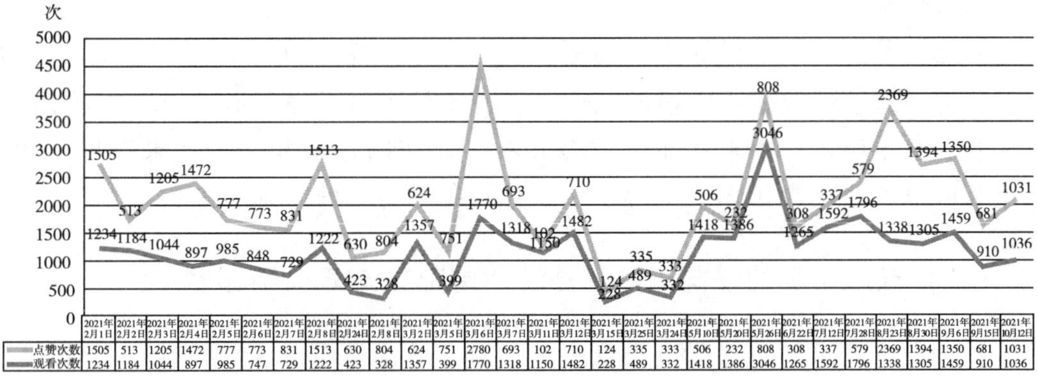

图 7-7　宋代主义在艺直播数据统计

（资料来源：在艺直播小程序）

此外，宋代主义直播间基本每场都有带货，一口价商品主要以书籍为主，价格在 80 元至 28800 元。直播间还开始了拍卖，拍卖主要内容为刘九洲本人直播时手写的直播稿，成交率颇高，成交价在 680 元至 1500 元①（见表 7-2）。

表 7-2　刘九洲直播稿拍卖情况统计

直播场次	作品名称	起拍价（元）	成交价（元）	出价次数（次）
2021 年 5 月 20 日	Lot001《议十七帖》扇面	200	680	17
2021 年 5 月 26 日	Lot002 刘九洲：《高二适与王铎》	200	720	20
2021 年 6 月 22 日	Lot003 刘九洲：《三吴墨妙》展直播介绍	100	1000	36
2021 年 7 月 28 日	Lot004《书画鉴定底层逻辑》直播稿	100	未成交	0
2021 年 8 月 23 日	Lot004《21 世纪书法怎么玩》直播手稿	100	880	15
2021 年 8 月 30 日	Lot006《台北故宫三件山水杰作的对立面》	100	800	17
2021 年 9 月 6 日	Lot007《探索宋画的秘密逻辑》直播手稿	500	1500	12
2021 年 9 月 15 日	Lot008《研究书法史与自己习字的关联》	500	800	9
2021 年 10 月 12 日	Lot009《未来的艺术史是主观的还是客观的》	350	750	14

资料来源：在艺直播小程序。

除了刘九洲，还有殷嫣、林汶睿等主播都非常擅长艺术带货，尤其是殷嫣的直播还面向行业内进行交流，分享从业经验等，给我们提供了更多从业者直播的角度。从某种程度上说明，在艺术垂直领域中的“行家身份”更能适应直

① 资料来源：在艺直播小程序。

播市场的场景。

因此，开拓长尾市场加盟“行家身份”是不可忽视的，他们比艺术机构和艺术家都更适应新媒体，大量的从业人员带来的内容长尾具有更深的挖掘潜力。艺术家、艺术机构、艺术从业者三者并存，共同构建了如今的艺术世界。数字艺术领域平台若想开拓长尾市场，这三种身份同等重要，缺一不可。

（二）长尾市场的横向延伸：推动“尾部”市场向前移动

整个数字艺术领域都属于小众文化，处于文化长尾的尾部市场，而长尾的核心议题就在于如何推动“尾部”向“头部”市场移动。对于在艺直播小程序来说，如何能把在艺直播这个平台曝光给更多对艺术感兴趣的用户、藏家，以及这些用户怎么在平台内找到自己真正感兴趣的艺术直播类型。

消费尾巴存在两种基本的主要方式，一是消费者在“集合器”内的主动搜索，二是平台根据一定的法则、频率进行被动的推荐。①

1. 基于“过滤器”的主动搜索

从热门文化走向众多的平行文化，人们拥有了无限的选择，注意力也四散而去。“过滤器”的功能就是滤掉一些干扰，留下人们真正想要的部分。

在这种情况下，寻找内容的方式主导性大大激增。搜索引擎应运而生，帮助人们从噪声中分离出了一些有价值的信号。② 在艺直播小程序内部也配备了搜索引擎便于用户输入想查找的内容。我国互联网用户已经度过了商户的线上化转型时期，运用搜索引擎查找自己需要的内容已成为习惯。在艺的线上用户的人群整体仍旧呈现年轻化：相比之下，画廊/美术馆等非拍卖行业的用户年龄比较年轻（见图 7-8），25 岁以下的用户占 33%，30 岁以下的用户占 56%；而拍卖行业的用户相比则偏老龄化（见图 7-9），30～39 岁人群占比最多，达 31%。③

---

① 石蓉蓉．在长尾巴上跳舞——长尾理论运行机制探讨［J］．新闻界，2007（5）：129-130.

② 克里斯·安德森．长尾理论［M］．乔江涛，译．北京：中信出版集团，2015：126.

③ 在艺云，中国人民大学．文化艺术产业数字化发展报告［R］．2020.

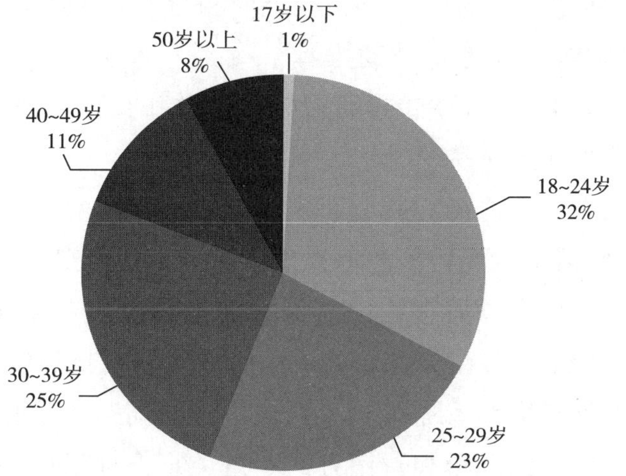

图 7-8　在艺非拍卖行业线上用户年龄分层

（资料来源：《文化艺术产业数字化发展报告》）

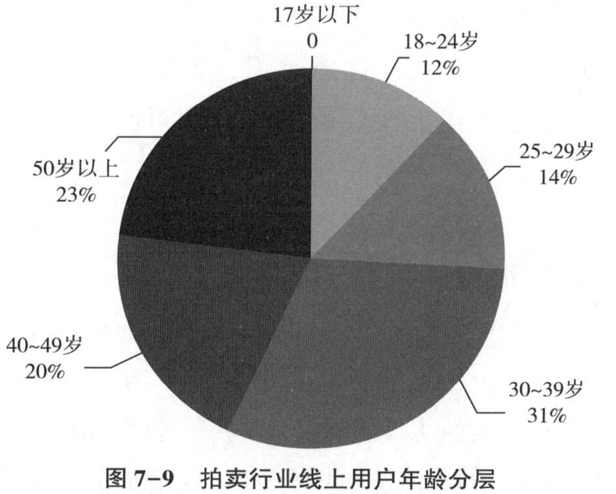

图 7-9　拍卖行业线上用户年龄分层

（资料来源：《文化艺术产业数字化发展报告》）

纯艺术类平台主动搜索的主要问题在于，对于大多数人来说，艺术垂直类直播不仅新鲜且专业度更高，搜索的关键词除了知名的主播、艺术机构、官方举办的系列活动，其他更多关键词就来源于专业的艺术名词，尤其是艺术的整体概念宽大外延，艺术种类是极其细分的。

这也是为什么数字艺术领域平台和大众的美育之间的关系是密不可分的。单以审美功能为主的纯美术来说，大类上可分为雕塑、绘画、书法、篆刻等。这些大类别又能按照年代、国别、艺术风格、艺术思潮等方向进行划分。如果没有受过专业的艺术史训练，艺术中的一众专业名词足以绕晕大多数用户。在这种情况下，艺术垂直类直播平台的主要导向和对整体的把握变得尤为重要。

2. 基于小程序首页的多重被动推荐

被动推荐的商品主要是长尾的商品，通过人们的商品交易完成基础上的推荐，以进一步来寻求新的交易。①

进入在艺直播小程序首页，最上面一排是官方列出的六个“大家喜爱的主播”，首页推荐的主播基本涵盖了艺术类顶尖院校、当代知名艺术机构以及专研艺术史的学者。安德森在长尾理论中认为根据流行度排名正是“群体过滤器”的一个例子。② 他虽然提出在长尾世界里，排行榜的弱点就会变得更加明显，但是他也承认过滤器和推荐系统在“小众市场大热门”的层面上最有效，小众市场确实需要主流的推销技巧和营销方式。这类官方提供的榜单具有一定时限性，也体现了官方推崇的直播内容类型，方便新入驻的用户有一个“落脚点”，对整体平台稍作了解。

在艺直播小程序的被动推荐，还体现在导航栏对于直播内容进行的基本分类。导航栏包含当代艺术、书画、直播导览、论坛、艺术课程和艺术创作。直播间主要按照时间顺序排列：正在直播中的直播间位列最前面，紧接着是即将开播的直播预告页面，其余的直播回放按照时间顺序依次呈现。这样的分布方式保障了在播的直播都有机会登上首页被用户所看见，给尾部市场展现的机会就是推动需求向尾部移动，有利于平台内部的长尾市场的公平性。这也体现了线上平台作为文化艺术产业链的中央中枢，通过不同板块的整合和连接，成为传统艺术产业的扩展和进一步发展，有利于整个市场体系的完善。③

其余的导航键实际是按照大众对艺术领域最感兴趣的点进行布列的。当代艺术与书画是按照艺术品的类别进行划分的。众所周知，这两类艺术在艺术市场的成交额方面一直是“佼佼者”，它们有一定升值空间，关注和喜欢的人素来比较多。由于大众无法理解太多复杂的学术名词，其余四个导航按键——直播导览、论坛、艺术课程、艺术创作则选择按照直播内容类型进行的划分。并且这些导航键在点击搜索引擎后同样会展现在“热门搜索”里作为推荐，用来提醒不知道具体查找什么内容的用户。在热门搜索里，当代艺术和书画两项还被重点突出标注了红色的“HOT”。

---

① 石蓉蓉．在长尾巴上跳舞——长尾理论运行机制探讨［J］．新闻界，2007（5）：129-130.

② 克里斯·安德森．长尾理论［M］．乔江涛，译．北京：中信出版集团，2015：121.

③ Qingdi Z. Platform Economy Leads Innovation in the Development of Artworks Industry［R］．2019.

这些分类在无形中也起到了“过滤器”的作用，过滤器就是为了促使一种转变，帮助人们沿着一条既舒适又符合个人品位的道路从已知世界（大热门）走向未知世界（利基产品）。[①] 因此，在艺直播的分类导航对于长尾市场建设的积极意义在于，如果用户本身对书画感兴趣，但是了解的相关艺术品又较少，他通过这种归类能看到该平台下所有有关书画的相关内容，找到了更多自己感兴趣的直播内容，联系到了艺术机构、艺术家、工作室或是中间人等，那么原本处于尾部的需求就会被推动。

3. 基于微信生态的公众号引导

艺术品有着高单价的特征，因此传统的艺术品市场往往依附于熟人经济。据《哈佛商业评论》报道，60%的中国消费者在购买前会征求朋友和家人的意见。当微信用户通过“朋友圈”看到朋友推荐的艺术品、拍卖或在线销售时，口碑的影响力就会被放大。[②] 在艺术领域，几乎所有的中国画廊、拍卖行和博物馆都有一个官方的微信账户，用来发布它们最新的销售讯息、展览和艺术资讯。在其他中国社交媒体上却很难找到如此之多艺术机构的身影。

微信作为中国最突出的高度集中型服务社交媒体平台，用户月活数早已突破 11 亿人。人手一个的微信账号，已是一种国家级现象。它为艺术品交易提供了许多可能性。

依托于庞大的微信流量和社交资源，比 App 更为精简的微信小程序受到了大量商户与用户的欢迎。有别于传统 WebApp、HTML5、原生 App 等，小程序无须下载，减少了烦琐的步骤，节省了用户的时间，提高了效率。相比其他直播工具受众分散，在艺直播可以更加精准、有效地聚集微信生态内的私域流量，将运营效果最大化。[③] 诞生于微信生态的在艺直播小程序显然更加强调艺术商户对微信生态利用的必要性。

目前微信小程序流量入口存在 60 余个，主要的导流方式可以分为五个方向：分享小程序到好友聊天或朋友圈、公众号引流、推荐机制、主动搜索机制、扫码获取（见图 7-10）[④]。这些导流入口存在于线上线下生活的方方面面，却

---

① 克里斯·安德森．长尾理论［M］．乔江涛，译．北京：中信出版集团，2015：120.

② Liu Y. The Online Art Market In China：Recent Developments And Future Prospects，Fashion Institute of Technology［D］. State University of New York，2017.

③ 在艺云．2021 在艺直播就是微信直播，月活超 12 亿的微信红利怎么“蹭”？［EB/OL］. 2021. https：//mp. weixin. qq. com/s/rT8yvpJovfc_QmVBzS91GQ.

④ IResearch 艾瑞咨询．2019 上半年微信小程序市场研究报告［R］. 2019.

又给用户留出了足够的自主选择空间，不构成人们生活中的干扰。

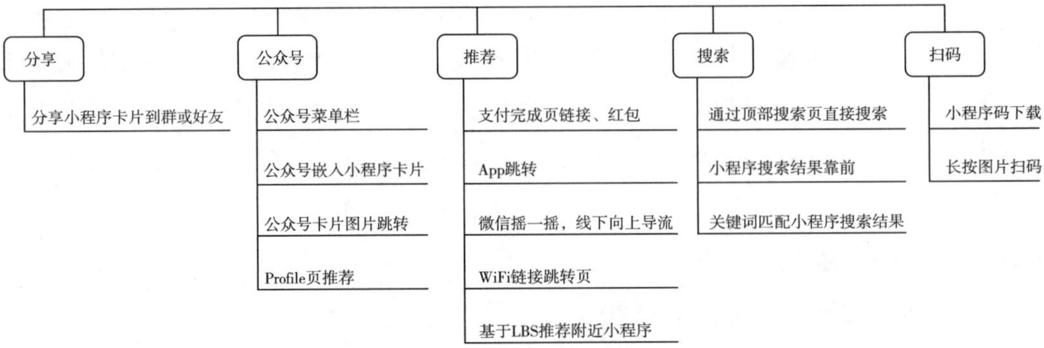

图 7-10　微信小程序主要导流方式

（资料来源：艾瑞咨询研究院）

通过微信生态引导用户进入在艺直播中的利基市场，在艺官方主要围绕其中三个方面功能达到。首先是小程序的分享功能，主要用于商家给用户的分享以及用户之间自主的推荐；其次是在艺官方微信公众号的引流，以公众号嵌入小程序卡片和公众号卡片图片跳转两种最为常见；最后是用户的主动搜索，在搜索页搜索相关关键词达到小程序主页。在艺官方对微信生态的强调从在艺云 SAAS 发布的《如何用在艺云小程序打造一场高人气直播?》一文中就可以看出，该文对直播的各个环节应该做的事作出了指导，提出在直播前应该在微信公众号发文预热、朋友圈进行传播以及开播前和开播中在社群中进行推广。①

在在艺直播小程序这个案例中，目前引流最显著的方式来自微信公众号。其主要原因在于在艺的微信公众号注册时间比较早，经历了数年的精心运营，目前有着深厚的粉丝基础。实际上，北京在艺品牌主要运营的微信公众号不止一个，目前主要运营的微信公众号包括在艺 App 的官方账号，命名为“在艺 App”、针对 B 端服务于商户的账号“在艺云 SAAS”以及专门发布在艺直播相关资讯的“在艺 ZAIART”。其中，在艺 App 和在艺 ZAIART 早于 2015 年就注册了，帮助艺术商户办理云业务的在艺云 SAAS 于 2020 年随后成立。

在艺 App 在新榜上的预估活跃粉丝数达到 26 万人次以上，统计其 2020 年 11 月 15 日至 12 月 12 日阅读数整体平均值达 6378.75 人次（见图 7-11），其趋势呈现震荡式的上升。新榜指数 703.0 更是超越了 99%的同类公众号。② 如此强

---

① 在艺云．如何用在艺云小程序打造一场高人气直播？［EB/OL］．2021. https：//mp. weixin. qq. com/s/9kow9H0XVwK2ms3T_6JJUA.

② 资料来源：内容产业服务平台新榜 https：//newrank. cn/new/？ account＝zai-art.

大的粉丝基础再加上适当的推荐足以给予早期的在艺直播小程序一定的用户数量扶持。

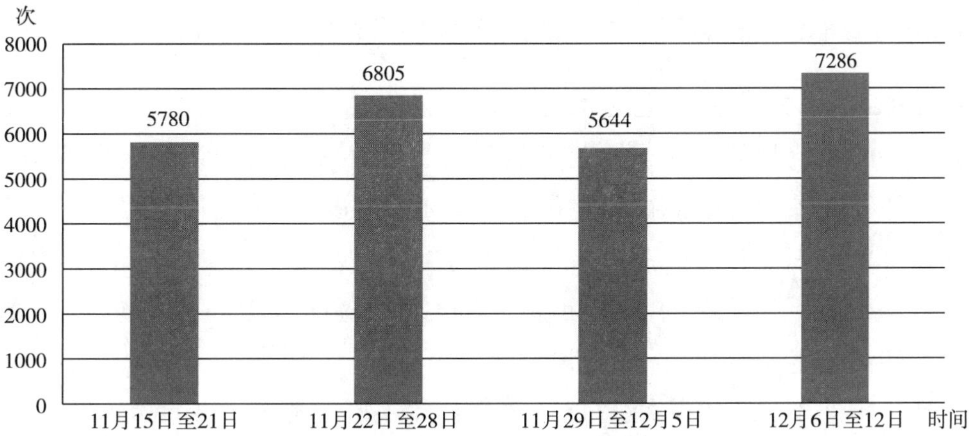

图 7-11　在艺 App 全部推文 · 统计周期内阅读数平均值

（资料来源：新榜）

此外，在艺 App 大量运用了公众号推文内部嵌入小程序卡片或公众号卡片图片的跳转方式。尤其是有关直播内容预告和回顾的图文，图文部分详细说明了直播间直播内容、主播的基础信息、相关知识的拓展外延，为了方便用户直接进入直播间避免多余的搜索成本直接采用小程序链接进行跳转。这样的方式在一定程度上起到了引导用户进入利基市场的作用。

在艺通过微信生态被动推荐以更好地推动尾部需求的策略不止于此，通过在艺直播小程序的一次次直播周活动也引起了更多人的关注。例如“寻找最强主播 · 在艺直播狂欢夜”“COLLECT+艺术周”“云端博物馆直播周”等一系列活动。通过奖赏、鼓励的方式，激发更多的商户、主播在固定时间内持续的播出。据在艺云数据统计，“2020 春季 · COLLECT+艺术周”活动有 30 家画廊、25 家美术馆及 61 家媒体及文化艺术机构参与，在此活动期间小程序平台获得了 480 万次的访问，全网传播人数达 3800 万人次。[①] 举办活动在短时间内达到了一定数量级的产业聚集效应，新闻媒体进行报道宣传，再加上各个商户原本具有的粉丝基础，使在艺直播能够获得辐射式的宣传。这样也就使整个艺术领域原本位于尾部的市场被进一步向头部推动了。

对于艺术产业而言，微信生态内的流量不可忽视，尤其是衍生于微信的

① 在艺云 . 全民直播时代，你就是我们寻找的人！“2021 春季 · COLLECT+艺术周”报名通道正式开启［EB/OL］. 2020. https：//mp. weixin. qq. com/s/KRJQ4YWId-RFfP9ulBhOEA.

“轻应用”小程序更是需要重视微信内部所能利用到的被动推荐。主动搜索和被动推荐二者相辅相成，才能更好地横向延伸长尾。

（三）长尾市场的纵向“加粗”：艺术藏家的聚合

1. PUGC模式补足线上艺术品市场信任空白

艺术品的鉴定与品质问题是艺术品市场长期存在的问题。在线下拍卖市场中，买家往往在拍卖之前前往专业的机构对心仪的艺术品进行鉴定甄别。在数字艺术领域研究中多有相关探讨。学者认为，数字艺术平台交易的信任度不足，是因为艺术行业最为关键的真伪问题没有投入相应的人力和技术鉴定，[①] 导致消费者在购买艺术品时存在一定的疑虑。

此外，虽然不少艺术品线上交易平台会提供鉴定服务，但是鉴定过程中的专家、机构、证书等难以令人完全信服。互联网视角下的艺术品市场，信任已经成为当下的困境，艺术品的真伪难以评估已成为消费者的一大阻碍，并且市面上现存的多数艺术品网络交易平台所提供的在线鉴定服务并不能解决消费者的疑虑。[②]

前面提到，在艺直播在构建长尾市场时有三种重要角色，包括“品牌化”的艺术机构、当代艺术家和艺术行业中的“行家身份”等。抛开数字化前提不说，这三种身份在当下艺术品市场本就具有专业资质，能够对交易的艺术品和艺术衍生品进行品质背书。那么，当三者出现在直播端口现身说法、进行专业的讲解，就能够弥补线上艺术品交易出现的信任缺口。

对于艺术垂直网络直播平台，专业的内容不仅是直面大众美育的通路，更是让消费者信任的重要切入点。因此，在跟踪过大量的在艺直播后，就会发现其学术性不亚于一场精彩的研讨会，这是因为专业的艺术本来就无法脱离学术。

当下的在艺直播平台内容除了和线下无异的同步拍外，其余内容还可以分为五个类型：学术论坛、艺术课堂、直播带货、展览直播导览、艺术家的艺术展示与艺术创作。专业的创造者有着领域内较强的资质，因而产出专业知识丰富的内容，也就是专业生产内容（Professional User Generated Content，PUGC）模式。与用户生产内容（User-generated Content，UGC）不同，起源于YouTube

---

① 朱锦程．新常态下我国艺术品电商平台的监管路径转向及其政策供给［J］．江苏师范大学学报（哲学社会科学版），2019（4）：109-116.

② 李静悦．浅析“互联网+”视角下的艺术品市场困境［J］．福建质量管理，2020（15）：99.

等视频平台的 UGC 模式，符合安德森所说的通过长尾力量之一“普及生产工具”，从而降低了边际成本产生数以百万计的业余生产者。然而 UGC 模式发展至今，虽然确实给各类型的平台都来了活跃度，却面临着内容参差不齐的问题。反观 PUGC 因为创作者的权威性，从根源上就杜绝了内容的劣质性。当下的视频行业的大趋势也正是从 UGC 转化出更多的 PUGC 类型。

对于艺术产业垂直直播平台来说，内容专业度的要求毫无疑问是首要性的，普通人面对艺术领域更多是兴趣爱好范畴，无法上升到学术性的理解。因此大多数人都能生产内容的 UGC 模式相对并不适宜，PUGC 内容模式才是开拓艺术直播平台必由之路。

为了更好地观察在艺直播小程序直播的专业度，探究该直播平台内容倾向，选取 2020 年在艺 App 精选直播共计 100 场作为样本。在艺 App 精选 100 场直播系列是在艺官方精选遍布一整年时间的直播，发布时间为每年新年伊始，以回顾上一年的精彩内容。这些直播无论从直播的内容、形式、专业度、学术度、传播度还是趣味性、观看舒适度多方面都是艺术垂直直播中的“上乘之作”。100 场直播内容，其中 54 场直播是以学术研讨会、讲座、沙龙等对谈形式出现，占比高达 54%；同样在艺术直播领域内占据了半壁江山内容的是艺术展览现场导览的形式，共 42 场；其余入选的还有艺术家的艺术展示与艺术创作类型，占比 3%；艺术课堂类型，占比 1%（见图 7-12）。

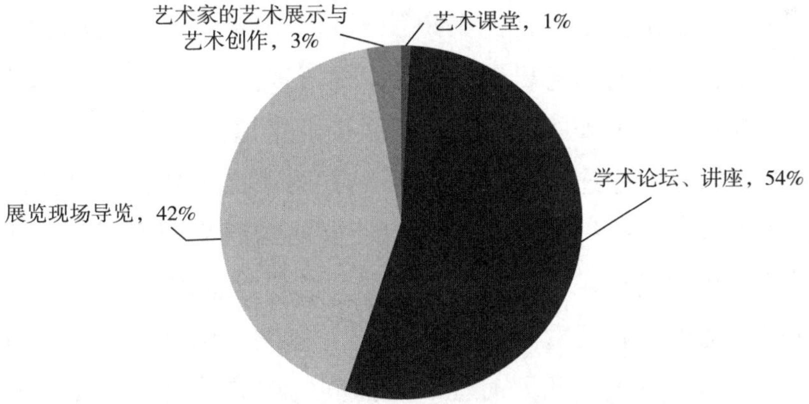

图 7-12　2020 年在艺直播精选直播 100 场内容分类

（资料来源：在艺 App）

在这 100 场精选直播内，可以看到典型的 PUGC 模式直播在艺术领域展现出专业内容的红利。举例来说，研讨会、讲座这一类型直播覆盖了大量的相关研究机构，清华大学、浙江大学、中央美术学院等将学术前沿进行了线上共享，北京画院、上海图书馆、龙美术馆、佳士得、保利等著名机构主办的学术研讨会又聚焦着大量相关专家学者。再经过筛选，这些对谈往往是高质量的。

展览导览直播是指在展览现场跟随主播镜头，并由主播针对相关艺术展品进行讲解的一种直播形式。从“云观展”“数字博物馆”等概念出发，线上展览正在成为文博机构发展的新趋势。抛开讨论先进技术的应用方式，应运而生的“云直播”正在不知不觉中化解传统博物馆文创空间的困境。云观展作为一种新兴的直播方式带给了观众大量的新鲜体验。

这种直播主办机构和主播都可以覆盖到学术圈和艺术圈，品牌背书和专业资质也经常是中国顶部水准。艺术领域直播和 PUGC 模式带来了优质的内容，也弥补了以往线上艺术品市场缺乏的信任。线上交易，实际上是一次品牌价值的自我测验。无论是投资者还是收藏家都需要品牌带来的安全感。① 这些机构和专家学者之于数字化艺术平台足以称得上是“相应的人力和技术鉴定”。他们出现在艺术领域直播之时，无论是进行宣传、展示还是带货，都完全能够赢得消费者的信任和喜爱，毕竟没有比他们更加专业的“相应的人力和技术鉴定”。在一个 PUGC 模式被开发充分的艺术垂直直播平台，“信任危机”正在逐渐走向消解。

2. 微信社群运营打造私域流量

前文提到，艺术直播采用 PUGC 模式带给线上用户一定的信任感和安全感。但仅提供内容，不提供流量变现的渠道，不利于平台长久持续的发展。在信任感建设的过程中，成熟的沟通机制和交易机制亦是尤为重要，它们能将流量进行变现，给 PUGC 内容带来的声誉经济提供商业渠道。

目前在艺直播小程序连接主播方和用户方的渠道大致分为两类：一类是小程序内部的沟通方式，另一类是基于微信社群的沟通交流方式，用于打造私域流量。二者的关系相辅相成，共同构建直播间的粉丝基础。

在直播时，播出方和观看方虽不属于同一空间，但共享同一时间，因此直播期间的线上沟通具有很强的即时性。直播间内的弹幕互动正是依托于这种即时性所产生的沟通机制。目前在视频行业、直播行业，这种简短的评论方式得到了广泛的应用。在艺直播小程序内也配备了弹幕的功能。在直播时间内，观众可以直接在弹幕区发送留言，形成互动。此处的互动不仅是观众和主播之间，

① 王少杰 . 浅谈疫情下的艺术品线上交易［J］. 中国美术，2020（3）：24-29.

也包含了观众与观众之间的相互讨论，弹幕的内容形式十分多样，既有观众的即时感受、批评，也有针对当前内容的背景知识延伸等。[①]

弹幕是直播互动时将观看流量转化为私域流量的方式之一。主播与用户之间的互动十分有利于这种转换。如今，弹幕应用在“直播拍”和“同步拍”的过程中，买家在同一时间进行竞价，弹幕也实时智能播报出价消息（见图7-13）。这将现场和线上竞拍的信息同步，解决了线上线下交易实况“断层”的问题。

以往的研究认为，在线艺术品市场的平台困境之一在于难以复制线下艺术品交易的氛围，用户们在缺失的社交功能中损失了一丝乐趣。但此处弹幕在线上拍卖的应用带来的正是现场紧张感，也能够进一步促进购买欲。还有一些主播选择在直播间发起一些活动，例如抽奖，以特定动作分享或其他行为作为抽奖资格，激发观众的互动热情。

依托于微信生态的在艺直播小程序非常强调微信能够带来的私域流量。艺术品市场是多发于熟人之间的买卖，甚至具备较强的“复购经济”特性。对于中国本土机构来说，包含朋友圈、公众号、微信聊天等功能的社交平台是线上运营的重点，而且微信的社交功能更多是出现在熟人之间。

因此，使参与直播过程的观众以及观看回放的观众获取微信或其他联系方式是每个直播间打造私域流量的重点方式。对于直播中联系方式的引导，除了主播口播插入，清晰的弹幕也能作为文字版本的联系方式进行补充。此外，如果不在直播时间内，在小程序内每个直播间都配备了专门的客服，可以直接线上联系。也有很多直播间选择直接在客服中插入微信二维码或留下电话方式，各种方式都为艺术领域长尾市场贡献了良好的沟通机制。

与大量粉丝建立联系是社群运营的重要环节，也是打造私域流量的基础。主播方将积累的粉丝建立社群便利了自己的推广。在艺官方也鼓励这种做法，认为在开播前、直播中将小程序分享进群，能够更有针对性地提高关注。[②] 近几年出现的“私域流量”概念，意在打破企业越发难以触及“公域流量”的困境。对于企业来说，私域流量是不必花费过高成本就能获得的流量池。这种免费的流量池能够拉近和用户之间的距离，本质上是从顾客变成用户，从用户变

---

① 谭丽琳．浅析弹幕对审美的影响［J］．美与时代（上旬刊），2021（6）：89-91.

② 在艺云．如何用在艺云小程序打造一场高人气直播？［EB/OL］．2020. https：//mp. weixin. qq. com/s/9kow9H0XVwK2ms3T_6JJUA.

成粉丝的过程。

由于网络营销具有首因效应，强调个体在社会认知过程中，通过“第一印象”最先输入的信息对客体今后的认知会产生影响。① 这就更加有助于塑造企业的品牌形象。在直播的引流过程中，尤其是艺术垂直领域的用户本就小众，用户的标签简单明了地指向了“艺术爱好者”“藏家”等，观看直播的用户更表明是对品牌感兴趣的潜在客户。主播方进行社群运营的过程中需要不断强化信任与交流，在这个过程中，用户需要一定的“参与感”。这样，私域流量的客户也更容易对品牌积累好感度与忠诚度。

不仅如此，私域流量在运营得当的情况下能够促使用户大规模“裂变”，如此一来，社群的宣传威力也就具有较强的辐射性。因此，对于艺术垂直领域的参与者来说，不仅要打造自己的私域流量，更要思考如何建立适合自己品牌的社群模式才能提高私域流量的变现率。

3. 保障艺术长尾商品交易的便利性

以 PUGC 模式构造的艺术领域垂直网络直播运作的核心是内容带来的经济，弹幕留言和社群运营又连接了主播方和相关潜在客户，用于交易的艺术品得到了品牌的背书，用户也大大提升了对于艺术数字领域交易的信任感。一切交易的基础似乎都准备完备，但不容忽视的是，网上交易艺术品是否便利，交易的安全性能否得到真正的保障等相关问题同样重要。

社会对于艺术领域线上交易的公正性感到焦虑。据 Hiscox 2019 年的一项调查，在当时网上艺术品买家中有 50%的人担心付款和发票被截取，有 57%的人担心信用卡被盗窃。② 但随着电子商务的常态化，我们的日常生活早已到处充斥着在线交易，在线交易发展至今已然具备了便利性和安全性。尤其在国内，微信和支付宝代表的第三方移动支付平台已经发展得非常成熟并得到了大面积的普及。根据艾瑞咨询统计数据，2021 年第一季度，中国第三方移动支付交易规模增长至 74.0 万亿元，同比增长 39.1%。③

依托于微信生态的在艺直播小程序自然也少不了对微信支付的利用，微信支付提供的交易保障极具便利性又能够获取各方的信任。但微信支付单笔单日限额为 50000 元，只能满足小额支付，无法参与一些重量级的拍卖。对于这点，

① 陈宝岚，刘彩桦．私域流量变现路径及思考［J］．决策与信息，2020（2）：56-61.

② Hiscox，ArtTactic，2019，Hiscox online art trade report 2019，p. 23.

③ IResearch 艾瑞咨询．2021Q1 中国第三方支付行业数据［R］．2021.

在艺云打通了各大网银支付的方式，支持额度达单笔交易 50 万元，单日交易 3000 万元。[①] 并能实现买家的付款直达至拍卖行，无须通过第三方（见图 7-13）。进一步保障了交易的安全性和便利性。这两种支付方式在无形中解决了早年老牌艺术品电商自己开发的内部支付平台，不具备第三方公信力的问题。

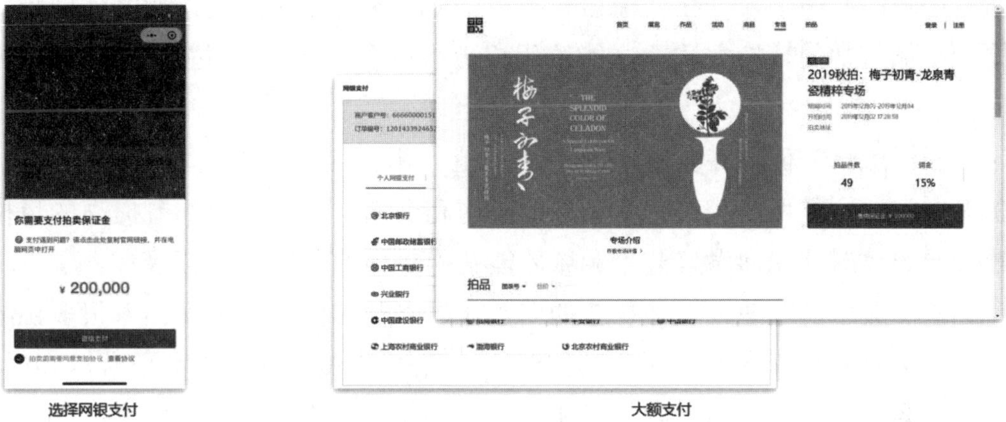

图 7-13　在艺大额保障金网银支付

（资料来源：公众号在艺云 SAAS）

对于“一口价”性质的商城，交易金额普遍较小，与普通电商无异，甚至一些商家会注明七天无理由退款。在拍卖方面，竞拍者须先进行实名认证、缴纳一定比例的保证金才可参与，也保障了拍卖方的权益，减少“拍而不付”所带来的违约损失，数字艺术领域大幅度地开拓长尾市场已不再是痴人说梦。

在艺直播打破行业内的壁垒，聚合艺术市场中的“重要身份”，并构建一个相对完善的“过滤器”推动了需求，依托于 PUGC 模式直播、微信生态的多种功能成功建立了沟通机制和安全、便利的交易渠道。作为一个功能简捷的小程序，它确实起到了一个艺术直播平台开拓长尾市场的作用。

三、结论与发展建议

在艺直播开拓长尾市场的相关尝试，对同类平台有一定的借鉴意义。但其仍然处于发展的初步阶段，很多方面还需进一步提升。

例如，在聚合艺术领域方面，虽然在艺直播提供了可供选择的规模经济，

① 在艺云．助力拍行搭建专属网拍系统，在艺云宣布下调微信支付和大额支付费率［EB/OL］. 2020. https：//mp. weixin. qq. com/s/9vZKTbv-Hh9o7Sh7kxdZRw.

但长尾市场与安德森所说的“无限的尾巴”现象生成还有一定的距离。

作为“轻应用”的在艺直播小程序，功能崇尚简洁，在“过滤器”方面提供了搜索引擎、分类导航和热门推荐。但未来有没有可能针对直播加入一些自动推荐、评分算法以及一些社交功能等更为多样的“过滤器”，把群体智慧的力量、用户的心声融入。在“流量转换”方面，除了拍卖、带货也可以增设其他诸如小额打赏的转换方式，这能给用户更多的参与感，给主播方带来更多的积极性。

在私域流量方面，在艺直播起到了示范作用，但在辐射公域流量方面仍然有提升空间，这是所有相关艺术领域的机构和个人走向数字化都要提高的目标。这事关自媒体时代如何做好艺术领域才能获得更多的“曝光”以及“声誉”。

当然，技术的飞速发展使在艺的商业化之路既有机遇，也面临着很多挑战。在期待在艺直播小程序不断完善的同时，也希望未来有更多艺术平台以多样化的形式进入大众视野。新兴的技术带给这个行业数字化无限的可能性，5G、虚拟现实、人工智能、大数据等新一代信息技术已经逐渐普及，数字形态艺术品的出现甚至改变了传统的创作方法，也进一步普及了艺术领域的生产工具。艺术领域开拓长尾市场需要行业内的每个机构和个人的积极参与。对此，我们针对艺术直播平台长尾市场的构建提出以下建议。

（一）加强 2B 服务，培育艺术产业数字化意识

对于平台方来说，要想使长期习惯于线下程序的艺术产业个体完全渗透数字化程序，并逐渐开启线上业务不是一件轻而易举的事，单单进行合作洽谈是远远不够的。一方面平台方要足够了解艺术世界的运行规则，还要具备数字化思维与实操经验。其重点在于深刻认识到艺术市场的内在逻辑与运行机制后，再思考如何将艺术市场中特殊的逻辑与机制进行有效数字化。在艺品牌已经进行了多年的艺术领域数字化尝试，从移动艺术社区、本地生活服务发展至今，其间积累了大量行业资源与行业数字化认知，为当下艺术垂直直播的长尾市场打下了良好的基础。

其中比较值得借鉴的是，构建艺术产业“集合器”需要有良好的 B 端（Business）服务意识以及站在 B 端角度思考问题。广义上的 B 端产品是为组织提供商业价值的载体或服务。以腾讯为首的互联网巨头提出了“产业互联网”的概念，主战场是 2B 及 2G（Government）领域。互联网渗透到现实生活中的

各行各业，产业互联网依托于国家提出的“互联网+”概念的大环境，通过云、物联网、SAAS、大数据、人工智能等技术，在传统企业和领域掀起新一轮信息化大升级的浪潮，帮助传统企业和行业进一步提升效率。[①] 而目前这些能够改变传统行业的产业互联网技术正是艺术产业更新迭代所迫切需要的，这些技术以及服务能够帮助传统艺术品市场从业人员清晰、高效地开发在线业务。

为此，在艺品牌专门成立了“在艺云 SAAS”，以帮助艺术领域的商户们进行数字化构建服务，包括线上开通在线展览和网拍系统小程序平台、线下作品的音视频导览现场扫码、购票验票、各类公教及讲座活动报名、签到、统计、抽奖等各种功能。在艺云还注重针对 B 端的数字化教育，持续向较缺乏互联网思维的艺术产业 B 端输出艺术产业数字化的必要性。

相较于其他领域，艺术产业数字化进程是十分缓慢的，其背后存在多重复杂原因。例如，艺术产业的从业者们更加安稳于线下的种种活动，依靠人对人的业务员维护客户。由于缺乏数字化运营人才和团队、没有数字化运营资金等原因，其普遍对艺术产业数字化缺乏积极性。从业人员在线上推广、新媒体运营等互联网数字化运营方面认知的提高空间较大。大量案例和数据说明大众对文化艺术的渴望与期待，尤其是国内外的社交平台、视频平台都启示艺术领域一旦得到恰当的数字化运营，势必引发更多用户的关注和发展。因此，对于想要开拓长尾市场的平台方，除了要把握艺术领域，更要强化互联网思维、注重数字化运营。这些 2B 服务既能在一定程度上加速平台的长尾市场构建，又能在一定程度上向行业科普艺术产业技术升级的重要性与实操。对于当下每个需要构建艺术产业“集合器”的平台，2B 服务都是十分有必要的，相关 B 端的产品和服务能够高效推进艺术产业数字化的发展。

（二）从“内容经济”出发，鼓励艺术内容创新

视频平台正在颠覆人们以往的观看习惯。从以往单一的文字、图片发展至今，视频、直播呈现出常态化的趋势。截至 2021 年 6 月，我国有 8.88 亿人观看短视频、6.38 亿人观看直播，短视频、直播正在成为全民新的娱乐方式。[②]

全民观看的是由内容创新带来的一种新型商业模式，迸发出多种相关内容的盈利方式，包括广告流量、官方补贴、直播带货、知识付费等。这种商业模

---

① 杨堃．决胜 B 端：产品经理升级之路［M］．北京：电子工业出版社，2019：71.

② 中国互联网络信息中心（CNNIC）．第 48 次中国互联网络发展状况统计报告［R］．2021.

式的底层逻辑，正是前文所探讨的长尾市场中“声誉经济”带来了无限可能的商业机会。

借鉴在艺直播的做法，艺术领域相关内容采用 PUGC 模式更有助于保障内容的学术性和专业性。这种专业用户生产模式可直接将原本的线下艺术活动诸如学术论坛、观展、拍卖、讲座等形式呈现至线上直播，带给更多人新鲜的艺术体验，也开辟了大众美育的新渠道，这无疑是在培养未来的藏家。

PUGC 的内容模式实际大大打消了线上艺术藏家看不见、摸不着的购买焦虑，品牌化机构、专家的背书大幅提升了信任感。作为平台方要建立方便快捷的沟通机制。尤其是艺术领域注重运营“私域流量”，强调运用本土社交平台各功能，如微信的公众号、朋友圈、聊天群等和用户保持良好的关系。

除此之外，还应该给创作者提供合理的“流量变现”或“流量转换”渠道。例如在艺直播根据不同玩法，可以选择直播拍卖、直播带货以及“一口价”形式的商城，这些都是在为主播方提供变现的机会。

在提供“流量变现”的同时，平台方一定要保障交易是合理、安全、便捷的，尤其是当下第三方支付平台、网络银行发展势态良好，小额支付和大额支付皆有保障，没有理由不给用户提供健全的交易机制。

内容、沟通、交易三者互相支撑循环，商家注重维护私域流量并辐射公域流量，可以不断引领大众走近艺术，为艺术直播平台提供无限可能。

（三）培育小众市场大热门，促进“尾部”市场向“头部”移动

对于想要开拓长尾市场的平台方，除了要了解艺术领域，更要强化互联网思维，注重数字化运营。思考如何利用好数字经济推动“尾部”需求向前，推动整体艺术产业向“头部”市场移动。

针对艺术直播平台的需求，需要从主动搜索和被动推荐两方面进行完善。主动搜索方面，平台方要建设稳定、健全的搜索引擎，便于用户运用关键词按需直达界面。被动推荐方面同样不可忽略，推荐系统和其他类似工具被安德森统称为“过滤器”，能够帮助用户发现新的产品和服务。尤其对于整体属于“小众市场”的艺术领域，主流的大热门推荐仍然是有必要的。

对于整体艺术领域的需求推动，平台应当从用户的审美、需求、心理出发，关注社会热点、社会发展大趋势乃至社会审美潮流，全面了解数字化运营规则并利用好大数据分析。推广艺术垂直领域的主营地，选择具备一定私域流量基

础的微信生态。

在微信公众号的引流方面，在艺坚持科普艺术知识、发布艺术类新闻等，积累了大量粉丝。在直播推广方面，全面运用公众号的内部功能，并注重社群运营，不断在核心粉丝群内进行推广和宣发。这给艺术直播平台一个启发，即艺术领域推广始于私域流量，也要精心维护私域流量，给用户以参与感和信任感。同时也要在私域中进行大规模“裂变”，辐射公域流量。

平台推动整体需求，能够给用户提供更多接触艺术的机会，让更多艺术企业商户有展示自己的平台、推广的渠道，平台方也能够从中获利，这显然对三方都是有利的。艺术领域依赖于“内容经济”，如果仅仅产出优质的内容但无法被更多的人看到，也无法将艺术领域推广向更多对艺术感兴趣的大众，这个时候，精心的数字化运营就显得尤其重要，艺术产业也要重视建设优质的数字化团队，共同探索开拓长尾市场。